KB260781

21세기 성공신화를 창조하는 시스템

나라콤 이글스 파일
NARACOM EAGLES File

김영기 지음

프롤로그(Prologue)

통신유통 네트워크 마케팅 회사 나라콤. NRC.

나라콤은 21세기 지상 최고의 사업기회를 제공한다.

당신이 나라콤(Naracom)을 만나는 순간, 요금은 곧 요금으로 끝나는 것이 아니라, **단**순히 요금이 곧 사업임을 알게 될 것이다.

그리고, **무**보증, 무자격, 무자본, 무점포로 이러한 사업이 가능하다 고 한다면……. 하루 일을 마치고 난 후 부업으로 매일 2~3 시간의 시간을 투자하여 지금 받고 있는 월급보다 더 많은 수입이 1년 후 **지**속적이고 안 정적으로 생긴다면…………**(단무지)**.

당신은 이런 절호의 기회를 그냥 지나칠 것인가?

혹자는 정신 나간 이야기라고 할지도 모른다. 세상에 그런 사업이 어 디 있느냐고, 세상에 그런 일이 어디 있느냐고…….

만약, 당신이 소세지처럼 앞뒤가 꽉꽉 막힌 사고(思考)를 가진 사람이 라면 지금부터 이 글을 읽지 않아도 좋다.

그런 사람은 지금까지 해 오던 일을 계속하는 것이 본인에게 훨씬 더 이로울 것이다. 성공은 그런 사고를 가진 사람들의 손까지 잡아줄 시간 이 없을지도 모른다.

비록 자본이 없더라도 남다른 직관력을 갖고, 뜨거운 열정과 끈기, 역 동적인 행동력을 갖춘 사람이라면 나라콤 사업을 하여 성공할 수 있다.

분명 나라콤은 상식을 거부하는 기업이다. 요금이 곧 사업이다.

타임머신을 타고 과거로 돌아가 보자? 50억 년의 역사를 가진 지구에 서 뛰어난 발자취를 남긴 세계적 발명이나 위인, 성공자들의 흔적을 더 듬어 보면 그들은 항상 그 당시 보통 사람들의 상식을 거부한 행동의 연 속이었음을 발견할 수가 있다.

예를 들면 코페르니쿠스가 지동설을 주장했을 때 그 시대의 많은 사람들은 그를 미친 사람으로 생각했다. 하지만 지금 우리에겐 너무도 당연한 상식이 되어 있질 않은가?

갈릴레이 갈릴레오가 지구는 둥글다고 했을 때도 그 시대의 많은 사람들은 그의 이야기를 믿으려 하지 않았다.

당신이 나라콤을 만나서 상식을 거부하는 행동을 하게 될지라도 결코 이상하게 생각할 것은 없다. 앞서 사고를 가진 사람들은 가끔 남 모르는 고독에 빠질 수도 있기 때문이다.

이 말은 결국 보통 사람들의 상식이 될 때까진 인정받지 못할 수도 있다는 것이다.

혹자는 웬 거창한 비유냐고 말할런지도 모른다. 그러나 말도 안 되는 비유라고 말할 사람은 아마도 없을 것이다.

이미 미국에선 50만명의 백만장자 중 20%가 네트워크 마케팅으로 부(富)를 형성했고, 그 중의 60%가 다시 통신 네트워크다.

네트워크 마케팅(Network Marketing)은 시대적 요구이며, 세계적인 흐름이다.

자본주의 최대의 병폐인 부익부 빈익빈(富益富 貧益貧)의 차이를 줄이고, 고객 또는 소비자가 유통에 참여하여 이윤을 환원해 가는 소비자와 고객을 유통의 주체로 만드는 네트워크 마케팅!

지구 최후의 판매방식이라 불리는 네트워크 마케팅!

지금부터 21세기 지상 최고의 통신유통 마케팅회사 나라콤의 도전 21세기 성공신화를 창조하는 시스템 이글스 파일 세계로 들어가 보자!

2002. 2

김 영 기 識

나라콤 이글스 파일

차 례

프롤로그(Prologue) / 8

행복한 이글스(Eagles)그룹 만들기 -Happy series / 16

승자와 패자의 종이 한 장의 차이점 / 17

나라콤 사업에서 시스템의 중요성 / 21

네트워크 구축 기본요소 / 23

성공 싸이클 / 24

성공 공식 / 25

명단 작성 / 26

  1. 명단 작성의 필요성 / 26

  2. 명단 작성시 반드시 명심해야 할 사항 / 27

  3. 명단확장 / 29

  4. 구체적인 명단작성 요령 / 30

최초(가망고객) 명단 작성 리스트 / 32

지속적인 명단작성(예) / 34

접촉과 초대 / 36

  1. 개요 / 36

  2. 구체적인 접촉과 초대 방법 / 38

KTF선불요금제 회원등록 신청서(예) / 70

사업설명 / 71

나라콤 이글스 파일

차 례

1. 사업설명(STP)의 중요성 / 71

2. STP의 실제 / 72

3. 사업설명을 위한 미팅 / 74

사업 시작 요령 / 81

1. 서론 / 81

2. 본론 / 82

3. 결론 / 89

초기사업 전개요령 / 92

Ⅰ. 서론 / 92

Ⅱ. 본론 / 92

1. DT등록자가 7일 동안 매일같이 해야 할 일 / 92

2. 스폰서가 준비해야 할 사항 / 93

3. 일정별 해야 할 일 / 94

Ⅲ. 결론 / 95

최초 사업 계획서 / 96

DT 등록 요령 / 98

STP 수료제 실시요령 / 99

STP 참석자 명단 / 100

STP체크 리스트( )라인 / 101

월간일정표 / 102

나라콤 이글스 파일

차 례

사업 설명서 -A급 가망고객용 / 103

사업 설명서 -STP 수료자 본인용 / 107

사업 설명서 -A급 90분용 / 115

사업 설명서 -선진국형 KTF 선물요금 사업설명회 / 126

사업 설명서 -선진국형 IT와 BT사업 / 132

후속조치(Follow-Up)와 지속적인 후원(Follow-Through) / 136

  1. 개요 / 136

  2. 지속적인 후원(Follow-Through)의 원칙 / 137

  3. 후속조치(F/U)의 약속을 잡는 방법 / 139

  4. 후속조치(F/U)시 점검사항 / 139

  5. 후속조치의 목표에 따른 실천 방법 / 140

  6. F/U, F/T 과정시 기억해야 할 사항 / 140

  7. 검토사항 / 141

  8. 8-CORE / 142

  9. 이의에 대한 답변(Q/A) / 143

  10. 결론 / 145

회원 관리 요령 / 147

회원명단 / 149

계보도 / 150

비즈니스 체크 및 카운셀링 / 151

나라콤 이글스 파일

차 례

KTF 선불요금 전화 요금 재충전 방법 / 152
단말기 NAM SETTING 방법 / 154
사업비전 / 158
시대흐름의 변화 / 160
인터넷 혁명과 도전 '메릴린치 보고서' / 162
EAGLES-Group 추천도서 목록 / 164
다단계 판매에 관한 해설자료 / 165
다단계 판매·방문·통신판매 관련 피해상담처 / 173
방문판매 등에 관한 법률 / 174
방문판매 등에 관한 법률(시행령) / 209
한국방문다단계판매업체 주소록 / 220

부록 / 227

이글스(EAGLES)그룹

> ## "높이 나는 새가 멀리 본다"
> ### ―독수리(Eagles)

E : Education – 교육

A : Attitude – 자세

G : Goal – 목표

L : Learning – 배움

E : Enthusiasm – 열정

S : Success – 성공

"교육과 행사에 100% 참석하는 사업자의 자세로 목표를 향하여 배우고 가르치려는 열정만 있으면 누구나 성공할 수 있다."

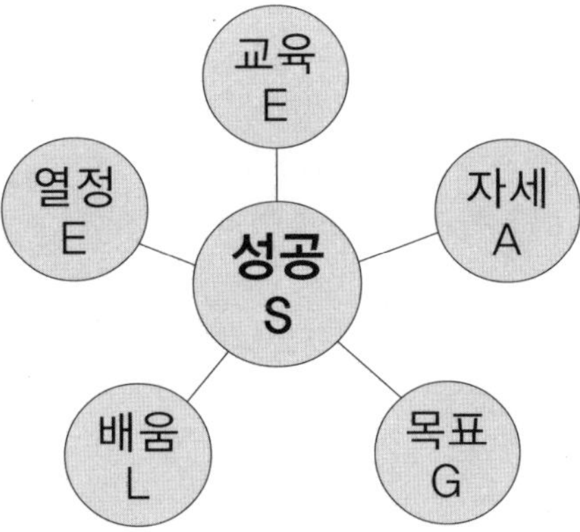

행복한 이글스(Eagles)그룹 만들기
Happy series

(이). 양심껏, 열심히, 합심해서 일합시다 !
(글). 매일같이 (+)발상을 가집시다 !!
(스). 칭찬 + 찬 + 찬 = '찬찬찬'을 부릅시다 !!!

1. Happy **Look** → 표정관리
   ※ 사람을 쳐다보면 자동으로 웃는다.

2. Happy **Note** → 칭찬거리와 장점을 노트하기
   ※ 후배 사업자가 잘한 일을 기록한다.

3. Happy **Talk** → 칭찬과 덕담하기
   ※ 몽둥이로 맞으면 몸이 아프지만, 말로 맞으면 가슴이 멍든다.
   ※ 미리 칭찬하면 더 잘한다.

4. Happy **Call** → 행복한 소식 전하기

5. Happy **Work** → 기쁘게 일하기
   ※ 자발적으로 일하면 항상 즐겁다.

6. Happy **Song** → 밝고 신나는 노래 부르기

7. Happy **Mind** → 긍정적인 마음 갖기

승자와 패자의 종이 한 장의 차이점

▶승자는 시간을 관리하며 살고,

　패자는 시간을 끌며 산다.

▶승자는 열심히 일하고, 열심히 놀고, 열심히 산다.

　패자는 허겁지겁 일하고, 빈둥빈둥 놀고, 흐지부지 산다.

▶승자의 하루는 25시간이고,

　패자의 하루는 23시간 밖에 안 된다.

▶승자는 열심히 일하지만 시간의 여유가 있고,

　패자는 승자보다 게으르지만 늘 바쁘다고 말한다.

▶승자는 넘어지면 일어나서 앞을 보고,

　패자는 넘어지면 일어나 뒤를 본다.

▶승자는 어린 아이에게도 사과할 수 있고,

　패자는 노인에게도 고개를 못 숙인다.

▶승자는 "예" "아니오"를 확실히 말하고,

　패자는 "예" "아니오"를 적당히 말한다.

▶승자는 실수했을 때 "내가 잘못했다"고 말하고,

　패자는 실수했을 때 "너 때문이야"라고 한다.

▶승자의 입에는 진실이 가득하고,

　패자의 입에는 핑계가 가득하다

당신의 인생은
당신의 생각 그대로 만들어진다

당신은 '인생은 자신의 생각대로 된다'는 말을 믿고 있는가?
무슨 일이든 처음부터 불가능한 쪽으로 생각하고 있으면,
당신은 결코 성공자가 될 수 없다.
'Yes!'라고 대답하는 사람만이
인생의 승리자가 되는 열쇠를 쥐는 것이다.

잠자고 있던 잠재력을 120% 끌어낸다

우리는
주어진 한계를 깨뜨려야 한다

서커스의 코끼리는 발에 묶인 쇠사슬을 뽑아 낼 수 있는 놀랄 만한 힘을 가지고 있는데도 불구하고 묶인 채로 일생을 보내고 만다.

만약 이런 비극이 당신에게도 일어나고 있다면…….

폴 J마이어 著 MOTIVATION 서커스 코끼리의 한계
c 삽화 SUCCESS MOTIVATION INTERNATIONAL, INC. 1974, 1992

이 코끼리는 어렸을 때 단단한 쇠말뚝에 굵은 쇠사슬로 묶여 있었다. 아무리 끌어당겨도 쇠말뚝은 끄떡도 하지 않았다. 그래서 그 코끼리는 나중에 어른이 된 다음에도 자기가 말뚝에 묶여 있는 것을 보면 움직일 수 없다고 생각하게 되었다.

지혜롭다는 인간도 이 서커스 코끼리와 다를 바 없다. 우리는 생각과 행동, 결과에 얽매여 스스로 정한 한계를 넘어서려고 하지 않는다. 만일 당신 자신에게 이런 일이 일어나고 있다면 지금 당장 당신을 묶은 그 말뚝을 뽑고 당신을 가로막고 있는 습관의 사슬을 끊어 버려라!

이글스 그룹의 시스템이 당신의 사슬을 뿌리채 뽑을 수 있도록 힘이 되어줄 것이다.

21세기 비즈니스 조건

1. 시대의 흐름을 타고 있는 사업
2. 장래성이 있는 사업
3. 고객으로부터 감사받고 기쁨을 줄 수 있는 사업
4. 한국민 전체를 대상으로 할 수 있는 사업
5. 판매조직을 만들 수 있는 사업
6. 특징 있는 상품으로 재주문이 있는 사업
7. 고객과 사업자가 상호 소득이 있는 사업
8. 자금이 많이 소요되지 않는 사업
9. 사회적인 사명감을 가질 수 있는 사업
10. 경쟁상대가 없는 경쟁할 수 없게 하는 사업
11. 재고 부담이 없는 사업
12. 현금 판매가 이루어지는 사업
13. 가격이 소비자에게 알맞은 사업
14. 상품이 무겁지 않고 부피가 크지 않은 사업
15. 소개자 추천자가 많이 나오는 사업
16. 손님을 기다리고 있는 상품이 아닌 사업
17. 판매 테크닉이 따로 필요 없는 사업
18. 소비자의 연령에 관계없는 사업
19. 기후나 계절에 좌우되지 않는 사업
20. 유행성 상품이 아닌 사업
21. 상품의 회전률이 좋은 사업
22. 여성과 아이들을 상대로 하는 사업
23. 아직 많이 알려져 있지 않은 사업
24. 상품이 반드시 진품인 사업
25. 일을 즐겁게 할 수 있는 사업

나라콤 사업에서 시스템의 중요성

1. **System**의 **Open** 조건
    가. 사업결정을 한 사람이어야 한다.
    나. 8-CORE가 습관화되어 있어야 한다.
    다. 가망고객 명단이 작성되어 있어야 한다.
    라. 사업가로서의 자세가 되어 있어야 한다.
2. 내가 목표에 도달하는 데 필요한 노력 방법을 제시해 주는 과정
3. 현재의 지점에서 내가 원하는 곳까지 가는 지도
4.. 예측불허에서 예측가능 사업으로 패턴이 바뀌어 간다.
5. 부정적인 것을 극복하고 긍정적으로 바꿔 준다. (확신)
6. 시스템 안에서 팀(Team) 플레이어가 될 때 그 조직에는 통일과 단합(Unity)이 형성되고 팀 워크(Team Work)를 통하여 조화(Harmony)가 이루어져서 사업의 성장이 계속되어 결국 성공(Success)을 달성하게 된다.
7. 시스템을 통하여 복제 사업의 기본단위인 에잇 코아(8-CORE)를 실현하되 원안 그대로 해야지 스스로가 편리한 대로 가감승제(加減乘除)하면 암세포와 같이 된다

※ 8-CORE

① STP	② VTR/테이프	③ 명단작성	④ 책읽기
⑤ 교육과 행사 100% 참석	⑥ 홈페이지 방문	⑦ 자세/목표	⑧ 상담, 배움, 가르침(C.L.T)

8. 스폰서나 업라인에게 순복(Submission)하는 것.

9. 서로가 역할 분담(Role Play)을 제대로 해 나가는 것.

10. 내가 왜(Why) 이 사업을 하는가에 대한 방법(How)을 배우는 것.

11. "Learn It, Teach It, Teach Others to Teach It" "배우고, 배운 것을 가르치고, 가르치는 것을 다른 사람에게 가르쳐라."

※ 돈을 벌기 위해서는 배워야 한다.

　　Earn (돈벌다) = Learn (배우다)

12. 시너지(Synergy) 효과를 극대화하는 것.

Synergy = **Sy**stem + **E**nergy

공식 $Sy = \dfrac{y^2 - y}{2}$ (y = 구성원수)

예1) y = 4명일 경우 $S_4 = \dfrac{4^2 - 4}{2} = 6$ (+2)효과

예2) y = 6명일 경우 $S_6 = \dfrac{6^2 - 6}{2} = 15$ (+9)효과

예3) y = 10명일 경우 $S_{10} = \dfrac{10^2 - 10}{2} = 45$ (+35)효과

예4) y = 12명일 경우 $S_{12} = \dfrac{12^2 - 12}{2} = 66$ (+54)효과

네트워크 구축 기본요소

The Basics of Building a Network

1. **BS(Before Service)**
   가. 최초 명단 작성(DT~7일차)
   나. 접촉(전화, 콜드 컨택)
   다. (준비된) 약속
   라. (준비된) 초대

2. **AS(After Service)**
   가. 지속적인 명단 작성(Lists-up)
   나. 사업 설명(STP)
   다. DT 등록
   라. 후속 조치(Follow-up)/ 지속적인 후원(Follow-Through)
   마. 회원관리/ 비전제시

성공 싸이클
The Success Cycle

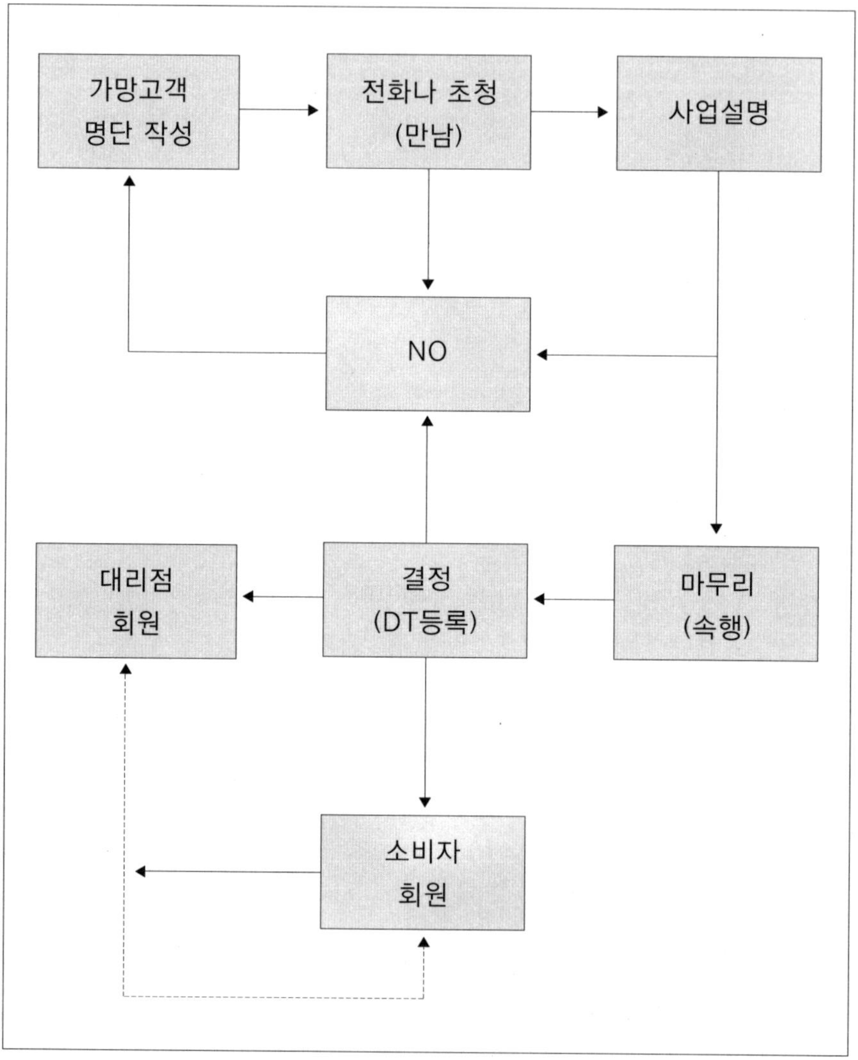

성공 공식

※ 성공(成功, Success) = 미리 설정한 가치 있는 자신의 목표(目標)
를 점진적으로 실현하는 과정

성공	=	능력	×	열정^2	×	방법	=	시스템
		10		10^2 →		→10	=	1000
		9		9^2		9		
		8		8^2		8		
		7		7^2		7		
		6		6^2		6		
		5		5^2		5		
		4		4^2		4		
		3		3^2		3		
		2		2^2		2		
		1		1^2 →		→1	=	10

※ 본인의 능력, 열정, 방법을 숫자 1~10까지라고 놓고 산출해 본다.
※ 능력(IQ, SQ, EQ)은 부족해도 열정만 있으면 방법은 그룹에서 제공
하므로 교육과 행사에 100% 참석만 하면 성공지수는 크게 된다.

명단 작성
Building a List of Names

1. 명단 작성의 필요성

가. 나라콤 사업은 인간관계 사업이다.

나라콤 사업이 성공한 이유는 인간관계 사업이며, 미래 예측이 가능한 사업이기 때문이다. 통계에 의하면 사업설명(STP)을 접한 사람의 일정규모가 디스트리뷰터(DT)가 된다. 따라서 큰 사업을 하기 위해서는 많은 사람에게 사업설명(STP)을 해야 하며, 이를 위해서는 많은 사람의 명단을 가지고 있어야만 한다. 그러므로 이미 알고 있는 사람 또는 친하게 지내던 사람의 명단을 작성하는 것이 성공의 기초 단계이다.

나. 명단은 재고가 필요 없는 나라콤 사업에서의 유일한 자산이다.

명단이 비어 있으면 과일이 없는 가게와 같다. 백화점에 여러 종류의 제품이 있듯이 명단이 많으면 많을수록 좋다.

다. 나라콤 사업을 중도포기한 많은 사람들의 실패 원인은 바로 여기서부터이다. 최초의 명단 작성이 이 사업의 시작이므로, 첫 단추를 잘 꿰야 한다.

명단을 작성하여 가망고객을 찾는다. 가망고객 명단을 놓고 스폰서와 분류(A, B, C급) 작업을 한 후, A급 위주로 전화 접촉으로 약속을 정한 후 사업설명을 보여주기까지는 회원 또는 소비자에 불과하고 사업가는 아니다.

2. 명단 작성시 반드시 명심해야 할 사항

가. 명단 작성하는 일에 주저해서는 절대 안 된다.
  (1) 최초의 명단 작성(DT 등록 후 7일)은 집에서 1시간 이내의 근 거리 명단이어야 하며, 단지 종이(또는 양식)에 알고 있는 사람들의 이름과 전화번호를 적는 것은 전혀 두려워 할 일이 아니다.
  ※ 머리나 수첩 또는 PC에 이름만 기록되어 있는 것은 사업상 전혀 의미가 없다. 이는 명단이 없는 것보다도 못하다. 왜냐하면, 그것은 단지 연락하기 위한 방법이지 사업을 위한 도구(Tool)는 아니기 때문이다. 일주일동안 꼭 시간을 내서 가망고객의 명단을 작성하고 스폰서와 상의하며 분류작업(A급, B급, C급)을 하는 것이 좋다.
  (2) 머리 속에만 명단이 있을 때는 몇 명에게만 전화해 보고, 'NO!' 하면 이내 자신감을 잃고 기운이 떨어져서 "나라콤 사업은 힘들어요~" 하게 된다.
  (3) 지속적인 명단 작성은 별도의 노트에 따로 작성하는 것이 유리하다. 21세기는 인테크 시대이다. 명단이 곧 재산임을 명심하고 알고 있거나, 알게 된 사람, 새롭게 사귄 사람들을 빠짐없이 별도의 노트에 기록한다.
  우선, 이름부터 볼펜으로 적고 연락처와 신상메모는 가급적 상세하게 연필로 적는다. 이름을 모르면 특징을 적는다.
  (예 : 쌀집 아줌마, 진송이 엄마……)
  ※ 아주 긴 명단을 지속적으로 작성한다. 본인이 알고 있는 모든 사람들을 분야별 가나다… 순으로 적는다.

나. 절대로 미리 판단하여 명단에서 이름을 빼서는 안 된다.
  (1) 만약 당신에게 혼자 가져갈 수 없을 만큼의 엄청난 금괴가 있어서 누군가에게 나누어주고 싶다면 당신은 누구를 택하겠는가?
  '내 친구들은 이 사업을 잘 몰라서 이 사업에 참여하지 않을 거야!' 라며 접촉을 꺼리는 사람은 내심 사람들을 이용하려는 마음이 있는 사람들이다.

※ 나라콤 사업은 남을 도와주는 사업임을 명심하기 바란다.

(2) 사업자가 오가며 스치는 모든 사람이 사업자의 명단에 오를 수 있다. 자기 나름대로 판단해서 명단에서 아는 사람들을 모두 빼버리고는 "나는 아는 사람이 없어서…"라고 변명하지 말라. 나의 명단에서 빠져 있음으로 해서 나의 가족, 친구, 친척들이 다른 사람들에 의해 추천을 받아 루비 디렉터가 되어 있는 경우가 굉장히 많다.

(3) 성공하고 난 다음에 사업설명을 보여줄 작정으로 몇몇 사람들을 제외시키는 소극적인 명단을 만들지 말라.

※ 중요한 것은 사업자가 결정하는 것이 아니라 그들에게 사업설명을 듣게 하여 그들이 결정을 할 수 있도록 기회를 주는 것이다. 지금 당신이 하지 않으면 그는 언젠가 다른 쪽에서 나라콤 사업을 하게 될 것이다. 만약 그가 거기서 다이아몬드가 됐다고 상상해 보라!

다. 나와 비슷하거나 나보다 나은 사람의 명단을 추가한다.

(1) 이 사업은 누구에게나 필요한 사업이다. 잘 살고 있는 사람은 더 잘 살기를 원하고 많은 사람이 좀 더 많은 시간과 경제력, 친구를 갖기를 원하고 있다.

(2) 내가 100점 만점에 50점 정도라면, 40점, 30점, 20점 정도의 사람들만 만난다면 이는 사업을 축소시키는 행위이다. 항상 60점, 70점, 80점 이상의 사람들을 만나도록 한다.

이런 사람들이 사업비전을 알면 정말 열심히 할 사람들이다.

라. "대화를 시작하고 친구가 되는 법", "리더의 자기암시법"을 읽어 보라.

마. 사업 파트너들이 사업을 시작할 수 있도록 명단 작성하는 일을 도와준다.

바. 명단이 없는 사업자는 매일 한 명의 새로운 사람을 만나겠다는 목
표를 세운다.

3. 명단확장

가. 꾸준한 추가, 삭제를 통해 명단의 내용이 계속 새롭게 유지되어야
한다.

나. 집을 중심으로 2~3시간 이상의 시간이 걸리는 곳에 사는 사람의
장거리 명단을 추가한다.

다. 한국 이외의 나라에 사는 사람들의 명단도 점차적으로 추가한다.

라. 명단을 늘려 나갈 때 다음 질문을 스스로 해본다.
　(1) 누가 돈을 더 벌어야 할 필요를 느끼고 있는가?
　(2) 누가 더 경제적으로 안정을 필요로 하는가?
　(3) 누가 더 시간적 여유를 누리고 싶어하는가?
　(4) 누가 더 공간적 자유를 누리고 싶어하는가?
　(5) 누가 자영 사업가가 되기를 원하는가?
　(6) 누가 은퇴문제로 고민하고 있는가?
　(7) 누가 인플레이션만큼 봉급 인상이 되지 않아 고민하는가?
　(8) 누가 저축을 많이 하기를 원하는가?
　(9) 누가 책임감이 강한가?
　(10) 누가 자신의 상사 때문에 고민하고 있는가?
　(11) 누가 자신의 성취에 대하여 더 많은 안정을 필요로 하는가?
　(12) 현재 직장을 잃게 되면 누가 매우 급격히 생활이 어렵게 되는가?
　(13) 마음적으로 누구를 도와주고 싶은가?

마. 명단작성과 관련해서 스폰서의 도움을 받는다.

4. 구체적인 명단작성 요령

가. 친척, 친구, 이웃 (100여명)
　(1) 이들 중 70~80%는 사업자를 가장 힘들고 어렵게 하는 사람들의 명단이다. 이 사업을 정확하게 알지 못하고 사업자의 가슴에 상처를 줄 수 있다.
　(2) 연습게임이라 생각하라. 5분 정도 개요 설명 후 DT등록을 해보라. 그리고 이해 정도를 기록하라. 미등록자와 처음부터 이해시키려고 싸우지 말라.
　　나중에 이 사업을 정확히 알게 될 때(6개월 후) 결국 다른 사람이 아닌 당신하고 하게 되기 때문이다.

나. 동창생 (300명 이상)
　(1) 초, 중, 고, 대, 대학원 동창 : 앨범을 보고 작성해도 좋다.
　(2) 선, 후배, 은사님들
　(3) 전우들

다. 집과 직장에서 연락하는 전화번호 수첩 (100명 이상)
　전자수첩과 PC에 다 있다 → 명단이 없는 것만 못하다.

라. 청첩장을 주고 받는 명단 (50~100명 이상)
　결혼식 하객, 부모님 회갑, 자식 백일, 돌 등의 방명록을 본다.

마. 전 직장이나 현 직장 (50~100명 이상)
　전·현 직장 동료, 상사, 부하직원, 거래처 및 그들이 소개해 준 사람 등

바. 취미 활동 (50~100명 이상)
　종교, 자모회, 아이들 학원 친구 부모, 테니스, 조깅, 축구회, 수영,

바둑, 골프, 볼링, 꽃꽂이 모임, 취미학원… 등등

사. 단체 (50~100명 이상)
노동조합, 의사, 변호사, 학원 연합회… 등등

아. 주변에서 가깝게 접하는 사람 (50~100명 이상)
음식점, 세탁소, 슈퍼, 집배원, 이·미용실, 문구, 피자가게, 베이커리, 집주인, 세입자, 부동산, 주유소, 은행원, 약사, 검침원, 음악사, 식품점, 정육점… 등등

자. 나라콤시대나 매거진에 실린 성공자들의 사진과 이름을 보면서, 비슷한 얼굴, 이름, 지역, 직업 등을 연상해서 생각나는 사람 (50여명)

차. 추가 명단 확장 및 콜드 컨택(Cold Contact)
(1) 연애할 때, 상대방에게 관심을 가지기 위해 노력하듯, 나라콤 사업을 통해 사람을 사귀기 위해 노력한다.
(2) 항상 명함을 갖고 다니면서 만나는 사람에게 전달한다.
(3) 새로운 사람을 사귀고, 새로운 사람이 생각날 때마다 추가로 명단을 작성한다.
(4) 지금까지 작성한 명단중에 그들에게 '누굴 아시지요?' '추가 수입을 원하는 사람을 소개해 주십시오'라고 한다.
(5) 명단 작성이 끝나면 근거리, 장거리를 표시해 두고 '김진강'이라는 이름이 있으면 '이 사람이 누구를 알고 있을까?' 생각해 보고 또 그 이름을 추가한다.
(6) 다른 사람에게 순수한 관심을 갖는다.
(7) 다른 사람이 당신에게 해를 끼치지 않는다. 사람을 만날수록 점점 편하게 느껴질 것이며, 긴장하지 않아도 될 것이다.
(8) 모든 사람이 이 사업을 필요로 하고 있음을 기억하라.

〈다 짐〉

◎ 오늘은, 앞으로 당신의 남은 생에 첫 번째 날이다.
지금부터 시작하라! 명단이 있으면 만날 사람이 많아진다. 그들에게
기회를 주고 찬스를 잡게 하는 것이 당신의 의무이다.

◎ 인생의 찬스는 세 번 온다지만, 한 번도 오지 않을 수 있다. 이것이
당신의 첫 번째 찬스이자, 마지막 기회임을 명심하라.

◎ 현명한 사람은 기회를 찾기보다는 더 많은 기회를 만들어 낸다.

말장난 유머 메시지

1 자기자기 우리 자기, 사랑스런 우리 자기………한국도자기 협회

2 난 그냥 니가 좋아……… 금니는 무지 비싸거든

3 나의 사랑………놀 테니깐 넌 간호사랑 놀아!

4 실은 말이야………사랑했어………바늘을……

5 이 세상에 젤 이쁘구 젤 착하구 젤 사랑하는 너……라고 할 줄 알았지?

6. 너는 싸가지…………… 마! 내가 김밥싸갈게

7. 충격!! 박찬호 구속!!!…………… 은 160㎞ 정도랍니다.

8. 사랑…………… 5랑 더하면 9가 되지?

9. 어떻게 해? 너 못 생겼다고 소문 다 났어…………… 나는 망치 생겼는데,

10. 그게 말이야…………… 아이, 소야!

최초(가망고객) 명단 작성 리스트

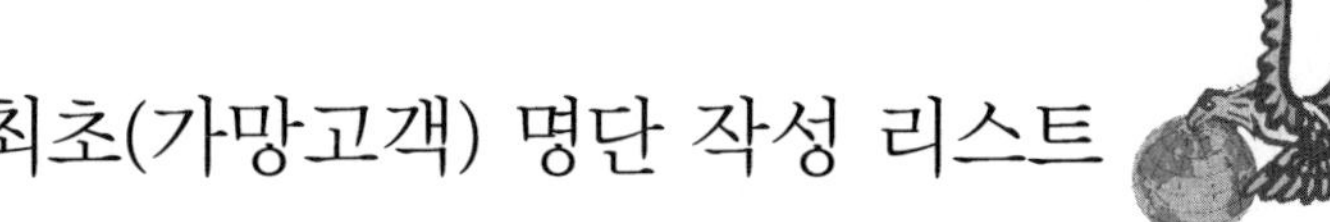

번호	성명	성별	연령	직업	사업자 분류			나와의 관계	경제력	연락처
					A급	B급	C급			
1										
2										
3										
4										
5										
6										
7										
8										
9										
10										
11										
12										
13										
14										
15										
16										
17										
18										
19										
20										
21										
22										
23										
24										
25										

지속적인 명단작성(예)

엉터리 상담실

Q : "샛별초등학교 맹달구예요. 선생님께서 숙제로 북극에 사는 동물 5마리를 써 오라고 했는데 저는 북극곰하고 펭권 밖에 모르는데 어떻게 하죠?"

A : "북극곰 3마리, 펭권 2마리라고 쓰세요!"

Q : "안녕하세요? 부산에 살고 있는 28살의 남성입니다. 모아 놓은 돈으로 생선 초밥 가게를 하나 낼까 합니다. 그런데 어떤 것들을 들여 놓아야 할지 통 알 수가 없어서 메뉴를 만들지 못하고 있습니다. 좀 도와주세요!"

A : "새우깡과 붕어빵을 전문으로 하시고 자갈치와 고래밥을 곁들이세요."

Q : "42세의 중년 남성입니다. 요즘 들어 아랫배가 더부룩해지는 것같더니 큰 문제가 발생했어요. 콩을 먹으면 아래로 콩이 나오고 오이를 먹으면 곧바로 오이가 나옵니다. 모르긴 몰라도 죽을병에 걸린 것 같습니다. 도와주세요!"

A : "똥을 먹어 보세요!"

접촉과 초대
Contact & Invite
※ 반드시 준비된 접촉과 초대이어야 한다.

1. 개요

가. 접촉과 초대란? 사업설명을 들려줄 사람을 만나거나 초청하는 일
련의 행동을 말한다. 가망 고객 명단을 작성하고 나면 다음 순서는
사업설명을 하기 위해 사람을 만나고 초대한다.
 (1) 전화를 걸어 간단한 설명을 하기 위한 약속을 잡는다.
 (2) 전화를 걸어 1:1 사업설명 약속을 잡는다.
 (3) 전화를 걸어 홈미팅(PMmeeting)에 초대한다.
 (4) 전화를 걸어 OM에 초대한다.

나. 사람을 만나고 초대하지 않고서는 아무 일도 일어나지 않는다. 이
는 스폰서를 포함하여 아무도 대신할 수 없다. 최초, 지속적인, 추
가 명단에 올려놓은 사람들을 초대하지 않는다면 조만간 다른 사람
이 그 일을 대신하게 됨을 알아야 한다.

다. 명단 작성이 되면 불쑥 뛰어나가 사업 이야기를 하면서 자신처럼 단
시간 내에 흥분하길 기대하는데, 그것은 모나리자 그림의 한쪽 귀
퉁이를 떼어내서 상대방에게 보여주며 이 그림이 얼마나 훌륭한가?
에 동의를 구하는 것과 같다. 나라콤 사업에 있어서는 절차가 있다.
접촉과 초대의 과정을 정확하게 숙지하여, 이에 따른다면 프로스펙
트에 대한 비전제시로 성공 확률은 상당히 높아지게 될 것이다.

라. 나라콤 사업에서 성공하기 위해서는 자신의 영향력과 인맥을 통해서 자신보다 같거나 높은 수준의 사람 3∼6명을 사업초기에 후원하라.

※ 꿈이 있는 사람이어야 하며, 그들 중 원하는 사람에게 7번 이상의 STP를 듣게 하여, 확신을 갖게 해준다.

※ 이 사업은 예측이 가능하다. 3∼6개의 '사과씨'를 꾸준히 심어 가꾸면 통계적으로 그 중 3개 이상의 씨앗이 일정하게 싹이 난다.

마. 접촉과 초대에 있어서 가장 중요한 것은 '간절한 꿈'이 있어야 한다는 것이다. 내가 큰 꿈을 가지고 있으면 꿈을 가진 사람들이 스스로 나에게 다가오게 되며, 나 자신 또한 과정 속의 어떠한 난관도 극복해 낼 힘이 생기게 마련이다.

바. 친구를 만들기 위해서는 스스로가 먼저 그의 친구가 되라.

※ 나 자신에 대해 먼저 관심을 가지고 그 모습을 상대에게 보여 준다. (예 : 복장, 수염, 구두 등등……) 언제 내가 꿈을 가진 멋진 사람과 만나게 될지 모른다.

사. 먼저 인사하라. "안녕하세요! 전 ○○○입니다."

악수할 때는 힘있게, 미소를 띄고, 상대방을 똑바로 보면서, 그러면 상대방도 인사하게 마련이다. "예, 안녕하세요! 전 ○○○입니다." 상대가 좋은 반응을 보일 때 사업상의 접촉을 시도한다. (F.O.R.M 대화 형식)

※ "2년 동안 타인이 당신에게 관심을 갖도록 하여 얻는 친구보다 2달 동안 당신이 타인에게 관심을 가짐으로써 얻는 친구가 더 많다. "

아. 그들은 모르지만 우리는 알고 있다.

그의 인생이 바뀔 수 있다는 것을, 그가 이 사업을 통해서 아내와 아이들에게 영웅이 될 수 있다는 것을, '시간, 경제, 공간'의 자유를 찾을 수 있다는 것을.

※ 그래서 당신은 그를 초대해야 하는 것이다.

자. 접촉과 초대를 두려워하지 말라.

좋은 사람이 되어 주고 상대방을 기분 좋게 한 것 외에 나쁜 일한 것이 없으므로 당당히 하라.

2. 구체적인 접촉과 초대 방법

가. 전화를 통한 접촉 방법

※ 이 방식은 가장 이용하기에 좋은 전략적 도구이다. → 전화가 제공하는 가장 큰 이점은 전화 거는 사람이 대화시간을 조절할 수 있다는 것이다.

(1) 짧게 통화한다(2~3분)

(2) 전화 통화시 필요한 순서

　　(가) 우호적 분위기 조성

　　(나) 그가 낼 수 있는 시간 확보

　　(다) 그가 부족하거나 필요한 것이 있음을 찾아내서 부각시킴

　　(라) 사업적 기회에 대한 언급

　　(마) 약속 확인

　　(바) 끝인사

(3) 대본을 사용하라

　　(가) 잘 준비된 대본을 따르는 직업 배우들은 진짜 실제 사람들보다 그 연기를 더 잘 한다.

　　(나) 대본을 사용하여 전화를 하는 강점은 무슨 말을 해야 할지 생각하지 않아도 된다는 점이다.

　　(다) 부부 모두가 아는 프로스펙트라면 남편이 초청을 한다.

　　(라) 편지를 읽듯이 하지 말고 실제 말하는 형태의 표현을 사용

한다.
- (마) 질문에 맞는 적절한 대답을 준비한다.
- (바) 질문이 많다는 것은 궁금하다는 것을 나타내는 것이므로 두려워하지 말라.
(4) 연습, 연습, 또 연습!
- (가) 가상의 상황 속에서 연습해야만 실제 상황에 대처할 수 있다.
- (나) 연습하는 시간의 양에 비례하여 프로스펙트를 잘 인도할 수 있다.
(5) 호기심을 불러 일으켜라.
- (가) 휴대폰 대리점 수수료 5~7.7%
- (나) IMT2000 대리점을 알아보고 있다.
- (다) 잘 하면 돈 안 들이고도 가능할 것 같다.
- (라) 기회 되면 소개해 줄게.
(6) 전혀 엉뚱한 이유로 사람들을 오게 해서는 안 된다.
- (가) 절대로 거짓말을 해서는 안 된다. (예: '그거 나라콤 아냐?'라고 했을 때, '나라콤 맞아, 너 어떻게 알았어?' 하는 식으로)
- (나) 다만 "그거 나라콤 아냐?"라는 질문을 통화중에 자주 받게 된다면 준비나 자신감 부족에서 오는 경향이 크므로 스폰서와 상담하여 대책을 세운다.
(7) "아직 100% 장담할 수는 없지만 대단할 것 같다"라는 표현을 자주 사용하라.
(8) 질문에는 질문으로 대답하라.
- (예) "그거 혹시 선불카드 아냐?" "너는 선불카드가 무슨 용도로 만들어진 상품인 줄 아니?"
- ※ 전화를 거는 목적은 많은 정보를 주지 않는 데 있다. 단지 시간을 정하고 미팅 약속을 잡자는 데 있는 것이다.
(9) 상대방의 말을 잘 들어주라.
- ※ 프로스펙트를 찾는 데 있어서, 그리고 성공을 하는 데 있어

서 이 항목은 필수적이다.

(10) 전화 목소리를 가꾸라.

   ※ 전화를 걸 때 목소리가 스스로를 보여줄 수 있는 일차적인 수단이다.

(가) 목소리가 분명히 들리도록 약간 크게 말하라

(나) 발음과 말투에 신경을 쓰라

(다) 말의 속도와 강약에 변화를 주라. 즉, 단조로움을 피하라.

(라) 프로스펙트의 마음에 그림을 그릴 수 있는 목소리 배우가 되라.

(11) 열정을 가져라.

(가) 열정은 프로스펙트들이 쉽게 발견할 수 있는 요소로써 '큰 믿음'으로 해석된다.

(나) 이 열정을 통해 사람들은 자신이 말하는 바를 자신이 믿고 있는지 알게 된다.

(다) 살아 꿈틀거리는 모습을 보여 주라.

(12) 준비를 잘하라.

   ※ 언제 테이프를 주고 미팅약속을 잡을지 잘 선택하라. 상대방이 스스로 빈 시간을 찾아 OK할 때까지 기다리지 말라.

(13) 전화걸기 전 미소를 지어보라.

   ※ 열정과 마찬가지로 온화함과 도움을 주려는 태도는 전화상에서도 확실하고 명료하게 전달된다.

(14) 할 수 있는 한 몸을 움직여라.

   ※ 가급적 서서 전화하라. 제스쳐를 쓰면서 전화하면 실감이 전화상으로 전달된다.

(15) 대화를 나누는 중에 거울을 사용해 보라.

   ※ 어떤 사람들은 이 방법을 통해 큰 효과를 보고 있다.

(16) 전화중인 프로스펙트가 지금 바쁜 상태인가 확인한다

   ※ 전화 내용에 몰두하도록 한다.

(17) 당신 자신도 매우 바쁘다.

   ※ 통화시간을 정해 놓고 무슨 일이 있어도 지키도록 한다.

(18) 미팅에 오도록 하기 위해 압력을 가하지 말라.

(19) 플랜을 봐달라고 구걸하지 말라.

　　※ 어떤 그 한 사람이 꼭 필요한 것이 아니므로 절대 구걸하지 말라.

나. 샘플(Sample) 접근법

(1) (주)나라콤 KTF 선불요금대리점 사업이라는 사실을 알린다. → 주로 친한 사람에게 전화로 접촉을 시도할 때 쓰이는 방법이다. "아, 자넨가. 나 ○○야. 나와 내 부인이 어제 선진국형 KTF 선불요금 대리점 사업에 관해서 들었는데, 우리가 보기에 정말 엄청난 사업처럼 보이더군. 자네가 관심이 있을 것 같아서 전화한 것은 아니네. 오히려 자네와 자네 부인은 관심이 없을 것 같아. 하지만 한 가지 부탁할 것이 있어서 말이야. 우리가 사업에 너무 빠져서 최종적인 결론을 내리기 전에 그 사업 정보를 나에게 전달해 준 친구가 다음주 금요일 밤에 우리 집에 올 것일세. 그러니 자네와 자네 부인이 와서 들어보고 우리에게 조언을 해주었으면 해서… 와 줄 수 있지?"

(2) (주)나라콤 KTF 선불요금대리점 사업이라는 사실을 미리 알리지 않는다.

"이봐, 다음주 금요일 밤에 뭐 할 건가?" "별로 없는데" "아, 잘됐군! 그럼 우리 집에 올 텐가? 우리 집에서 아주 작은 사업 모임을 할 텐데. 아직은 나도 잘 몰라서……. 지금 당장은 많은 얘기를 해줄 수가 없네. 아주 가능성 있는 좋은 사업 같은데 올 수 있겠나?"

그리고 나서도 그가 자꾸 물어보면 나라콤 사업이라는 것을 알려주고 (1)번 접근법을 사용한다.

다. 직접 접근법

　　※ 가장 성공적인 경우 : 본인 자신이 사업에 대한 확신과 열정, 자

부심만 있다면 성공할 수 있다. 믿음과 사람을 다루는 기술, 나라콤에 대한 지식이 있으면 가능하다.

〈예제1〉

당신이 나라콤 사업을 시작한지 모르는 친한 친구나 친척에게 "안녕, 성공씨" (간단한 안부인사 후) "내 말좀 들어봐, 내가 정신을 빼앗겼거나 아니면 일생일대의 대단한 사업기회를 얻었거나 둘 중의 하나일 거야. 이번주에 선진국형 KTF 선불 요금대리점 사업을 소개받았거든. 소문처럼 돈을 잘 벌 수 있는 건지는 아직 몰라. 너를 끌어들이려고 전화한 것은 아니고, 이 사업을 평가하는 데 네 도움을 받고 싶어. 화요일이나 목요일 저녁 우리 집에 와 줄 수 있겠니? 이 사업의 성공자가 우리 집에서 사업설명회를 가질 예정인데, 네가 여기에 꼭 왔으면 좋겠어. 네가 오면 나한테 큰 도움이 될 수 있을 것 같아. 이틀 중 하루 저녁은 여기에 올 수 있겠지?"

〈예제2〉

당신이 이미 나라콤 사업을 시작한 것을 알고 있는 사람에게 "성공씨, 내가 (주)나라콤 선진국형 KTF 선불요금대리점 사업하고 있는 것 알고 있죠?(예, 알고 있습니다.)

나라콤에 대해 알고 있는 게 좀 있습니까? 사업을 어떻게 하는지 잘 압니까? (대답을 기다린다. 일반적으로 볼 때, 나라콤에 대해 알고 있다는 내용을 들어보면 그가 나라콤에 대해 얼마나 모르고 있는지가 바로 드러난다.)

성공씨, 당신이 그렇게 말할 줄 알았어요.(상대방에게 주파수를 맞춘다) 나도 처음엔 그렇게 알고 있었어요. 그런데 당신이 말한 내용과 내가 알게 된 것과는 판이하게 다릅니다. 이 사업에 끌어들이려고 전화한 것은 아니지만, 이처럼 확실하고 투명한 사업에 대해 내가 알고 있는 정보를 함께 나누고 싶어요. 별다른 약속이 없으면 들어보는 것도 괜찮지 않을까요?"

질문과 편견에 대한 답변

〈예제1〉
상대 : 그거 피라미드 아니니?
본인 : 요즘도 피라미드 하는 사람 있니?
상대 : 맞아.
본인 : 아니야, 휴대폰 선불요금대리점 사업인데 알고 있니?

〈예제2〉
상대 : 그거 다단계 판매 아니니?
본인 : 너 혹시 피라미드 얘기하는 거 아니니?
-YES의 경우-
상대 : 응
본인 : 요즘도 피라미드 하는 사람 있니?
-NO의 경우-
상대 : 다르지?
본인 : 그럼 물건 파는 것 얘기하는 것 아니니?
상대 : 맞아
본인 : 너, 물건 파는 거 좋아하니?
상대 : 아니?
본인 : 나도 물건 파는 건 못해. 그런 건 아니고 KTF 선불요금대리점
사업이야.

〈예제3〉
상대 : 너 그거 다단계 아니니?
본인 : 혹시, 선불카드 얘기하는 것 아니니?
상대 : 맞아
본인 : 선불카드 사서 혹시 써봤니?
상대 : 아니

본인 : 선불카드는 별정통신사에서 다단계 등록하여 사회에 물의를 일
으키고 있는 상품으로 국내외 여행자용이야. 모든 선진국에서 하
고 있는 21C 최첨단 선불요금 대리점 사업이야.

라. 호기심 유발법

  (1) 나라콤이라고 미리 밝히지 않는 방법으로써 가장 널리 사용되
고 있는 방법이다. 주요 목적은 호기심을 불러 일으킴으로써 예
상 고객이 마음의 문을 열고 '사업 설명을 들어봐야겠다' 는 생
각을 갖도록 하는 것이다.

  (2) 너무 말을 많이 하면 당초 의도하고자 했던 긴박감, 호기심이 사
라진다. 그렇게 되면 사람들은 마음 속으로 약속을 미루거나 머
뭇거리게 된다. 전화로 자세한 내용설명을 피하고 직접 만나서
알기를 원하도록 한다.

  (3) 대부분의 사람들은 여러 가지 이유로 나라콤에 대해 그릇된 인
식이 존재한다. 그런데 그 그릇된 인식을 가지고 있는 사람들 대
부분은 사업설명을 한번도 들어본 적이 없다는 것을 기억하라.

  (4) 절대로 기만하지 않는다. "혹시 나라콤 아냐?"라고 할 때는 "아
니다"라고 하지 말고 "나라콤 맞아, 그런데 너 나라콤을 알고
있어?"라고 반문하라.

  (5) 접촉과 초대의 최종목적은 "미팅에 오게 하는 것"임을 명심하
라. 전화시 어떻게 말할 것인지 노트에 정리하여 연습해 본 후
일정을 가지고 호기심을 유발하도록 한다.

  (6) 호기심 유발 접근시 특히 "해야 할 점"과 "하지 말아야 할 점"
을 숙지한다.

    (가) 해야 할 점

    1) 빨리 끝낼 것

    2) 열성을 보일 것

    3) 당신이 사업확장을 한다는 것을 말할 것

    4) 호기심을 유발할 것

5) 밤 시간을 비워 놓으라고 이야기 할 것

6) 긴박감을 가질 것

7) 느긋하게 할 것 (제가 어떤 약속이나 보증을 할 수는 없습니다)

8) 확실한 약속을 받아낼 것

9) 질문에는 질문으로 답할 것

10) 반드시 대화를 주도할 것

11) 배우자의 동참을 요청할 것

(나) 하지 말아야 할 점

1) 나라콤이라는 것을 먼저 말하지 말 것

2) 이 시점에서는 사람을 소개만 하면 된다는 식으로 말하지 말 것

3) "저와 제 처가 사업을 시작했습니다"라고 말하지 말 것

4) 전화로 너무 많은 것을 이야기해 주지 말 것

5) 짧게 이야기하고 다양한 질문에 절대 휘말리지 말 것

6) 사람들한테 전화하는 것을 망설이지 말 것

〈예제 1〉

"내가 무언가를 장담할 수는 없지만 내 말 잘 들어봐. 흥미진진한 사업을 최근에 시작했는데 내가 보기에 네가 하면 잘 할 수 있을 것 같아. 지금은 시간이 없어서 자세하게 말할 수 없지만 따로 시간을 잡으면 설명해 줄 수가 있을 것 같아. 다이어리를 확인해 보고 금요일 저녁 9시경에 시간이 되는지 확인해 봐. 우리 집사람도 참석할 예정인데 네 부인도 가능하지?"

〈예제 2〉

"난데, 좋은 사업상의 기회가 생겨서, 수입이 괜찮을 것 같다. 너도 참가할 수 있도록 만들어 보려고 하는데, 물론 장담할 수 있는 것은 없어. 언제 시간이 되겠니? 이 일에 대해서 집사람이 알 수 있도록 하는 것이 아주 중요한 것 같아. 우리 집사람도 참석할 거야. 가능하겠지?"

〈예제 3〉 부인의 참석이 NO인 경우

"괜찮아. 그런데 내가 보기에 네 부인이 이 문제에 대해 알고 있는 것이 중요할 것 같아서 그래. 부인이 너의 결정을 도와줄 수 있지 않니? 자, 토요일 저녁으로 하면 되겠니? 좋아?"

〈예제 4〉 만약 어떤 질문을 받는다면

"지금 상태로는 내가 어떤 질문에 해답을 줄 수 있는 수준이 안 돼. 하지만 내 사업 파트너가 동의를 해줘서 몇 사람에게 이 개념을 설명할 수 있게 되었으니까 일단 평가해 보고 어떤지 나에게 말해줘. 나중에라도 '왜 전화해 주지 않았느냐'는 말을 듣고 싶지는 않아. 그러니까 너희 부부와 함께 금요일 밤 9시에 와서 커피 한 잔 하자."

〈예제 5〉 더 자세하게 말해 달라고 하면

"네가 바쁜 사람이란 것을 알고 있는데 네 시간을 낭비하지는 않을 거야. 내가 설명하기에는 역부족이니까 일단 평가해 보고 어떤 것인지 말해 줘."

〈예제 6〉 확실한 약속을 피한다면

"나는 정말 너의 의견을 존중하고 있어. 내가 너를 먼저 떠올리게 된 것은 내가 정말 존중하는 사람들에게 이 사업에 대해 논의하는 것이 좋겠다는 말을 들었기 때문이야. 네가 올 수 있는지 알았으면 좋겠는데, 어려우면 따로 생각해 놓은 사람이 있어."

〈예제 7〉 쓸데없이 시간을 끌거나 "한 번 가 보도록 노력해 볼게"라고 한다면

"이 만남은 중요한 일이기 때문에 확실하게 올 것인지 알았으면 좋겠어. 어려우면 따로 생각해 놓은 사람이 있어. 평소에 네가 약속을 잘 지키는 것을 알고 있는데, 꼭 참석하겠다고 말하면 그렇게 알고 있을게."

〈예제 8〉 회사의 중역이거나 국제적인 사업에 관심이 있다면
"나는 돈을 더 벌어보려고 여러 가지 궁리를 해오고 있었는데, 너희 부부와 대화를 나누어 보니까 나와 생각이 같더군. 현재 나는 미국, 일본, 유럽 및 선진국에서 크게 성공을 거두고 있는 휴대폰 사업을 소개받았는데 내가 알고 있는 몇몇 사람들이 우리나라에서 사업을 확장 중에 있어 여러 가지 질문에 대해 내가 대답해 줄 수준은 못되고 네가 이 문제에 대해서 직접 만나보면 참 좋겠어. 또 너의 평가가 궁금하기도 해."

〈예제 9〉 명단작성 후 접촉할 프로스펙트를 자신의 일정표에 정리한다.
김진강에게 전화하여,
"야, 진강아! 난데, 내가 카렌다의 일정표를 보니까 이번주 금요일 9시 이후에 시간이 좀 날 것 같은데 좀 만났으면 해. 집에 있을 거지? 내가 집으로 갈게."
"무슨 일인데 그래?"
"설명하자면 한 시간 정도 걸리겠어. 가서 얘기하고 싶어. 자세히… 9시, 9시 반, 언제가 좋겠어?" (시간을 정한 후)
"좋아, 좋아. 그럼 우리 집사람과 함께 갈 테니 자네 집사람도 같이 있도록 하게."
"그래 그래. 그럼 금요일 9시에 보자."
※ 호기심 유발법에서 중요한 점은 통화 마지막에 "나와 직접 만나서 얘기하기 전까지 일단 아무에게도 말하지 말게!"라고 주지시켜 둘 필요가 있다.

마. 스폰서가 대신 전화해 줄 경우

〈예제 1〉(전화번호와 이름만 알고 있을 때)
본인 : 안녕하세요. 저는 ○○에 살고 있는 ○○○라고 합니다.
　　　 ○○○씨 맞습니까?
상대 : 예. 그런데요.
본인 : 제가 전화드린 이유는, 저는 몇 년 전부터 정보통신분야에 사업을 하고 있는데, 현재 확장 중에 있습니다. 그래서 같이 일할 분

을 찾고 있는데 마침, 그 주위 분들에게 적극적이고 긍정적이며 열심히 사시는 분을 여쭈어 보았더니 ○○○씨를 추천해 주시더라구요. 저 혹시, 궁금해서 그러는데 현재 하시는 일 외에 파트타임으로 다른 수입원의 기회가 주어진다면 알아보실 의향이 있으십니까?

상대 : 뭔데요.

본인 : 원하신다면 검토해 보실 수 있는 자료를 보내드리도록 하겠습니다.

※ 절대 본인이 설명하지 말고 시스템에서 권하는 자료를 볼 수 있게 하라.

〈예제 2〉(스폰서가 대신 전화해 주는 대화기법)

본인 : 안녕하세요. 저는 ○○에 살고 있는 ○○○라고 합니다. ○○○씨 맞습니까? 제가 전화드린 이유는 저 ○○○씨라고 아시죠?

상대 : 예.

본인 : 제가 ○○○씨께 주변에서 성실하고, 신뢰가 있으시며, 전망있는 분야에 일하실 만한 분을 한 분만 추천해 달라고 했더니 ○○○씨를 추천해 주셨습니다. 맞습니까?

상대 : …….

본인 : 저 혹시, 궁금해서 그러는데 현재 하시는 일 외에 다른 수입원의 기회가 주어진다면 알아보실 의향이 있으십니까?

상대 : 뭔데요?

본인 : 원하신다면 검토해 보실 수 있는 자료를 보내드리도록 하겠습니다.

상대 : 예.

본인 : 그럼 다음 기회에 뵙겠습니다.

※ 가능한한 파트너가 있는 자리에서 전화를 한다.

대부분의 예상고객은 파트너에게 전화를 하게 된다.

파트너 : 어~ 전화 왔었구나. 야 너 운 좋은 줄 알아라. 그분 대단한 분

이야. 경제 전문지에도 나오고, 주위에서 성공했다고 인정받는
분이거든.

상대 : 그런데 그게 뭐니?

파트너 : 일단 네가 알아볼 의향이 있으면 제대로 검토해 봐.

　　　※ 절대 본인이 설명하지 말고 시스템에서 권하는 자료를 볼 수
　　　있게 하라.

〈예제 3〉(새로 이사오는 사람과의 대화)

본인 : 당신 여기서 새로운 생활을 시작하시나 보죠?

상대 : 네, 그래요.

본인 : 무얼 할려고 하는데요.

상대 : 공부를 할려구요.

본인 : 부인도 학생이세요? (재정적으로 힘드시겠네요.)

상대 : 예.

본인 : 공부도 하면서 돈을 벌 수 있는 것에 관해 관심이 있으실 것 같
　　　은데 시간이 있으신지요.

상대 : 물론입니다.

본인 : 그럼 화요일 7시 어떠십니까?

제가 자료를 보내드리도록 하겠습니다.

〈예제 4〉(병원에서)

본인 : 선생님, 진찰하시면서 제 애기 들으실 수 있습니까?

상대 : 예.

본인 : 제 남편이 어떤 사업을 시작했는데, 특히 전문직에 종사하는 사
　　　람들의 퇴직 후 수입이나 현재의 부수입에 관한 일이거든요. 선
　　　생님도 관심 있으실 것 같아서요. 다른 의사 선생님들도 많이 시
　　　작하셨거든요.

상대 : 그게 뭔데요?

본인 : 저는 잘 몰라요. 관심이 있으시다면 남편에게 전화드리도록 하

겠습니다.

〈예제 5〉(주유소에서 기름을 넣을 때)
본인 : 안녕하세요.(오늘 날씨 참 좋네요.)
상대 : 예.
본인 : 저도 ○○○차를 살려고 생각중인데 언제 사셨어요? (차의 특징
　　　에 대해 물어 본다.)
상대 : ……
본인 : 혹시 이 근처(부근)에 사세요? 그럼 ○○동이 어디쯤이죠?
상대 : 예.
본인 : (혹시 상대가 살고 있는 지역이라면) 우연이지만 잘 되었군요.
　　　저는 정보통신분야의 사업을 몇 년간 해오고 있으며, 이번에 이
　　　곳에 확장하려고 합니다. 그래서 참신하고 성실한 분을 몇 명 모
　　　집하려 하는데, 혹시 당신이 알고 있는 사람 중 적당한 사람이
　　　있습니까? 돈버는 것에 관심도 있어야 하구요.
상대 : 저 어때요?
본인 : 지금 당장은 시간상 다 설명드릴 수는 없고, 일단 저도 동업자
　　　와 상의해 봐야 하겠지만 정말 관심이 있으십니까?
상대 : 네, 그런데요.
본인 : 그러면 제가 지금은 바쁘고 다음주 ○요일 7시에 시간이 어떠십
　　　니까?
상대 : 괜찮아요.
본인 : 그때 전화 드리도록 하겠습니다.

〈예제 6〉(거리나 지하철, 버스 안에서)
본인 : 안녕하십니까? 인상이 무척 좋으시네요. 실례가 되지 않는다면
　　　개인적인 질문을 한두 개 정도 드려도 되겠습니까?
　　　내키지 않으면 대답하지 않으셔도 좋습니다. 돈을 지금보다 더
　　　벌 수 있다면 관심이 있으십니까?

상대 : 예.

본인 : 그럼 돈을 더 많이 벌어서 부자가 된다면 제일 먼저 뭘 하고 싶으십니까?

상대 : 글쎄요.

본인 : 저는 지금 우리나라에서 성공했다고 인정받고 계시는 경제 전문지에도 나오는 ○○○씨라는 분과 사업을 동업하고 있는데, 이번에 사업을 확장 중에 있습니다.
알아보실 의향이 있으시면 일단 동업자 분께도 상의해 봐야겠지만 다음주 ○요일 저녁 시간이 어떠십니까?

〈예제 7〉

본인 : 바빠서 길게 얘기할 시간은 없고, 너 돈버는 데 관심 있니?

상대 : 당연하지. 그런데 왜?

본인 : 내가 지금 신중을 기해서 알아보고 있는 분야가 있는데, 우리나라는 초창기지만 정부에서도 지원하고 대기업에서 진행하는 아주 안정적이고 전망이 밝은 분야가 있거든. 너에게 좋은 기회가 될 것 같은데 전화상으론 설명하기는 어렵고 관심이 있다면 마침 내가 자료를 구했으니까 일단 한번 검토해 보고 얘기하자. 이따가 8시쯤에 너희집 근처에 갈 일이 있으니까 그때 보자.

자료를 줄 때의 대화

(차 시동을 걸어 놓은 채로 현관문에서 자료만 주고 나온다.)

본인 : 내가 오래 머무르진 못하고, 이 자료 구하기 어려운 건데 다른 사람이 빨리 필요로 하니까 오늘밤에 볼 수 있니? 없니?

상대 : 내일 밤까지 볼게.(기간을 미루거나 진지하지 못할 경우 다시 가지고 나온다.)

본인 : 그럼 그때 몇 시에 찾으러 오면 되겠니? 가능하면 오늘 같은 시간이면 좋겠는데. 이 동네에 올 일이 있거든.

상대 : 그래. 그럼 8시 정도에 와.

본인 : 그럼 내가 바쁘니까 7시 40분까지 올게.
　　　그런데 중요한 건 그 안에 네가 핵심만 파악하면 엄청난 게 있
　　　거든. 한눈팔지 말고 봐야 알 수 있을 거야.

〈예제 8〉
본인 : (자신에 찬 목소리로) 이봐! 요즘 어떻게 지내?
상대 : 별일 없어. 왜?
본인 : 자네에게 물어 볼 게 있는데.
상대 : 뭐?
본인 : 집에 비디오 있지?
상대 : 그럼.
본인 : 그거 작동되나?
상대 : 그래. 그런데 왜?
본인 : 자네에게 보여줄 중요한 자료가 있는데, 한 1시간 정도 시간되
　　　지?
상대 : 응.
본인 : 그럼 기다려.

집에 와서
본인 : 자네에게 보여 줄 중요한 게 있는데 일단 한번 보자. 자네도 흥
　　　미를 느낄 거야. (아무런 말없이 그냥 비디오를 본다.)
본인 : (비디오를 본 후) 어때? 괜찮지?
상대 : 괜찮은 것 같은데.
본인 : 역시 자네가 감각이 있어서 관심을 가질 줄 알았어.
　　　※ 비디오를 본 후, 본인이 사업설명의 능력을 갖추었을 경우 직
　　　접 풀어주어도 되지만 가능하면 자료를 주고 다음 미팅 약속을
　　　한다.
본인 : ○일 밤 우리집에 이 사업 내용을 이야기해 줄 상당히 수준 있는
　　　사람이 비즈니스에 대해서 설명하러 오는데 자네를 초대하겠네.

자네에게 어떤 것을 약속할 수는 없지만 몇 가지를 검토해 보세. 그때 몇 가지 자네가 궁금한 것을 질문해 볼 기회도 있을 테고, 거기서 일단 감이 잡히면 사업을 하고, 안 하고는 자네의 결정에 달려있네. 만약에 거기서 감이 없다면 없던 걸로 하지 뭐. (알겠지) 부담 가질 필요는 없고 자네가 판단하는 거니까 그때 보세.

〈예제 9〉(약사이며 돈을 많이 벌고 있는 사람에게)
본인 : 당신은 당신의 직업에 꽤 성공적이며, 지금까지 잘 해온 것으로 알지만 더 많은 돈을 버는 데 관심이 있으십니까?
상대 : 물론이요. 그게 뭔데요.
본인 : 당신 J. 폴 게리라는 사람을 아세요? 미국에서 성공한 백만장자입니다.
상대 : 글쎄요.
본인 : 제가 아는 분이 게리가 말한 가장 성공할 수 있는 방법을 실제로 써 보았죠.
그 비결을 그가 하는 사업에 적용시켜 겨우 나이 30대에 1%에 해당하는 고소득자가 되었고, 이제는 더 이상 바쁘지 않아도 되게 되었죠. ○○○이란 분인데요. 경제 전문지에도 나오지요. 관심가져 볼 만큼 만만찮게 전망 있는 분야인데 알아 보실 의향이 있으시다면(홈미팅, 초대약속, 자료약속) 제게 연락을 주세요.(자료를 빌려줌.)

〈예제 10〉(우연히 만난 사람과의 대화)
본인 : 나는 9시~오후 6시까지는 직장생활을 하고 6시~12시까지 사업을 해서 돈을 벌고 있습니다.
상대 : 6~12시까지 무얼 해서 돈을 버는데요?
본인 : 마케팅 연구 같은 거죠.
상대 : 무슨 마케팅이죠?본인 : 전문직에 있는 사람이건 비전문직에 있는 사람이건 제2, 제3의 수입을 위한 마케팅입니다.

상대 : 뭔데요?

본인 : 얘기하자면 시간이 꽤 걸립니다. 관심이 있으시면 전화를 주세요.(자료를 줄 약속을 한다.)

〈예제 11〉

본인 : 바빠서 길게 얘기할 시간은 없고, 오늘 전화를 건 용건은 너 혹시 개인 사업에 관해 생각해 본 적 있니?

상대 : 글쎄.

본인 : 내가 지금 신중을 기해서 알아보고 있는 것이 있는데 선진국에선 이미 자리를 잡아가고 있고 국내에선 KTF에서 준비해서 시작하는 사업이야. 신문에서는 미래 주제로 계속해서 다루어지고 있는 분야인 IT(정보통신분야)와 BT(생명공학) 분야거든.
자본금은 필요 없고 시간과 창의력만 있으면 돼.
뭐라고 장담할 수는 없지만 아주 안정적이면서 전망이 확실해서 너에게도 좋은 기회가 될 것 같다. 어때. 관심 있니? 관심 없으면 말고.

상대 : …….

본인 : 일단 빨리 알아보는 것이 좋을 것 같으니까. 다음주 화요일과 금요일 저녁 중에 언제 시간 나지?

상대 : 금요일 저녁.

본인 : 그럼 금요일 저녁 7시 40분까지 우리 집으로 와. 시간은 정확하게 지켜야 돼. 참! 이 일에 대해서 집사람도 알 수 있도록 하는 것이 좋을 것 같다. 우리 집사람도 참석하거든. 너도 집사람과 같이 와라. (애들은 맡겨 놓고)
만약 어떤 이유든 사정이 생기면 꼭 미리 전화해 줘. 그래야 다른 사람에게 기회를 줄 수 있으니까.

〈예제 12〉

본인 : 너 일전에 그렌져 사고 싶다고 했는데, 그건 진심이냐?

아니면 그냥 해본 말이냐?

상대 : 물론 진담이지.

본인 : 너 진짜 갖고 싶어서 그러는 거야?

상대 : 그럼. 그런데 갑자기 그건 왜?

본인 : 내가 지금 신중을 기해서 알아보고 있는 분야가 있는데 너의 그 꿈을 이룰 수 있는 기회가 될 수 있을 것 같아서.

상대 : 뭔데?

본인 : 오늘은 내가 조금 바쁘고 다음에 만나서 이야기 해 줄게.

며칠 후

본인 : 일전에 내가 얘기한 것 관심 있니?

상대 : 응.

본인 : 도저히 내가 바빠서 너 만나러 갈 시간이 없으니까. 관심 있으면 다음주 화요일과 금요일 중 언제 시간 나냐? (관심 없으면 말고.)

상대 : …….

본인 : 그럼 금요일 저녁 7시 40분까지 우리집으로 와. 시간은 정확하게 지켜야 돼. 그리고 정장 입고 와. 나도 정장 입고 있을 거니까. 참. 이 일에 대해서 집사람도 알 수 있도록 하는 것이 좋을 것 같다. 우리 집사람도 참석하거든. 너도 집사람과 같이 와라.(애들은 맡겨 놓고.)
만약 어떤 이유든 사정이 생기면 꼭 미리 전화해 줘.
그래야 다른 사람에게 기회를 줄 수 있으니까.

〈예제 13〉

본인 : 너 나한테 저녁 살 거야? 안 살 거야?

상대 : 왜?

본인 : 기막힌 내용을 하나 입수했는데 네가 밥 사주면 주고, 아니면 말고. 어떡할래?

상대 : 그게 뭔데?

본인 : 오늘 저녁 8시에 집에 있을 거야? 없을 거야?

상대 : 있어.

본인 : 그럼 집으로 갈 테니까 집에서 보자.

〈예제 14〉

본인 : 오늘 내가 전화 건 용건은 바빠서 길게 얘기할 시간은 없고, 금
요일 밤에 너하고 너의 집사람 뭐 할 거냐?

상대 : 아직 별다른 약속 없는데.

본인 : 집사람에게 한 번 물어봐.

상대 : 괜찮대. 왜?

본인 : 우리집에 좀 왔으면 해서. 중요하게 상의할 게 있으니까 애들은
맡겨 놓고 와.

상대 : 무슨 일인데?

본인 : 비즈니스건인데 전화로 모든 것을 다 설명할 수 없고, 하지만 네
가 검토할 자료는 충분히 가지고 있으니까 7시 40분까지 일단
우리집에 와라. 만나서 얘기하자.

상대 : 알았어.

본인 : 시간 잘 지키고 만약 무슨 이유든 사정이 생기면 꼭 미리 연락
해줘.
그래야 다른 사람에게 기회를 줄 수 있으니까.

〈예제 15〉

본인 : 안녕?

상대 : ……?

본인 : 요즘 어떻게 지내니. (가족, 직장, 취미 등에 관한 간단한 안부
를 묻는다.)

상대 : ……?

본인 : 내가 지금 바빠서 길게 얘기할 시간은 없고, ○○○씨라고 지금
주변에서 대단히 성공했다고 인정받고 경제 전문지에도 나오는

분이 있는데 그 분이 이번에 사업을 확장 중에 있거든.

그래서 참여할 사람을 몇명 구하고 있는데, 너 혹시 현재 하는 일하면서 남는 시간 이용하여 추가적인 소득액이 만만찮은 게 있다면 알아볼 의향 있니?

상대 : 그게 뭔데?

본인 : 전화상으론 설명하기 어렵고, IMT2000 사업인데 혹시 들어 봤니?

상대 : 잘 몰라…….

본인 : 그것 봐. 그러니까 일단 네가 알아볼 의향 있으면 금요일 저녁 시간 어떠니?

상대 : 글쎄. 시간이 어떨지…….

본인 : 관심 없으면 말아. 다른 사람 추천하면 되니까.

상대 : 알았어.

본인 : 그럼 금요일 저녁 7시 40분까지 시간 잘 지켜서 우리집으로 와. 혹시 못 올 이유가 생기면 꼭 미리 연락해 줘. 다른 사람에게 기회를 줘야 하니까. 참, 이 일에 대해서 집사람(남편)도 알 수 있도록 하는 것이 아주 중요할 것 같아.

우리 집사람(남편)도 참석하거든. 너의 집사람(남편)도 같이 와. 그럼 그때 보자.

〈예제 16〉

본인 : 오늘 전화를 건 용건은 내가 얼마 전에 사업을 시작했는데, 정말 인상적이고, 전망이 좋은 것 같아. 아주 좋은 기회인 것은 분명한데 나는 이런 큰 사업을 해본 경험이 없기 때문에 조언이 좀 필요하거든. 너는 창의력도 있고, 판단력도 남다르니까 플랜을 살펴보고 카운셀링 좀 해 주었으면 너무 고맙겠다.

상대 : 그게 뭔데?

본인 : 전화상으로 설명하긴 곤란하고, 화요일과 금요일 저녁 중 언제 시간이 나지?

상대 : ……. (화요일 저녁 또는 금요일 저녁)

본인 : 그럼 ○요일 저녁 7시 40분까지 우리집으로 와.

　　　　시간 정확하게 지켜야 돼. 비즈니스 미팅이니까 정장 입고 오면

　　　　더 좋고.

바. 기타 접근법

〈예제 1〉 여러분이 잘 아는 사람으로부터 맹렬한 거부에 부딪쳤을 때
"잠깐만, 너 내 친구 맞지? 나를 좀 믿어보는 게 어때? 네가 무슨 이
야기를 들었건, 무엇을 말하고 생각하든 난 상관이 없어. 나는 이 사업
에서 정말 대단한 것을 보았어. 너에게 바라는 것은 한번 와서 보고 내
가 제대로 판단하고 있는지 도와 달라는 것 뿐이야. 보고 나서 너도 대
단한 것이라고 생각하면 다행이고, 아니라고 해도 괜찮아. 나도 누구
나 다 할 수 있다고는 생각 안 해. 단지 네가 와서 내가 무엇에 매료되
었는지 보아 달라는 거야. 네가 참여할 수 있는 기회를 주고 싶다. 어
쨌든 그날 저녁에 달리 중요한 일 없지?"

〈예제 2〉 테이프 및 자료를 통한 접근법
　※이 경우는 직접 만나기가 어렵거나 장거리인 경우에 쓰이는 방법이
다.
(호기심 접근법을 사용한 후) "좀 더 자세하게 얘기했으면 좋겠는데 지
금 시간이 1~2분밖에는 없어서. 그리고 전화로 설명하면 마치 전화로
모나리자 그림을 설명하는 것 같아서 그래. 무슨 말인지 알지? 더 자
세한 사항은 내가 자료를 우편으로 보낼 테니까 그 자료를 보고 난 뒤
에 이야기하고, 일단 어떤 부분이 가장 괜찮은지 검토해 봐."

사. 콜드 컨택(Cold Contact)
(1) 개요
　　　(가) 서로 알고는 있지만 사교적인 사이는 아닌 사람, 낯선 사람들,
　　　　　한번도 만난 적이 없는 사람들에 대한 접촉을 소위 콜드 컨택

이라고 한다.

(나) 이런 접촉이 있기 때문에 나라콤 사업은 무한한 가능성이 있
는 것이다. 주위에 무한히 많기 때문이다.

(다) 많은 다이아몬드들의 경우 모르는 사람들과의 사업성과가 큰
것을 보아도 콜드 컨택이 얼마나 중요한지 이해가 될 것이다.

(2) 방법

(가) 먼저 나 자신의 복장을 점검한다.

　※ 얼굴 표정, 복장, 구두 등 나 자신이 성공을 말할 만큼 당당
한가를 점검한다. 언제, 어디서 당신이 꿈을 가진 사람들과 부
딪칠지 모르기 때문이다.

(나) 식당, 주유소 어디를 가든 자신을 스스로 소개하라.

　※ 명랑하고 활기차게 웃으면서 먼저 인사하라.

(다) 악수할 때는 먼저 손을 내밀고 힘있게 하라.

　※ 성공한 자의 손을 잡고 있다는 느낌을 주어야 한다.

(라) 똑바로 상대방의 얼굴을 쳐다보면서 큰 웃음을 띄운다.

　※ 인간이란 사랑과 따스함을 거역하지 못하는 법이다.

(마) 그가 웃으며 손을 내밀면(나아가 이름을 밝히며) 곧바로 F.O.
R.M에 의해 이야기의 물꼬를 튼다.

　F - Family(가족)

　O - Occupation(직업)

　R - Recreation(여가)

　M - Money or Message(돈 : 전달사항, 암시)

이때 주의해야 할 점은 듣는 입장이 되어야 하고 상대방의 자
존심을 상하게 하는 언행을 삼가야 한다.

(바) F.O.R 단계는 정보수집 단계이다.

　※ 이 단계에서 필요나 욕구를 발견하고 이를 통해서 'M'을
제시한다.

　예) "아까 부수입이 조금 있으면 좋다고 하셨는데 진정이십니
까?"

“그럼요. 심각하게 필요합니다. 왜 그러시죠?”

(사) 만약 대화도중 욕구를 발견치 못했으나 인상이 좋았다면 그냥 메시지만 남긴다.

예) “인상이 참 좋으십니다. 시간이 없습니다만, 나중에 좀 더 이야기를 나누고 싶습니다” 하면서 포켓 다이어리를 꺼내 쭉 넘기면서 “이런! 스케줄이 꽉 차 있네. 가만 있자. 명함 있습니까?”라고 말하고 명함 교환을 요청한다.

만약 없다면 자신의 명함을 한 장 더 건네면서 상대방에게 인적사항을 적어 달라고 하고 두 주일 안에 전화 드리겠다고 한다. 그 사람이 시야에서 멀어지자마자 F.O.R을 통해 얻은 여러 가지 정보, 즉 아내 이름, 아이들 이름, 꿈 등등…을 명함 뒤 또는 다른 종이에 적어 놓은 뒤 2주안에 전화를 한다.

“안녕하십니까? ○○○입니다. 전에 식당에서 뵈었는데, 기억하십니까?”

“아, 예예.”

“기억하시는군요. 부인도 안녕하시지요? 큰아들 진강이는 학교 잘 다니죠?”

이때 적어 놓은 아이들 이름 등을 기억해서 불러 주면 많은 경우 자신에게 관심을 보인 것에 감동하게 된다.

“제가 전화를 드린 것은 제 캘린더를 보다가 내일 밤 시간이 비어 있는 것을 알게 돼서 혹시 댁에 계시다면 찾아 뵙고자 합니다.(또는 ○○에서 만나 뵙고자 합니다.) 내일 밤 저녁 7시가 좋겠습니다만 괜찮으십니까?”

일반적인 콜드 컨택의 예

● 극장 앞에서 줄서서 순서를 기다리는 중, 본인과 아내가 앞에 서 있고 뒷줄에 젊은 부부가 서 있다. 부부가 사탕 하나씩을 나누다가 뒷줄의 젊은 부부에게 건네면서,

"이거 하나씩 드세요"
"아, 예 감사합니다."
"부부신가봐요?"
"예. "
"참, 잘 어울리는 멋있는 부부시네요."
"감사합니다. "
(남자 보고) "어떤 일을 하고 계십니까?"
"예, 저는 해군입니다."
"아, 그러세요? 참으로 안정되고 좋은 직업을 가지고 계시는군요.
수입도 괜찮으시겠어요."
"웬걸요. 안정은 되어 있지만 수입은 적어요."
"아, 그래요? 경제적인 문제에 관심이 있나 보죠? 사실 나는 경
제적인 문제에 해답을 가지고 있는 사람이지요. 저는 사업확장을
위해 이 지역에 왔고 남은 시간을 이용해 영화 한 편 보러 왔지요.
나중에 제가 여기 왔을 때 당신과 당신 부인에게 저와 제 아내가
무슨 일을 하고 있는지 보여 드리도록 하지요. 인상이 참 좋으시네
요. 당신 부부도 우리가 하는 일에 틀림없이 흥미를 느끼시게 될 것
같네요. (명함을 건네 주면서) 저희 연락처입니다. 관심이 있으시
면 연락처 한 장 주시지요."

●대중교통(버스, 택시, 기차) 이용시
"어디까지 가십니까?"
"저는 ○○까지 가는데요."
"혹시 휴대폰 어디 거 쓰시나요?"
"011요."
"011 열심히 사용해 주세요. ○○님께서 매달 쓰시는 요금의 5%
를 대리점 사장님께서 이익금으로 받으시거든요. 저는 ○○에서
KTF(016) 대리점을 하고 있는 ○○○입니다. 혹시 제가 016 대리
점을 돈 안 들이고 내는 방법을 알려 드리면 016 전화기 1대를 사
주실 수 있나요? 혹시 관심 있으시면 전화 주십시오. 제 명함입니

다. 죄송하지만, 연락처 좀 주시겠습니까? 제가 대리점 개설 방법
을 알려 드릴 테니까요. 아니면, 다음에 시간 있으시면 ○○ 가까
운 곳에 오셔서 전화 주십시오. 안녕히 가십시오.”

(아) 접촉과 초대를 할 때 중요한 점은 열정을 가지되 절대로 처음부터
흥분해서는 안 된다는 것이다.

(자) 현명한 사업가라면 어떤 사업을 하겠다는 결정을 내리기 전에 직
접 그 사업의 자세한 설명을 얻고자 할 뿐만 아니라 가능한 한 많
은 정보를 얻으려 할 것이다. 그러므로 모든 것을 설명할 수 있을
만큼 상대방의 시간과 준비된 자세가 나올 때까지는 프로스펙트
들에게 어떠한 것도 미리 이야기하지 않는 것이 필요하다.

〈POINT〉

1. 예상 고객을 찾을 때 가장 중요한 사실은 그 사람이 ‘무엇인가를 찾
고 있는 사람인가!’와 ‘열린 마음으로 대하는가’라는 기준을 갖고
적격 여부를 판단한다.

　　가. 상대방이 현재의 상태에 만족하거나 폐쇄적인 태도를 취하거나
부정적인 사고를 가진 사람이라면 지금 당장은 피차 시간 낭비
하지 말라.

　　나. 그러나 “나는 내 일을 사랑해” 하면서 그간 1년 동안 직업을 세
번이나 바꾼 사람이 무수히 많다. 사람이란 항상 사고가 변한다.
그러므로 어느 누구도 포기하지 말고 가끔 한번씩 만나서 얘기
해 보라.

　　다. “헛수고 같은 수고를 매일매일 최선을 다해 하라. 결코 헛수고
가 아니다.”

2. 약 5명에게 스트레이트로 NO를 받으면 반드시 스폰서와 상의하여
당신의 접촉과 초대방법을 체크하라.

3. 만남과 초대의 3대 요소는 자세, 열정, 호기심 유발이다.

　　※ ‘당당한 자세’를 통한 ‘열정’을 보여줘야 프로스펙트들은 ‘호
기심’을 갖게 된다.

자세(Posture)의 3가지 분류

- ●부드러운 Posture

  "의무 같은 것은 없어. 부담 갖지 말고, 우리는 몇 명의 핵심인물을 찾고 있어."

- ●자신감 있는 Posture

  "자네에게 어떤 것을 장담할 수는 없지만 우리는 2~3명의 핵심멤버를 찾고 있어. 우리는 이 사업을 확장하려고 하는 중이야."

- ●강한 Posture

  "우리의 사업에 동참할 사람들 중에 인터뷰해서 합격한 사람들과 이 사업을 하려고 하고 있네. 꿈과 열정이 있는 사람 1~2명이 필요해. 그래서 자네에게 전화한 거야. 자네가 적격일 것 같아서."

4. 어떤 방식이건 친구나 가까운 사람에게 우선 칭찬을 하라. 그렇게 하면 '새로운 사업'이 무엇인지 알더라도 당신의 제안을 거절하는 진정한 친구는 없을 것이다.

5. 초대할 때 명심해야 할 것은 초대한 사람들이 집에 오는지 오지 않는지에 따라 이 사업을 하느냐 안 하느냐를 결정할 필요가 절대로 없다는 것이다. 다시 한번 강조하지만 **항상 꿈을 지니고 성공을 찾고 있는 사람을 찾아야 한다.**

   ※ 몇 몇 사람들이 거절을 한다 해도 모든 사람들이 무언가를 찾고 있지는 않다. 주변에 추가로 소득을 늘리기를 원하는 사람이 훨씬 더 많다.

   몇 번의 거절로 인해 용기를 잃지 말라. 성공적인 자영사업을 해 나가기 위해 사람들을 만나는 것을 즐겨라.

6. 무언가에 성공을 하면 자신을 한번 격려하고 5분간 쉬며 스스로를 축하하며 곧바로 일에 뛰어들라. 실패할 경우엔 한번 크게 울고 즉시 눈물을 훔쳐내라. 기다리는 일이 있고 기다리는 새 개척지가 있다. 새롭게 도전을 기다리는 목표물이 있고 그 뒤엔 엄청난 승리가 있다.

7. 컨택시 마음가짐

   (1) 주는 마음

(2) 꿈을 이룰 수 있다는 마음

(3) 자신의 동업자를 만드는 마음가짐

　　(어떤 일이 주어졌을 때 철저히 해낼 수 있는 사람)

8. 컨택시 체크 리스트

(1) 전달하고자 하는 사람에게 혹시 인간적 관심이 있는가?

(2) 내가 하이훼밀리가 되기 위해서 들러리시키는 것은 아닌가?

(3) 내가 전달해서 제대로 보여주면 그분의 인생에 전환점을 맞이할
　　수 있는가?

9. 컨택시 기본적으로 갖추어야 할 요령

(1) 파스쳐 - 당당한 자세

(2) 어떻게 얘기할 것인지 잠깐 생각한다.-질문과 답변까지 준비한다.

(3) 말수를 줄이고 필요한 말만 한다.

(4) 나이스한 웃음

(5) 꾸준한 연습

10. 컨택과 팔로우 업 진행과정(매 단계가 48시간 이내에 진행되도록
　　한다.)

전화 컨택 → 1:1 컨택 → 2:1 컨택 → 오픈 마케팅 → 팔로우 업
(지속적)

A급 가망 고객 전화 접촉 요령

가. 1단계 : 안부 전화, FORM(3∼5분)

나. 2단계 : 궁금증 유발

〈예제 1〉

○○○ 불경기와 관계없이 1∼2년 짜투리 시간을 이용하여 지속적
이고 안정적으로 고소득이 창출될 수 있는 일 뭐 없을까?

〈예제 2〉

○○○ 회사 안전하고 상품성 좋고 또 사업성도 좋은 것 알고 있으

면 알려주라, 부업으로 해보게.

〈예제 3〉
IT(정보기술)나 BT(생명공학) 분야에서 큰 돈 안 들이고 해볼 만한
일 없을까?

〈예제 4〉
e-비즈니스 분야에서 회사 괜찮고 상품성 좋고, 사업성 뛰어난 것
알고 있는 것 있으면 좀 알려줘! 나도 알아보고는 있는데 영 마음에
와 닿는 것이 없어서…….
다. 3단계 : 호기심 유발(2~3분)
    (1) 동년배 및 후배 : (기가막힌, 대단한) 사업 (정보통신, IT분
        야, BT분야, 휴대폰, IMT2000, e-비즈니스) 알아냈는데,
        빠른 시일내 결정될 것 같다. → 약속
    (2) 선배 : 목숨을 걸 만한 선진국형 정보통신 사업인데요. 선배
        님 같이 들어보시고 모니터링 좀 해주실래요? 혼자 결정하
        기가 좀 힘들어서요. → 약속
    (3) 친구나 친지

〈예제 1〉
○○○님, 제가 알아보고 있었던 새로운 사업(IMT2000)에 대해 기
억하십니까? 자세히 알아보니까 정말 괜찮은 것 같아요. 사업성도
대단하고요. 저는 이 사업에 참여해 보려고 하는데 ○○○님께서는
어떠십니까? ○○○께서도 동참하시면 좋을 것 같습니다. 내일이나
모레 오후 1시쯤 언제가 괜찮으시겠습니까? 만나서 진지하게 이야
기할까 해서요.

〈예제 2〉
○○○, 내가 우연히 아주 흥미로운 사업기회를 접하게 됐는데, 함
께 만나서 이야기를 나누고 싶다. 스케줄이 어떻게 되는가? 나는 화

요일이나 목요일 저녁시간이 좋을 것 같은데. (임의로 상대방과 궁합이 맞는 강사시간 이틀 정도의 요일과 시간을 정해서 상대방의 동의를 얻어낸다)

〈예제 3〉

○○○, 제가 새로운 IMT2000 휴대폰 대리점 사업을 시작하려고 합니다. 언제나 당신의 의견을 존중해 온 것처럼 이번에도 이 사업에 관해 당신의 고견을 듣고 싶습니다. 자세한 사항들을 보여드리고 싶은데 언제가 좋을까요? (같은 방법으로 → 약속)

〈예제 4〉

○○○, 개인 프랜차이즈 사업에 대해 들어본 적 있어요? (대답을 기다린다) 제가 속해 있는 KTF 선불요금제 ○○○센타에서는 휴대폰 대리점 사업을 확장시켜 나갈 사람을 찾고 있는데 ○○씨, 당신이 적격일 것 같아서요…….

〈예제 5〉

○○○님, 여러 명의 사업주들과 제가 함께 개인 프랜차이즈 사업에 착수했습니다. 우리가 하는 사업은 전 세계가 단일 통화권이 되는 IMT2000 동영상 휴대폰 통합 대리점 사업으로 (샘소나이트, 맥도날드, 크라운 베이커리 등) 2002년 이후로 아주 활기를 띄게 될 것입니다. 우리는 함께 열심히 일할 훌륭한 자질을 갖춘 사람을 찾고 있습니다.

○○○께서는 빈틈이 없으신 분으로 알고 있으며, 우리 IMT2000 대리점 사업 파트너로 적격이라고 생각되는데요. → 약속

※ 평소 접촉이 없었던 가망고객은 일정한 간격(1주)으로 단계별로 전화 접촉한다.

B급 : 간단한 사업 개요 설명

- 20~30분
- 장소 : 자신의 집, 상대방 집, 중간 지점 어느 곳

●DT 등록 또는 OM 초대
●편안한 분위기를 만든다.
  예) 지난번에 전화로 먼저 말씀드렸듯이 저는 다른 사람들과 함께
     휴대폰 통합대리점을 하고 있으며, 현재 사업이 확장되어 나
     가고 있습니다. 저희는 대리점 사업에 동참하고 소득을 얻기
     원하는 사람을 찾고 있습니다. 선생님이 IMT2000대리점 사업
     에 적합한지는 아직 잘 모릅니다. 분명한 점은 저는 선생님을
     우리 사업에 끌어들이기 위해 설득하려고 온 것이 아니라는 점
     입니다. 사실 20~30분밖에 시간이 없지만 주어진 시간 안에
     해야 할 말을 다 마치겠습니다. 우리가 하는 사업의 내용과 방
     향이 마음에 드시면 차후 제가 안내해 드리는 사업 설명회장
     에 나오셔서 더 자세한 정보를 얻으시기 바랍니다. 괜찮으시
     겠습니까?

〈POINT〉
●시대의 변화 : 인터넷 시대
●공과금 제도 : 전기, 수도, 가스, 통신
●고지서 없이 요금 납부(DM → EM) → 혜택
  ※ 한국전력 : 1%(5000원), 신용카드 : (300)POINT 부여, KT : 5%,
  KTF : 10%+25%
  후불 → 선불 : 자동차세금 10% 할인

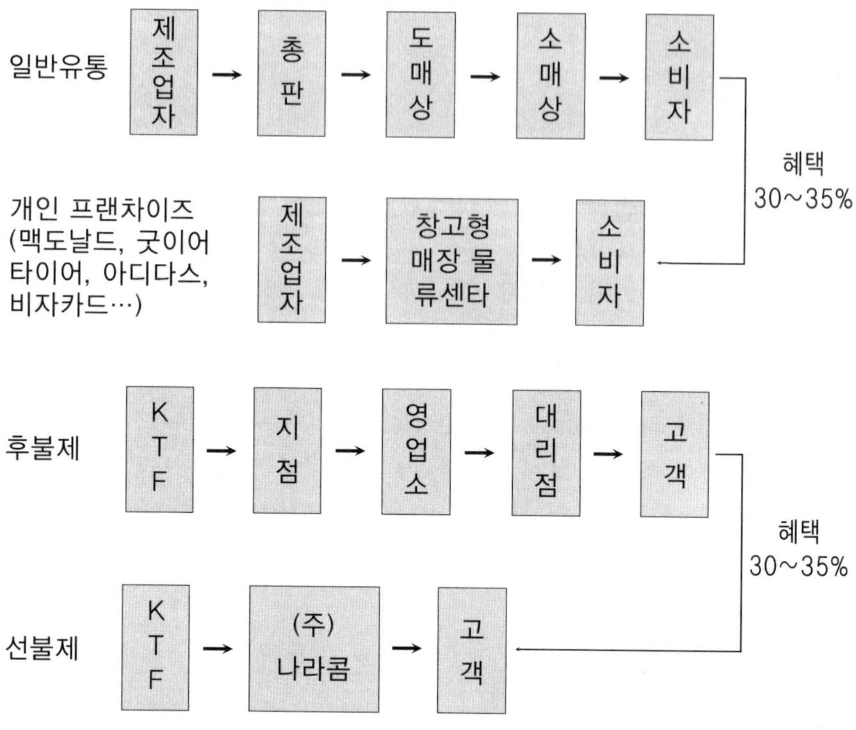

C급 : 간단한 사업개요 설명(DT-7일 이후)

5분 정도

●방법 : 전화접촉

　DT 등록 후 정보전달(근거리 : 전화, E메일, 방문, 원거리 : 전화 E메일, 택배)

●F.O.R.M 형식으로 전화한다.

●시대의 변화 (전기, 수도, 가스, 통신요금)

　① 고지서 없이 요금납부 (DM → EM) : 혜택

　② 후불 → 선불 : 자동차세금 10% 할인

●KTF : 10% + 25% 혜택

●후불제도의 문제점

① 고지서 발행 비용
② 연체요금
③ 대리점 수수료 발생
④ 광고비용
⑤ 기타 관리비용
●요금납부 방법 변경 (후불 → 선불)
●후불제도의 문제점 해소
●회사광고 → 고객이 광고 → 선불대리점 자격부여
　※ 6~12개월분 선불 요금 30만원 (신용카드, 현금)
●(-)실시간 정산 (기본료, 통화료, 전화세)
●잔액조회 : ARS 1510
●요금충전 : ARS 1520 〔3만-①, 5만-②, 10만-③, 20만④〕
●신분증, 통장사본 : 소속 센타 (Fax번호 알려줌)
●기타 필요사항 : 기기명칭, 일련번호, 결혼기념일, PDA승인 요소
●DT등록시 통화는 간단명료한 대화만 한다.

돈버는 휴대폰

◎ 아직도 휴대폰 요금을 매달 고지서를 받고, 아무런 생각 없이 납부만 하고 계
십니까?
◎ 다음 사실을 알고 계십니까?
　☞신용카드 요금청구서를 받지 않고 E-mail로 대신하면 고지서 발행 비용
　　300원을 누적시켜 드리는 사실을…
　☞한국통신(KT)에서는 추가로 5% 요금을 싸게 해드리는 사실을…
　☞한국전력에서는 1%~5,000원까지…
　☞자동차 세금을 미리(선불) 내시면 10%까지 싸게 해드리는 사실을…
　☞KTF(016)에서는 요금청구서 없는 선불(신용카드나 현금)로 요금 납부방
　　법만 변경하면 평생 10% 싸게 해드리고, 선진국형 KTF 선불요금대리점
　　과 IMT2000대리점 사업권을 드리면서 자식대까지 25% 수수료를 드리는
　　사실을…
　☞황금알을 낳는 21세기 IT(정보기술) 휴대폰(요금) 선불대리점 사업에 무보
　　증, 무자본으로 동참하실 분…

KTF선불요금제 회원등록 신청서(예)

성명(한글)				주민등록번호		
성명(영문)				성별	남	여
생년월일	년 월	일(양, 음)		결혼	미혼	기혼
주소						
우편물수령						
전화번호				휴대폰번호		
거래은행				예금주		
계좌번호						
e-mail주소						
신규가입비	30,000					

선불카드결재 (30만원)		온라인입금		국민 349-25-0005-223
신용카드		은행		제일 468-20-105745
소유자		입금일자		기업 037-044252-01-018
카드종류		입금자		평화 001-25-0019-333
카드번호		입금액		한미 102-52806-247
유효기간	년 월			전자상거래 송금계좌
비밀번호	앞 2자리( )			054-033831-01-018
주민번호(뒤)				예금주 (주)나라콤
할부	개월			
승인번호				

희망번호			후원인	
1)	2)	3)	추천인	

휴대폰 관련

신규구입	희망모델		카드	승인번호	
	금액		분납	보증보험료	10,000 (12개월 무이자)
				청구지주소	
해지후사용	사용자		전화번호		
	제조사		Model	일련번호	
기타					

휴대폰 할부가능 모델 (월별 회사 제공)

	모델	금액		모델	금액
삼성	X-2500(칼라)	460,000	LG	CX-300K(칼라)	295,000
	X-4000	394,000		Cyber-EX2	295,000
	X-1300	383,000		NA-2000	251,000
	X-1100	350,000			
	A-5000	317,000			
	N-2000	275,000			

사업설명
Show The Plan

> ※ 나라콤을 수레에 비유한다면 수레의 한 바퀴는 상품이며, 다른 바퀴는 플랜(Plan)이다. 이 수레는 언제나 앞에서 끌고 뒤에서 미는 사람(People)이 있다. 성공을 향해 나아가는 이 세 가지는 나라콤의 단단한 기초가 된다.

1. 사업설명(STP)의 중요성

가. 항상 성실하게 사업을 진행하라. (Integrity)

나. 항상 정직하게 사업을 진행하라. (Honesty)

다. 항상 사업방법을 간단하게 하라. (Simple)

라. 항상 정직하고 복제 가능하게 하라. (Duplicatable)

마. 드러내라. (Expose it!)
　이 사업은 약간의 고객 관리와 끊임없는 사업설명을 통해 매우 수익성 있는 사업을 전개할 수 있게 된다.

바. 잃어 버린 꿈을 찾게 해 주는 것 → 어린 시절부터 꿈꾸어 왔던 삶,
가슴 속에 절절히 배어 있는 한을 끄집어내는 일이다. 세파에 시달
려 잊고 살았으며, 잊어 버리고 싶기까지 했던 꿈, 잊고 사는 것이
차라리 편했던 꿈을 일깨워 내는 데 그 목적이 있다.

사. 꿈의 실현 가능성을 보여주는 것 → 지금까지 살아왔던 삶의 틀에
서는 도저히 불가능했던 꿈의 실현이 휴대폰 요금 납부 방법만 변
경하고 생각을 공유하는 일로 가능해짐을 보여준다.

아. 다음 미팅을 약속하는데(Follow-Up) 중요한 역할을 한다. → STP
의 주요 목적은 어떤 필요를 찾아내는 것임을 반드시 명심해야 한다.

자. 노출방법
　① 전화 : 전화로는 나라콤 얘기를 하지 말고 만날 약속을 한다.
　② 미팅 : 접촉과 초대

차. 사업설명 후
　① 1/3 부정적, 포기하거나 아무것도 안함.
　② 1/3 DT등록, 중립적, 관망자
　③ 1/3 DT등록, 긍정적 사업의 비전을 보고 열정적인 태도를 보임.
　　리더(Hard Core)로 성장

2. STP의 실제

가. 시나리오를 작성하여 설명해 나가되, 할애받은 시간내에(60분~90
분) 맞게 쉽고 간결하게 사업 이야기를 한다.

나. 홀로 미팅을 시작하지 말고 초기에는 반드시 업라인의 도움을 받

는다.(B급)

※ 짧은 시간에 아주 엄청난 부자가 될 수 있는 비밀을 찾았다고 믿어 달라고 하면 그들은 회의적인 반응을 보이게 된다. 그러나 그들은 자기들이 모르는 방법을 알고 있는 누군가를 만났을지도 모른다는 생각은 할 수 있다. 업 라인은 그들에게 낯선 사람이지만, 그 사람이 믿을 만한 사람이라고 하면 그의 말을 듣게 된다. 따라서 미팅시 업라인에 대한 소개가 매우 중요하며, 이 사업에서 성공한 사업의 동반자가 와서 설명할 것이니 잘 들어 달라고 한다.

다. 처음 몇 번의 미팅시 업라인이 강의하는 마케팅 플랜을 녹음한다.

※ 반드시 본인도 같이 앉아서 열심히 듣고 배워야 한다.

이 사업의 성공비결은 업라인의 정확한 복제에 있다.

라. 오십 번 정도의 플랜을 보고 들었을 때 직접 사업설명을 해보라. (C급 → B급)

① 그래야 사업이 당신의 것이 된다.

당신이 스스로 잘 할 수 있어야 업라인의 스케줄에 구애받지 않고 더 많이, 더 빨리 3~6개의 씨앗을 뿌릴 수 있게 된다.

② 너무 완벽하게 설명하려고 하지 말라. 그러면 결코 시작할 수가 없다. 노트정리를 하고 가능하면 여러 사람들이 사업 설명하는 것을 잘 살펴본다.

③ 자신만의 사업설명안을 만들어 보고 녹음을 해가면서 소리내어 연습해 보고, 녹음된 내용을 들어가면서 부족한 부분을 스폰서와 함께 수정해 본다.

④ 사업설명을 처음 접했을 때 50점을 기준으로 하여 사업설명을 듣거나 볼 때마다 1점씩 가산하고, 그룹이나 본사 One Day 세미나, 강사트레이닝(1일 기준)에 5점씩 가산하여 100점에 도달하면 사업설명안을 스폰서로부터 확정받고, 매일같이 사업설명을 해본다.(8-CORE)

※ 사업설명을 가장 많이 한 사람이 가장 빨리 성공한다.

⑤ 인위적으로 다른 사람을 감동시키려 하지 말라.
  중요한 것은 듣는 사람에게 자신들도 할 수 있다고 믿게 해야 하는 것이다.
⑥ 강의록 노트를 준비하여 강사별로 분리(견출지)하여 기록하라.

3. 사업설명을 위한 미팅

가. 1:1 미팅
(1) 보통 스폰서는 만나서 초청하는 방법을 알려주며, 처음에는 당신을 대신하여 플랜을 보여주게 될 것이다. 그러나 거실 안에 사람들을 모이도록 하는 일은 당신의 몫이다.
(2) 1:1 미팅은 나라콤 사업상 첫단계 사업설명 과정이므로 그 중요도가 매우 크다. 따라서 신중을 기해야 하므로 다음의 가이드라인을 반드시 숙지하기 바란다.
  ① 가급적이면 양쪽 부부가 만나는 것이 좋고 장소는 주관자나 피주관자의 집 또는 합의된 공공장소에서 만난다.
  ② 옷은 정장 차림 또는 깨끗한 평상복으로 해야 한다.
    ※ 첫인상이 매우 중요하다.
  ③ 스폰서를 초청할 경우(2:1 미팅) 스폰서의 옆에서 열심히 지켜보면서 직접 할 수 있도록 노력한다.
    ※ 녹음 또는 필기를 하라.
  ④ 프로스펙트 집에서 할 때는 모든 사람을 자리에 앉게 한 후 시작한다.
  ⑤ 부부일 경우 부부 모두에게 동시에 사업설명을 한다.
  ⑥ 대화 형태로 개인의 요구에 맞춰 개별적으로 사업설명을 한다.
  ⑦ 모든 것을 다 말하려 하지 말고 처음에는 단순하고 복잡하지 않게 한다.
  ⑧ 사업보조 자료를 활용한다.

⑨ 사업설명 후 VCR 상영이 가능하면 좋다.

⑩ 질의응답시간을 갖는다.

　　－질문이 있다는 것은 관심이 있다는 것이다.

　　－대답할 수 없는 질문이나 반대가 제기되면 거꾸로 그들에
　　　게 답변을 요구해 본다.

　　－그렇기 때문에 좀 더 자세한 것을 알아봐야 한다라면 각종
　　　자료, Tape를 권하거나 미팅 인도를 한다.

⑪ 각종 자료, Tape를 주고 그것을 돌려 받을 수 있도록 다음 약
　　속을 정한다.(Follow Up)

⑫ 반드시 홈미팅이나 OM으로 초대한다.

　　※ DT등록후 사업설명을 7번 이상 들을 수 있도록 하여 확
　　신을 갖도록 해준다.

(3) STP 후 "어떻게 생각하십니까?" 또는 "다음에 또 만날 수 있
　　을까요?"와 같은 질문은 하지 않는다. 일단 그들이 할 것이라
　　고 생각하고 그에 합당한 질문을 한다.

〈예제 1〉

어느 부분이 가장 감동적이었습니까?

〈예제 2〉

부수입이 생기면 무엇을 제일 먼저 하고 싶으십니까?

(4) 처음부터 모든 것을 다 가르쳐 주려고 하지 말라.

(5) 이 사업의 성공여부는 DT등록 후 곧바로 다음 미팅장소에 인도
　　할 수 있느냐에 달려 있음을 명심하라!

(6) 모든 일은 쉬워지기 전에 항상 어려운 법이다.

　　사업방법을 배우고 사업설명을 소화해 내는 것이 처음에는 어
　　렵지만 곧 몸에 배게 된다.

나. 홈미팅

(1) 스폰서나 업라인이 당신의 집에 와서 대신 사업설명을 하는 것
　　을 말하며 가능한 한 가망고객 명단(B급)에 있는 사람들을 많이

초청해야 한다.

(2) 프로스펙트를 초대할 때 "당신이 올 수 있을지 확실히 하고 싶습니다. 왜냐하면 제한된 수의 사람밖엔 올 수가 없기 때문에 당신이 못 온다면 다른 사람을 초대해야 하니까요"라고 하며 상대방에게 이 미팅이 중요하다는 것을 인식시킨다.

※ 파티나 잡담을 하기 위해 모이는 것이 아니라는 것을 인식시킨다.

(3) 홈미팅에 대한 일반적인 가이드 라인

  (가) 계획된 홈미팅은 누가 오든지 안 오든지 반드시 진행해야 한다.

  (나) 초청하고 싶은 사람수의 2배를 초청한다.

   ① 통계적으로 50% 정도만 참석하기 때문이다.

   ② 한 사람만 참석했을 때 "오직 당신만을 위한 초청" 인 것처럼 대한다.

   ③ 사업에 알맞은 복장을 갖춘다.

   ④ 술, 애견, TV, 아이들이 있으면 안 된다.

   ⑤ 모임장소를 자연스럽고 편하게 한다.

    ※ 방을 환하게, 방석은 나중에 추가하더라도 실제 필요한 숫자보다 적게 준비한다.

   ⑥ 미팅을 위해 음식을 사거나 만들지 말라. (간단한 음료, 차)

   ⑦ 친절하게 문 앞에서 사람들을 맞이하며 항상 미소를 띄우라.

   ⑧ 사람들은 스폰서보다 조금 일찍 초청해서 스폰서에 대한 좋은 이야기를 많이 한다.

    ※ 상대방에게 그를 만날 기대감을 불어 넣어 주라.

   ⑨ 다과는 끝난 후에 한다. (굳이 필요하다면)

    ※ 미팅중에는 절대로 금물이다.

   ⑩ 시간엄수, 늦게 오는 사람을 기다리지 말고 시간되면 곧바로 진행한다. (늦어도 15분 이내)

⑪ 연사를 소개할 때 성공한 사업가로서 열정적으로 소개
한다.
　※ 간결하면서도 연사에 대한 신뢰감을 느낄 수 있도록
한다.
⑫ 강의가 시작되면 주인도 노트와 펜을 들고 열심히 강의
에 몰두하라.
　※ 설거지, 잡일들은 일체 금물
⑬ 사업보조 자료를 준비한다.
⑭ 다음 약속을 반드시 정한다.
　※ 날짜가 있는 수첩을 반드시 가지고 다닌다.
⑮ 사람들을 너무 오래 붙잡지 말라.
　※ 강의가 끝나고 약간의 After 후 약속을 잡고 나면 예
의를 갖춰 사람들을 돌려 보낸다.
16. 컵 등은 가장 수수한 것으로 한다.
17. 전화기 코드를 뽑아 놓는다.
18. 약간의 질의응답 시간을 갖는다.
19. 고맙다는 말은 하지 않는다.
　※ 고마워 해야 할 사람들은 초대받은 사람들이다.

다. 오픈미팅 (OM)

(1) 사업에 관심을 가진 많은 프로스펙트(A급)들을 초대하여 센터,
그룹, 본사 사업설명회장에서 루비, 에메랄드, 다이아몬드가 사
업설명을 하는 것을 말한다. 본사와 센터에서는 매일 2회 이상,
우리 그룹(EAGLES)에서는 월 1회 사업설명회를 갖고 있다.
사업설명은 자신의 꿈과 목표를 달성해 나갈 수 있는지를 프로
스펙터에게 보여주기 위한 것이다. 따라서 STP가 끝난 뒤 정확
한 정보를 얻을 수 있도록 파트너, 회사 또는 그룹에서 발행한
인쇄물이나 보조자료를 제공해 주면서 7일 동안 참석하도록 하
는 것이 효과적이다.
(2) OM에 프로스펙트들을 데리고 올 때는 사업에 대한 사전지식을

갖게 한 후 유도하는 것이 이상적이다.

(3) 프로스펙트를 일찍 데리고 가서 좋은 자리에 앉아서 듣게 하고 OM이 끝난 후 연사와 인사를 시킨다.

(4) 자신이 왜 이 사업을 하게 됐는지 배경을 설명해 준다.

(5) 초대 – 당신이 왜 이곳에 왔는지 배경을 설명한다.

(6) 프로스펙터와의 만남에 대해 약간 흥분이 되어 있음을 보여주는 것이 바람직하다.

(7) 이 사업을 통해 얻어지는 수입은 끊임없이 지속되는 인세성 (Royalty) 수입임을 강조한다.

(8) 성공공식(능력×열정^2×방법)과 시너지공식

$$\left(Sy = \frac{y^2 - y}{2}, \quad y = 사업자\right)$$ 을 강조한다.

(9) OM을 시작하기 전

(가) 확실한 약속을 받아 낸다. —정확한 시간에 오겠다는 분명한 약속을 받는다.

　　※ "아마" 또는 "되도록 가는 방향으로"는 안 오겠다는 말이다.

(나) 너무 일찍 약속하지 않는다.

　　※ 약속한 지 오래됐을 경우 미팅 전날, 당일 오전, 약속시간 1시간 전 반드시 확인 전화를 한다.

(다) 늦어도 미팅 시작 10분 전에 오도록 한다.

(10) OM시

(가) 자신의 옷차림부터 단정하게 한다.

(나) 강의장 입구에서 기다리지 않는다.

　　※ 조급해 보인다.

(다) 가능하면 프로스펙트와 앞자리에 나란히 앉는다.

(라) 사업설명 후 소감을 물어보고 리더에게 소개한다.

(마) 다음에 만날 약속을 정한다. (반드시 48시간 이내)

(바) OM 후 일찍 귀가시킨다.

　　※ 너무 오래 많은 말을 하면 오히려 역효과가 난다.

(11) 마무리시
  (가) 사업보조자료 소개
  (나) 최초명단 작성
  (다) 미팅 약속(7일)
  (라) DT등록의 필요성
  (마) 그룹 시스템 소개

라. Point
  (1) 프로스펙트에게 사업설명을 몇차례(7일) 다시 들어보라고 권유한다.
  (2) 이 사업을 기회로 받아들일 수 있도록 설명한다.
  (3) 사업설명동안 계속해서 시간이 있을 때마다 꿈에 대해 언급한다.
  (4) 반대에 부딪칠 수 있는 사안에 대해서 이야기한다.
  (5) 이의의 답변 "시간이 없다" "사람 소개하는 것 못한다" "나는 아는 사람이 없다" "나는 할 수 없다" 등등
  (6) 프로스펙터가 가슴으로 느끼도록 마음에서 우러나오는 사업설명을 한다.
  (7) 편안하면서도 약간 흥분되고 재미있게 이야기한다.
  (8) 다음 미팅을 소개하고 시간 약속을 한다.(아주 중요함)
  (9) 절대로 "사업 설명을 들어주어서 고맙다"라는 말은 하지 않는다. (고마워 해야 할 사람은 참석한 사람들이다.)
  (10) 자신이 진실을 다해서 열정적으로 보여준 플랜을 듣고, 그가 다른 데서 알아보고 주저앉으면 좀더 큰 정보나 스폰서의 도움으로 일으켜 세우고 또 부정의 벽이나 변명의 벽에 걸려 넘어지면 업라인이나 세미나의 도움으로 일으키고 계속해서 부정과 긍정을 오고 가는 사이에 어엿한 리더 독수리로 서 있는 다운라인 파트너를 보는 기쁨을 어디에 비하겠는가? 때론 실패하고 넘어지고 수많은 거절을 당하지만, 그것도 성공에 이르는 한 과정이기 때문에 그저 당연하다고 보아야 한다.

(11) 여러 리더들이 하는 사업설명을 듣는 횟수에 비례해서 본인의
    사업설명의 질이 높아진다. 그러므로, '사업설명'의 질을 높이
    기 위해서는 많은 사람의 사업설명을 찾아다니면서 들어야 한
    다.
(12) 쉬운 일에는 '도전'이란 단어를 쓰지 않는다.
    선포하고 도전하라. 자신감을 가지고 선포하고 선포한 말에는 책
    임을 져야 한다.
(13) 사업의 성패를 후속조치(Follow-Up)에 달려 있다. 후속조치
    의 제일가는 덕목은 끈기이며 한번의 거절에 물러서지 않는 끈
    기가 있어야 한다.

어느 날, 유비와 관우 그리고 장비가 영화를 보기 위해 함께 시내
영화관을 찾았다.

"어이, 기다려! 내가 표 사올 테니."

관우가 매표소로 표를 사러 갔다. 그런데 잠시 후, 매표소 쪽이 시
끌벅적해지더니 사람들이 웅성거리기 시작했다. 유비와 장비는 사람
들을 헤치고 재빠르게 매표소 앞으로 달려갔다. 그런데 그 곳엔……!

관우가 매표소 직원의 멱살을 움켜쥔 채 마구 고함을 치고 있었다.
유비와 장비는 관우를 뜯어 말리며 자초지종을 물었다.

"어이, 관우! 자네 도대체 왜 이러는 거야?"

그러자 관우는 아직도 분이 풀리지 않는 듯 씩씩거리며 말했다.

"짜식이 조조만 할인된다잖아!"

사업 시작 요령
Getting Started

> ※ 명단 → 가망고객 → **준비된 초대** → 사업설명(듣거나, 보거나, 하거나)
> → 확신 → 열정 → **교육과 행사 100% 참석** → 방법 → **복제(복사)**

1. 서론

가. 새롭게 살아보려고 항상 마음먹으면서도 시작할 때를 찾지 못하는 것은 잠자는 행위를 하루하루 미루다가 결국 굶어 죽는 것과 같다.

나. 성공이란 일련의 성공의 집합이 아니라 실패의 집합이다. 당신의 향후 1~2년 뒤에 가장 중요한 것이 무엇인가를 생각하여 지금의 사소한 실패를 결코 마음에 두지 말라.

※ 성공 = 능력×열정^2×방법

다. '시작이 반이다'라는 말의 뜻이 주저하지 말고 먼저 시작하라는 뜻도 있겠지만 어떻게 시작하느냐가 일의 성패여부를 결정짓는다 라고 이해할 수 있다.

즉, 나라콤 사업을 시작할 때의 마음과 자세 및 사업진행 방법의 올바른 기준을 갖고 사업에 임하는 일이 무척 중요하다.

라. 이 사업을 하는 진정한 이유를 한 마디로 말한다면 나와 내 가족의 시간과 경제, 그리고 공간의 자유를 위해서이다.

※ 이 사업을 하기 위해 커다란 꿈을 간절히 원해야 나라콤이 나의 스케줄에서 우선 순위가 높아진다.

마. 우리는 철들기 시작하면서 나름대로의 꿈을 이루기 위해 살기보다는 사회의 보편적 관점에 자신을 맞추며 이미 누군가가 만들어 놓은 사회의 틀 속에서 자신에게 주어진 일을 하며 그저 하루하루를 보내는, 가끔은 주위 사람들보다 조금은 낫다는 것에 만족하며 살아왔다.

바. 하지만 우리는 나라콤 사업을 통해서 그 잃어버렸던 꿈을 다시금 찾아내고 자신이 원하는 것을 가질 수 있는 방법을 알아냈다.

2. 본론

가. 나라콤 사업을 처음 시작하는 사업자로서 갖추어야 할 자세 (Attitude. 100점)

(1) 자신이 원하는 것이 무엇인가를 분명히 하는 것이다.

※ 원하는 것들의 목록을 적어 눈에 보이는 곳에 붙여 두어 늘 눈으로 바라보며 자신이 이 사업을 하는 이유에 대해 망각하지 않고 열정(Enthusiasm)을 다하여 움직일 수 있게 스스로 동기 부여하라.

(2) 일의 우선순위를 결정하는 것이다.

(가) 우리의 비전을 현실로 만들 수 있는 일이 나라콤 사업임을 확신한다면 나라콤 사업을 진행하는 일이 친구와 술 마시고 TV보는 일 다음이 되어서는 안 된다.

(나) 나라콤 사업의 우선순위 정도에 따라 자신의 성공여부가 결정된다.

(3) 누구와 관계를 가질 것인가를 결정하는 것이다.

(가) 나라콤 사업에서 성공을 원한다면 이 사업으로 성공한 리더나 열정을 갖고 성공해 가는 훌륭한 리더들과 사교하는 시간을 많이 갖도록 한다.

(나) 그들과 직접 만나지 못한다 하더라도 여러 교육과 행사장
　　 이나 미팅에 참가하여 그들의 이야기를 듣는 일을 즐겨 한다.
(다) 이 사업을 시작하면서 여기저기서 노하우(Know-how)를
　　 얻고자 하는 우를 범하지 말라.
　　 ※ 결코 자신의 업라인에 속한 리더의 정보가 아니라면 그
　　 정보 습득이 오히려 해가 된다. 습득된 정보가 있을 때 반
　　 드시 업라인에게 알린다. 이 세상에서 자신의 성공을 가장
　　 간절히 바라는 사람은 자신의 업라인이라는 것을 명심하라.

(4) 계획하고 실행하라.
　(가) 스폰서의 도움을 받아 자기 스스로 계획하고 그 계획에 따
　　 라 행동하는 습관을 길러라.
　(나) 월간, 주간, 일일계획을 수립하고 매일 해야 할 일들의 우
　　 선 순위에 따라 꼼꼼히 일을 처리한다.

(5) 나라콤 사업의 크기와 가치를 인식하여야 한다.
　(가) 처음 몇 달간 열심히 움직였고, 최선을 다했지만 그 어떤
　　 변화도 큰 수익도 생기지 않는다고 하여 '이 사업은 안 되
　　 는 사업이다'라고 속단해 버리는 잘못을 저지르지 말라.
　(나) 짧은 시간에 조급하게 생각하지 말라.
　　 큰 사업이므로 하루 아침에 성공할 수는 없다.
　(다) 오늘도 자신의 꿈과 미래를 위해 최선을 다했다면 1~2년
　　 후에는 반드시 그에 따르는 보상을 받을 것이라는 믿음을
　　 갖는다.

(6) 8-CORE를 매일 매일 실천하는 것이다.
　　 ※ 사업이 안 된다고 생각될 때 특히 8- CORE를 실천하라.

(7) 사업에 필요한 여러 가지 도구를 구비한다.
　　 ※ 산에 오르기 위해선 구두 대신 등산화가 필요하고 더 높은
　　 산에 오르고자 할 때는 더 많은 도구와 장비가 필요하다. 동기
　　 부여용 책, 테이프, 매뉴얼, 자료 등 자신의 사업에 필요한 도구
　　 및 장비를 업라인과 상의해서 꼭 준비한다.

(8) '10가지 일을 행하면 성공할 수 있는데 그 10가지를 다 행하겠

는가?'라는 질문에 '예'라고 대답하면서 핑계를 대지 않는 것
도 성공의 중요한 요소이다.

나. 처음 100일간의 행동 단계

(1) DT등록~7일까지의 초기사업 전개 요령을 실천한다.
※ 나라콤 사업을 왜(Why) 해야 하는가?의 확신감을 반드시
찾아낸다.
(2) 명단을 작성한다.
(3) 처음 30일간 하루에 한 개의 VTR/테이프를 보거나 듣는다.
(4) 꿈을 가질 수 있는 책을 읽는다.
(5) 목표를 설정한다.
(6) 8-CORE를 한다.
(7) 사업설명 100점제를 수료한다. (50점+1점+5점⋯⋯)
(8) 강사트레이닝을 다녀온다.
(9) 교육과 행사에 100% 참석한다.
(10) 그룹 세미나 랠리 등에 10명 이상을 참석시킨다.
(11) A급 사업자를 월 9명 이상을 만들어 낸다.
(12) B급, C급 사업자를 월 2명 이상 추천한다.
(13) 배우가 된다.
가) 이 사업을 성공적으로 하고 있는 사람들의 흉내를 낸다.
나) 모든 사람은 배우이다. 그러나 대다수의 사람들은 자신의 생
애동안 큰 역을 맡지 못할 거라고 믿기라도 하는 듯이 그
렇게 의상을 입고 생각하고 행동한다.
다) 성공하기를 원한다면 자신을 먼저 성공적인 모습으로 바라
보고 이미 성공한 사람처럼 행동하는 연습을 해야 한다.

다. 8-CORE

※ 나라콤 사업에서 성공하려면 특정한 행동을 반복해서 하는 습관
이 있어야 한다. 성공자의 공통적인 특징은 바로 이 성공을 향한 반
복된 행동(8-코아)을 충실히 수행했다는 점이다.

(1) STP(정기적인 사업설명) → 듣거나, 보거나, 하거나
　　(가) 월 9명에게 사업설명을 하면 1/3, 1/3, 1/3이 드러납니다.
　　　　① 1/3 부정적. 포기하거나 아무것도 안함.
　　　　② 1/3 DT등록. 중립적. 관망자
　　　　③ 1/3 DT등록. 긍정적. 사업의 비전을 보고 열정적인 태
　　　　　도를 보임. 리더(Hard Core)로 성장
　　(나) 사업설명을 할 때에는 자신이 할 수 있는 최선을 다 하여
　　　　야 한다. 그러나 어떤 대상에게도 'YES'의 대답이 나오지
　　　　않는다고 해서 절대로 실망할 이유는 없다. 나라콤 사업이
　　　　란 거절을 먹고 크는 나무이기 때문이다.
(2) VTR 시청 / Tape 듣기
　　VTR/Tape 보관 장서를 만들고 매일 보고 듣는 훈련을 쌓는다.
　　인간은 누구도 늘 동기부여 되어 있는 사람은 없기 때문에 매
　　일매일 보고 듣기를 습관화해야 한다. 우리 이글스 그룹에서 추
　　천하는 목록을 참조해도 좋다.
(3) 명단 작성
　　나라콤 사업을 중도 포기한 많은 사람들의 실패원인은 바
　　로 여기서부터이다. 최초의 명단작성이 이 사업의 시작이므로,
　　첫 단추를 잘 꿰야 한다. 명단을 작성하여 가망고객을 찾는다.
　　가망고객 명단을 놓고 스폰서와 분류(A, B, C급) 작업을 한 후
　　전화접촉으로 약속을 정한 후 사업설명을 보여주기까지는 본인
　　도 회원 또는 소비자에 불과하고 대리점 사업가가 아님을 명심
　　해야 한다.
(4) 책읽기
　　(가) 매일 15분~30분 정도 독서를 한다.
　　(나) 리더가 되려면 책을 많이 읽어야 한다.
　　　　셀프 이미지가 성장해 감에 따라 사업도 성장한다. 우리
　　　　EAGLES-Group에서 추천하는 도서목록을 참조할 것.
　　　　※ Leader = Reader

(5) 교육과 행사 100% 참석

   (가) 나보다 먼저 리더로 성공한 사람들을 따라가려면 가능한
한 모든 미팅에 정기적으로 참석해야 한다.

   (나) 나라콤 미팅 참여를 나의 모든 스케줄의 0순위로 올려놓
는다.

   (다) '전에 한번 들었는데, 또 뭐하러 들어, 다 아는데'라고 말
하는 경우를 가끔 접하게 된다.

     ※ 스스로가 사업을 알아보기 위해 공부하는 것이 아니다.
열정(Enthusiasm)을 가지고 사업을 전달하기 위해 공부하
는 것이다.

   (라) 교육과 행사 참석은 사업자가 힘이 빠지고 어려울 때 주유
소와 같은 역할을 한다. 어울리는 무리에 따라 자신의 모
습이 변한다.

     성공한 사람들과 함께 하는 행사에 열심히 참석하고 복제
하는 것이 유리하다.

(6) 홈페이지 방문

   (가) 인터넷이 인간의 일상 생활이 되어 DM발송이 서서히 줄
어들고 있는 세상이다.

     15일간의 급여 명세, 상품 정보, 기회원 매출현황, 유지 등
모든 정보는 홈페이지에서 빠르고 쉽게 접할 수 있다.
(www.naracom.com/.org/.naratv.net)

   (나) E-mail을 활용화하는 습관을 길러야 한다.

(7) 자세 / 목표

   (가) 사업자의 자세(Attitude)는 항상 100점이어야 한다.

     ① 최선의 복장 : 단정하고 깔끔하게

     ② 목표를 가져라. (단기계획과 장기계획으로)

     ③ 당당하고 자신만만하게

       ▶ 음성 : 당당하게

       ▶ 행동 : 자신만만하게

④ 긍정적이고 정직하게 해야 한다.
  그렇게 되기 위해선 교육을 구체적으로 꼭 받도록 한다.
⑤ 사업을 잘 진행하려면 : 성공자나 긍정적인 사람과 자
  주 만나야 한다.
  가. 진행 4조(進行四條) : 하면 성공한다.
  ㄱ) 信(믿을 신) : 믿음을 정하는 원동력
  회사, 상품성(시대성, 절대성, 대중성, 필요성, 편리성,
  소모성, 독점성), 사업성을 검토한 후 믿었으면 확실하
  게 믿고, 남의 말에 좌충우돌하지 않는다.
  ㄴ) 忿(분발할 분) : 일을 밀고 촉진하는 원동력
  전진심, 배우려는 자세(강사처럼 익혀라)
  ㄷ) 疑(의문할 의) : 모르는 것을 알아내는 원동력
  연구하고 파고 드는 자세, 모르는 것은 질문을 하여 이
  해한다.
  ㄹ) 誠(정성 성) : 목적을 달성하는 원동력
  기도하는 심정으로 정성을 들일 것
  ▶ 결과 : 반드시 성공
  나. 시연 4조(試演四條) : 일을 진행하는 데 경계해야
  할 일
  ㄱ) 不信(불신) : 자기의 판단을 믿지 못하고 타인의 (부
  정적) 말에 더 비중을 두는 것
  ㄴ) 貪慾(탐욕) : 단시일에 일확천금을 꿈꾸는 자
  (금방 사업을 포기하게 되고 사업 못함)
  ㄷ) 懶(게으를 나) : 무점포 무자본의 적은 나태 즉 게으름
  ▶ 적당한 핑계를 하여 자기의 나태를 합리화시킨 자
  ▶ 돈도 벌지 않고 시간의 자유부터 누린 자 → 소득이
    없다
  ㄹ) 愚(어리석을 우) : 실패하고 부정적인 사람만 만나
  면서 사업의 장점보다는 단점만 나열하는 자

▶결과 : 성공하기 힘들다

※ 진행 4조와 시연 4조가 어우러져 있는 자는 진행 4조로 언행을 바꾼다.

⑥ 신규 사업자를 초대할 때는

가. 시간에 절대 늦지 않도록 한다

나. 강의 시간에 옆에 앉아서 부지런히 메모한다

(핸드폰을 끄도록 하고, 절대 강의실을 드나들지 말며 졸지 말 것)

다. A(강사)를 티업시킨다. (C를 티업시키는 것은 금물)

라. A가 설명할 때 옆에 앉아서 끼어들지 말 것

마. C가 질문을 하면, A에게 B가 질문을 하여 답을 A가 하도록 할 것

※ Help할 때 앉은 자세

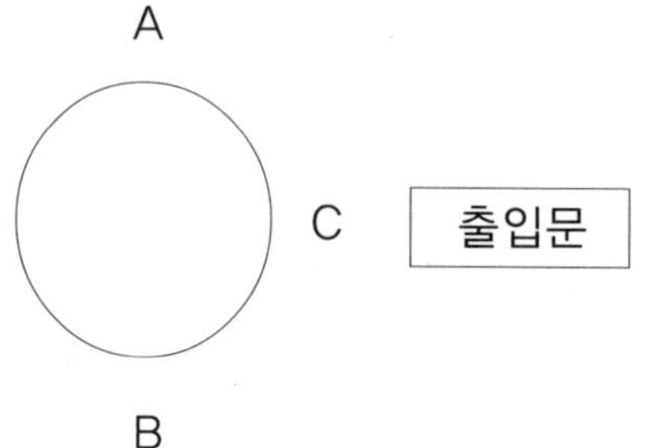

C는 A의 왼쪽에 앉게 하며, 문을 등지고 앉는 것이 주위가 산만하지 않고 효과가 크다.

(나) 목표(Goal) 수립 / 달성을 습관화 한다.

(8) 상담 / 배움 / 가르침

(가) 선후배 스폰서와 항상 상담한다.(Counselling)

① 현명한 사람은 자신이 목표하는 바를 먼저 이룩해 낸 사람들의 말을 기꺼이 듣고 배우려 한다.

② '자기 방식'을 고집하는 사람들은 적어도 나라콤에 있

어서는 성공하는 예가 없다.

③ '타인의 실수'를 통해 불필요한 실패와 좌절감을 미연에 방지하고자 하는 마음의 자세와 지혜가 있으면 분명 업라인보다도 빠르게 성장한다.

④ 새로운 것을 시도하려면 반드시 업라인과 의논해 보는 것이 현명하다. 왜냐하면 많은 아이디어들이 이미 시도되었기 때문이다.

(나) 모든 것을 배우려 하여야 한다. (Learning)

(다) 그리고 후배사업자에게 잘 가르쳐야 한다. (Teaching)

※ Learning it! Teach it! Teach others to teach it!

※ "한 예를 들겠습니다. 나는 지금 광막한 사막을 횡단하여 무사히 도착했습니다. 그런데, 어떤 젊은이가 자기도 사막을 횡단하겠다고 하기에 조언을 했지요. 물이 가장 중요하니 물통을 최소한 8개는 준비해서 물을 가득 담아 가지고 가라고 했습니다. 그 젊은이는 메어 보더니 무겁고 불편하다고 메기 쉬운 물통 3개에 물을 반만 채워 가지고 가더군요. 자기는 젊고 스피드가 있고 참을성이 많아서 괜찮다고 고집을 피우고 떠났습니다. 내 경험으로는 그 젊은이가 사막을 횡단하기 전에 되돌아오거나 갈증으로 생명이 위험할 것 같은데 말입니다. 8-CORE는 말하자면 사막을 통과하는 사람에게 있어서의 물통과 같다고 생각됩니다. 통마다 물이 가득차야 하듯이 8 - CORE도 100% 해야 하겠지요. 계획대로 하면, 성공하도록 방법(시스템)이 되어 있으니까요"

성공 = 능력×열정^2×방법(시스템)

3. 결론

가. 가까이 사는 사람(1시간 거리)부터 후원한다.

※ 멀리 사는 사람을 초기 100일에 후원하면 많은 시간과 경비가 소요되며 올바른 사업전달 또한 쉽지 않다.

나. 정해진 패턴을 따라 하기만 하면 이 사업에서 성공할 수 있다. 이
는 매우 간단하지 않은가?

다. 만약 당신이 누군가를 이용한다는 생각이 든다면 혼자서는 도저히
감당하지 못할 금광을 발견했을 때 누구와 함께 그 금광을 캐겠는
가를 생각하여야 한다.

라. 시도하여 잃은 것은 없고, 성공하면 엄청난 일이 있다면 무조건 시
도한다.

　　※ 준비된 자가 성공을 잡는다.

마. 다이아몬드까지 간 사람들은 많은 좌절이 있었음에도 불구하고 성
공할 수 있다는 신념을 지켜온 사람들이다. 그들은 장애물이 앞을
가리는 것을 허용하지 않는다. 이 사업은 하루만에 성공에 이를 수
있는 사업이 아니다.

바. 강력한 네트워크를 형성하려면 많은 시간이 걸립니다. 사업의 성장
단계를 거치는 동안 자신에 대한 믿음은 물론, 스폰서, 업라인, 시
스템, 그리고 나라콤에 대한 믿음을 유지하는 것이 중요하다. 장기
적인 안목을 가져야 한다. 비록 빠른 시간 안에 실질 소득을 얻을
수 있다 하더라도 이것은 장기적인 사업이다. 고난이 닥쳐와도 자
신을 믿고 포기하지 않는 사람들이 다이아몬드에 도달하는 것이다.

핸드폰 문자메시지

형님과 똘마니들

1. 아그야, 까불다 맞는다!·················· (^ . ^) === ○) #.#)

2. 너 죽고 나 살자!················· (-_*) @ ===@ (#_-)

3. 뚜욱! 울지 마라, 아그야!·············· (T_T)＼(^ _ ^)

4. 자, 모두들 건배················ (^ ^)/ U☆U＼(^ ^)

5. 형님 앞에서 허둥지둥·············· (”)(”)(^ ^;)(:^ ^)

6. 시켜만 주십쇼, 형님················· m(_._) _c-

(주)나라콤 성공전략 시스템 사업자료 안내

■ 비디오 및 카세트 테이프
- 기초사업설명회
  (허종희D·D/ 김동웅D·D/ 양승열D·D/ 정상옥D·D/ 이재관E·
  D/ 남필우R·D)
- 사업진행방법(양승열D·D/ 정상옥D·D)
- 네트워크마케팅의 이해(김동웅D·D)
- 네트워크마케팅의 꿈의 비전(양승열D·D)
- 네트워크마케팅 비전(정상옥D·D)
- 네트워크 성공자세(신현목D·D)
- 통신사업비젼(이세형 전무)
- 정보통신 현황(허종희D·D)
- 성공8단계(양승열D·D)
- 보상플랜(마케팅 정상옥D·D)
- 성공사례담(윤영수D·D/ 이찬구D·D/ 이재관E·D)
- D.T등록 후 초기사업 진행요령(김영기E·D)

■ N·W·M 관련도서
- 나라콤 X파일(허종희 저)
- 최강의 팀웍과 최고의 리더쉽(이철근·박노환 공저)
- 무자격과 무점포로 돈 없이 돈 버는 네트워크 마케팅(이론과 실
  제, 이철근 저)
- 신판매전략과 신규회원 개척전략(안영일·이철근 공저)
- 나라콤 비즈니스 ABC(이세형 저)

■ 사업참고자료
- 성공시대신문
- 미니매뉴얼(격조 높은 초대장 대용)
- KTF 가이드 북

초기사업 전개요령
DT등록 ~ 7일까지

I. 서론

● 시대의 변화 → (후불 → 선불)제도 + N.W.M
● 나라콤 사업을 왜(Why) 하는가? <u>DT-7일</u> !!!!!!!
● 나라콤 사업을 어떻게(How) 하는가? <u>약 6개월</u> !
● 사업자의 자세(Attitude) → 100점
● Leader = Reader (리더가 되려면 = 독서가가 되어야 한다)
● Earn = Learn (돈을 벌기 원하면 = 배워야 한다)

II. 본론

1. DT등록자가 7일 동안 매일같이 해야 할 일
   가. 매일같이 사업설명(STP)을 듣거나 본다 → 검증 → 확신 → 열정
   나. 사업보조재료(Tools)를 활용한다.
   다. 최초명단 작성을 한다.
   라. 절대로 밖에서 사업설명을 하지 않는다.
      ※ 최초의 사업설명은 50% 정도 이해
      (50번 이상 듣기 → 강사 트레이닝 이수 → 스폰서 상담 → STP
      수료 → 1:1 미팅자격)

마. 전화 접촉을 한다.(A급 가망고객)
　※ 월간 일정표에 기록한다.

2. 스폰서가 준비해야 할 사항
가. 최초 명단 작성 양식
나. 기초 사업 설명서
　①스폰서용
　②본인용
　③강의용
다. 2주간 교육일정표(센터, 그룹)
라. 매뉴얼
　①회사
　②그룹
마. VTR(기초사업설명)
　Tape
바. 나라콤 시대, 성공시대
사. 사업계획서 양식
아. 전화접촉 요령 시나리오
자. 초대요령 시나리오 (A급, B급, C급)
차. 월간 일정표 양식
카. DT등록 요령
　신청서 양식
　세팅 요령
타. 볼펜
파. 기타 필요사항

3. 일정별 해야 할 일

일 정	스폰서	DT등록자(신규 사업자)
DT등록일	·스폰서 인사소개/상담 ·강사요약용 사업설명서 및 볼펜 전달 ·필요시 강사에게 사업설명 추가내용 주문(A급 고객 수준) ·STP(호일러의 법칙 적용)를 듣는다 ·최초명단 작성 양식 전달/교육 ·사업보조재료를 전달한다 (기초사업설명용) ※수첩 메모	·약속장소에 나간다 → OM초대 ·STP → 복습 ·스폰서와 상담(20~30분) ·최초명단 작성(아는 사람 모두) ·사업보조재료 → 복습
1일~7일 공통사항	·사업보조재료 회수/전달 ·최초명단 분류작업(A, B, C급) ·상 담 ·최초명단 작성(중요성 교육) ·최초전화 접촉 요령을 가르친다 ·DT등록자 STP 불참시 방문/상담 (사업보조재료 회수/STP 약속) ※센타 강의 시간외의 시간을 이용한다 ·접촉→DT등록요령을 가르친다	·A급 프로스펙트 전화접촉→2단계 (전화)약속일을 일정표에 기록한다 ·STP를 듣거나 본다 : 확산 ·상담에 응한다 ·사업보조재료⇒활용 ·최초명단 작성 추가 ·매일 2시간 출근개념으로 투자한다 ※출근부 기록 ·의문사항 질문한다
7일차	·최초사업계획서 작성 : 상담 후 ·사업보조재료 리스트 전달 ·나라콤 홈페이지 방문 ·회사 매뉴얼 전달 ·DT등록 양식 전달/교육 ·C급 DT등록 요령을 가르친다 ·단말기 세팅요령을 가르친다 ·A급 초대요령을 가르친다 ·스폰서쉽을 가르친다 ·전국센타현황 전달 ·비전 제시(1년후 시간, 경제, 공간의 자유) ·쇼핑몰 상품구매 요령/보상플랜 ·8-CORE의 중요성을 가르친다 ·시스템 교육의 중요성을 가르친다 ·STP의 중요성을 가르친다 ·센터교육 일정표 전달 ·기초사업 설명 책 소개(나라콤 X파일, 나라콤 비즈니스 ABC) ·유지요령(개인 , 그룹)을 가르친다	·최초사업계획서 작성 ·사업보조재료 준비 ·명함 준비 ·회사 매뉴얼 숙지 ·홈페이지 방문 요령 숙지 ·DT등록 작성요령 숙지 ·지속적인 명단 작성용 노트준비 ·A급 가망고객 명단 작성→전화접촉 →OM초대(강사와 궁합을 맞춘다) ·File 준비(기초사업자료, 시스템 자료, 정보자료) ·일정표 작성 ·시스템 다이어리 준비 ·강의록 노트준비 ·KTF 이용가이드북 준비 ·단말기 세팅요령 숙지

Ⅲ. 결론

이 시대가 낳은 제도다.

최초 사업 계획서

●1년 후 얼마만큼의 추가 소득을 원하십니까?
　가. 100~200만원 : Third Job
　나. 300~500만원 : Second Job
　다. 500만원 이상 : First Job

●최초 명단 작성
　가. 100명 이상 : A급 20%, B급 30%, C급 50%
　나. 300~500명 이상
　다. 500명 이상

●시간 투자
　가. 생산적으로 1~2시간
　나. 생산적으로 3~5시간
　다. 생산적으로 8시간 이상
　※ 시간투자가 부족하면 상대적으로 직급 달성 기간을 연장한다.

●DT 등록
　가. A급 : (　)명
　나. B급 : (　)명
　다. C급 : (　)명

● 직급 달성 기간

　가. 실버 :

　나. 골드 :

　다. 루비 :

　라. 에메랄드 :

　마. 다이아몬드 :

　※ 회사 전진대회에서 직급자핀 수여를 받을 수 있도록 계획한다.

● 직급 성취를 위해 본인이 해야 할 일

● 다짐

DT 등록 요령

- KTF 선불 가입 이용 계약서

- (주)나라콤 회원 등록 신청서

- (주)나라콤 상품 구매 주문서

- 통장 및 신분증 사본

- 선불요금 30만원(본인과 회원)
    - 3개월내 분납 가능(3회)
    - 신용카드, 현금
    - 사용기간 제한 없음

- KTF 단말기 할부 판매 약정서(신폰 할부 구매시)
    - 채권 보전료
    - 선납금

- 중고폰 개통시 4자리 국번 가능 단말기 확인 후 등록
    -016-114(안내)
    -단말기 제조회사 A/S센터

STP 수료제 실시요령

1. DT등록시 기본점수 50점 부여

2. STP 1회 참석시 1점 부여

3. STP (VTR, Tape) 1점 부여

4. 그룹 세미나 일별 5점 부여

5. 본사 전진대회 5점 부여

6. 강사트레이닝 이수 1일 5점 부여

7. 합계 100점시 수료

8. 본인용 사업설명서 작성

9. (B.C급) 가망고객 STP → DT등록

♣ 네 자신의 일로 상처받은 것에 대해 너무 걱정하지 말아라. 조심하면서 인생을 보내는 사람은 큰 기회를 잃게 된단다. 어디에서든 너는 잡아야 할 기회를 놓치지 말라. 그러면 더욱더 운이 좋아지고 너의 경험도 풍부해지며 그만큼 너는 성숙한 사람이 되는 것이다.
—헨리 J. 테일러의 아버지

STP 참석자 명단

년   월   일

번호	성명	스폰서명	서명	번호	성명	스폰서명	서명
1				26			
2				27			
3				28			
4				29			
5				30			
6				31			
7				32			
8				33			
9				34			
10				35			
11				36			
12				37			
13				38			
14				39			
15				40			
16				41			
17				42			
18				43			
19				44			
20				45			
21				46			
22				47			
23				48			
24				49			
25				50			

STP체크 리스트( )라인

성명										
구분 참석수	날짜	확인	날짜	확인	날짜	확인	날짜	확인	날짜	확인
1										
2										
3										
4										
5										
6										
7										
8										
9										
10										
·										
·										
·										
·										
·										
·										
43										
44										
45										
46										
47										
48										
49										
50										
수료										

※ STP 100점 수료를 축하드립니다!!!!!

월간일정표

200 년	월	1	2	3	4	5
6	7	8	9	10	11	12
13	14	15	16	17	18	19
20	21	22	23	24	25	26
27	28	29	30	31	메모	메모

사업 설명서

A급 가망고객용

5달러 짜리 자전거

외국의 어느 자전거 경매장에서 있었던 일입니다. 그날 따라 많은 사람들이 찾아와 저마다 좋은 자전거를 적당한 값에 사기 위해 분주한 모습들이었습니다. 그런데 어른들이 주고객인 그 경매장 맨 앞자리에 한 소년이 앉아 있었고, 소년의 손에는 5달러 짜리 지폐 한 장이 들려 있었습니다.

소년은 아침 일찍 나온 듯 초조한 얼굴로 그 자리를 지키고 있었습니다. 드디어 경매가 시작되었고, 소년은 볼 것도 없다는 듯 제일 먼저 손을 번쩍 들고 "5달러요!"하고 외쳤습니다. 그러나 곧 옆에서 누군가 "20달러!"하고 외쳤고, 그 20달러를 부른 사람에게 첫 번째 자전거는 낙찰되었습니다.

두 번째, 세 번째, 네 번째도 마찬가지였습니다. 5달러는 어림도 없이 15달러나 20달러, 어떤 것은 그 이상의 가격에 팔려나가는 것이었습니다. 보다 못한 경매사는 안타까운 마음에 슬쩍 말했습니다.

"꼬마야, 자전거를 사고 싶거든 20달러나 30달러쯤 값을 부르거라." "하지만 아저씨, 제가 가진 돈이라곤 전부 이것뿐이에요." "그 돈으론 절대로 자전거를 살 수 없단다. 가서 부모님께 돈을 더 달라고 하려무나." "안돼요. 우리 아빠 실직 당했고, 엄만 아파서 돈을 보태 주실 수가 없어요. 하나밖에 없는 동생한테 꼭 자전거를 사가겠다고 약속했단 말이에요."

소년은 아쉬운 듯 고개를 떨구었습니다. 하지만 여전히 제일 먼저 5달러를 외쳤고, 어느새 주변 사람들이 하나둘씩 소년을 주목하게 되었습니다. 드디어 그날의 마지막 자전거. 이 자전거는 그 날 나온 상품중 가장 좋은 것으로 많은 사람들이 그 경매를 고대했었습니다. "자, 최종 경매에 들어갑니다. 이 제품을 사실 분은 값을 불러 주십시오." 소년은 풀죽은 얼굴로 앉아 있었지만 역시 손을 들고 5달러를 외쳤습니다. 아주 힘없고 작은 목소리였습니다. 순간 경매가 모두 끝난 듯 경매장 안이 조용해졌습니다. 아무도 다른 값을 부르지 않는 것이었습니다. "5달러요. 더 없습니까? 다섯을 셀 동안 아무도 없으면 이 자전거는 어린 신사의 것이 됩니다."

"5… 4… 3… 2… 1."

"와~아!!"

● **강사** :

● **서론** :

● **본론**

1. 회사소개
가. KTF
나. (주)나라콤
다. (주)대우정보 시스템

2. 통신시장규모
가. 유선
나. 무선

3. 후불 대리점 운영체계/ 문제점

4. 요금체계 : 동일
가. 후불 요금정산 방법
나. 선불 요금정산 방법

5. 선진국 선불 요금제 현황

6. 선불제 도입 배경

7. 선불제 가입 절차

8. 혜택(소득구조)
매월 1일~15일 결산 후 25일 지급
매월 16일~말일 결산 후 익월 10일 지급
가. 신규사업자 소득 (35%)

① 직접 후원 장려금(6%)

② 매출장려금 (7%) ↑ 300만

③ 추천 장려금 (100%) ↑ 100만

④ 직접 구매 장려금 (6%)

※ B.T쇼핑몰(35%)

나. 자연 재구매 소득 (NV의 35%)

① 직접 판매장려금 (10%)

② 직급 장려금 (4%)

③ 그룹 장려금 (21%)

9. 후불 대리점과 선불 대리점 비교

10. 선불제 사업의 어려운 점

11. 사업의 특징

가. 회사 :

나. 상품성 : 시대성, 절대성, 대중성, 필요성, 편리성, 소모성, 독점성

다. 사업성 : 1~2년 노력으로 지속적이고 안정적인 수익창출 (경제의 원칙에 부합하는가?)

● **결론**

1. 시대의 변화

2. 서론/ 본론 재강조

3. 사업비전

●**질문**

사업 설명서
A급 – 90분용

(STP 수료자 본인용)

차 례

1. 자기 소개
2. 휴대폰(요금) 사업개요
3. 통신시장 규모
4. 요금체계
5. 후불제 대리점 운영체계
6. 후불제 대리점 문제점
7. 선불제 대리점 도입배경
　　가. 후불제 대리점 체계의 문제점 보완
　　나. 시대적 배경
8. 선불제 대리점 신청절차
9. 소득구조
10. 선불제 사업의 어려운 점
11. 결론
12. 질의 응답

1. 자기소개

　　가. 활동지역 :

　　나. 활동기간 :

　　다. 현재직급 :

　　라. 사업동기 :

　　마. 느낀 점 :

　　바. 사업목표/ 비전 :

2. 휴대폰(요금) 사업 개요

　　가. 후불제 : 소비자, 혜택 없음.

　　나. 선불제 : 소비자이면서 사업자, 혜택 있음.

　　　　※ 소비자(회원) : 10% 평생 할인

　　　　※ 소개자(사업자) : 25% 소득발생(NWM, 자식 1대 상속)

　　다. 선불제 사업은 상품성과 사업성이 뛰어나다.

　　　　① 상품성 : 독점성, 대중성(편리성), 소모성(자연 재구매)

　　　　② 사업성 : 필요성(절대적), 시장성, 시대성

3. 통신 시장 규모

　　가. 유선통신 : 110년, 11조(년)

　　나. 무선통신 : 15년, 15조(년) → 50조(2005년)

　　　　① 인구 2,920만명

　　　　② IMT2000 상용화(2002년 5월 이후)

4. 요금체계

구분	가입비	기본료	사용료(10초)	비　고
후불제	30,000	16,000~18,000	18~21	
선불카드	×	×	45~65	틈새시장(외국인, 주부,학생) 월 25,000원 미만 사용자 유리
선불제	30,000	16,000	18	

　　※ 후불제 = 선불제 요금체계 동일

　　※ 선불카드 : 별정통신사에서 변칙운영으로 피해사례 발생

5. 후불제 대리점 운영체계

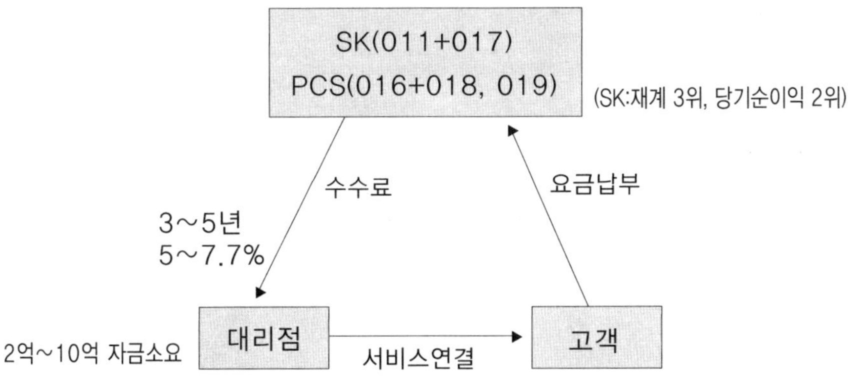

※담보 설정, 임대료
※인테리어 이벤트, 기타

6. 후불제 대리점 체계의 문제점

통신사	연체요금	관리비	대리점수수료 5~7.7% (3~5년)	광고비
	25%	20%		

50~60% 요금 누수현상 발생

7. 선불제 대리점 도입 배경

가. 후불제 요금 50~60% 누수현상 발생 방지

나. 시대적 배경 : WTO협상 2001. 01. 01 통신시장 100% 전면 개방

다. 선진국의 선불제 현황

　　① 미국 : 80%(11년~14년)

　　② 유럽 : 70~80%

③ 아시아(홍콩, 싱가포르) : 100%

④ 일본 : 30%(4년)

라. KTF ↔ 나라콤 ↔ 대우정보시스템

전략적 제휴로 고객중심 유통 마케팅(NWM)으로 선불 요금

대리점 사업개시 (2000. 1. 24)

8. 선불 대리점 신청절차

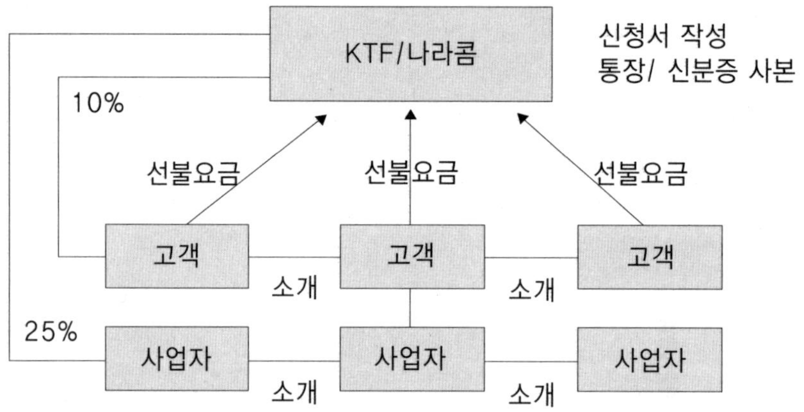

☞ 사업자 = ① 10만 + 10만 + 10만 = 30만/ 3개월

② 10만 + 20만 = 30만/ 2개월

③ 30만/ 본인 휴대폰 요금 = 할부개월수 + 카드 수수료(즉시)

④ 쇼핑몰 : 50만 PV 이상

※ 선불요금 : 신용카드, 현금

9. 소득 구조

┌1~15일 마감 후 25일 지급

└16~말일 마감 후 익월 10일 지급

신규 사업자 소득(35%)	자연 재구매 소득(NV의35%)
가. 직접 후원 장려금(6%)	가. 판매 장려금(10%)
나. 매출 장려금(7%)/ ↑ 300만	나. 직급 장려금(4%)
다. 추천 장려금(100%)/ 1인 ↑ 100만, 무한대	다. 그룹 장려금(21%)
라. 쇼핑몰 (35%)	

※ 재구매 금액 ▶ ① 3만 ② 5만 ③ 10만 ④ 20만

(1) 신규사업자 소득

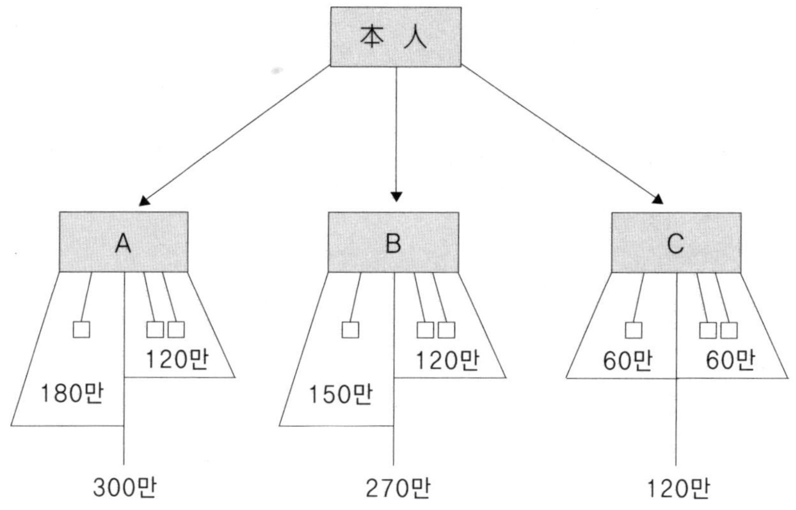

(1) 300만 〈 (2) 390만 (270만 + 120만)

가. 직접 후원 장려금(6%)/ 54,000원

나. 매출 장려금(7%)

　① 본인 : 210,000원

　② A : 84,000원

　③ B : 84,000원

　④ C : 42,000원

다. 추천 장려금 : A+B+C 매출 장려금 = 210,000원
　　※ 본인 급여 : 474,000원(예)
　　※추천인이 많을수록 신규 사업자 소득은 많이 발생함.
라. 직접 구매 장려금 (6%)

⑵ **자연 재구매 소득**
　가. 판매 장려금(10%)
　나. 직급 장려금(4%)
　　▶ 루비 2%, 에메랄드 1%, 다이아몬드 1%
　　▶ 회사 매출액 기준

직급
　① 회원(단순고객)
　　사업자(DT)
　② 실버(7명) : 2대 이내 7명
　③ 골드(40명) : 2라인 이상 실버구도
　④ 루비(160명)
　⑤ 에메랄드(400명)
　⑥ 다이아몬드 : E + E + R(직급자)
　다. 그룹 장려금(21%) ⇒ 약 2%/ 15일 기준 : 골드 기준 직급별 10
　　단계까지 공유마케팅으로 지속적이고 안정적인 수익창출(인세수입)

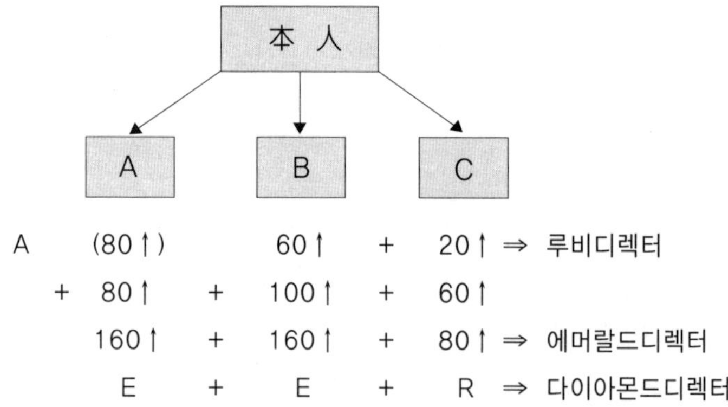

A	(80↑)		60↑	+	20↑	⇒ 루비디렉터
+	80↑	+	100↑	+	60↑	
	160↑	+	160↑	+	80↑	⇒ 에머랄드디렉터
	E	+	E	+	R	⇒ 다이아몬드디렉터

(3) 소득 구조의 변화

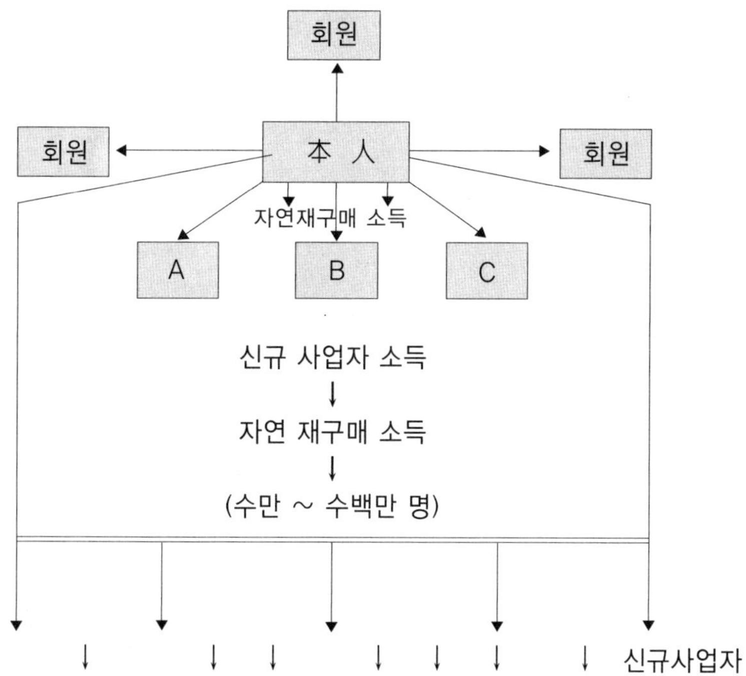

10. 선불제 사업의 어려운 점
가. 전화번호가 바뀐다.

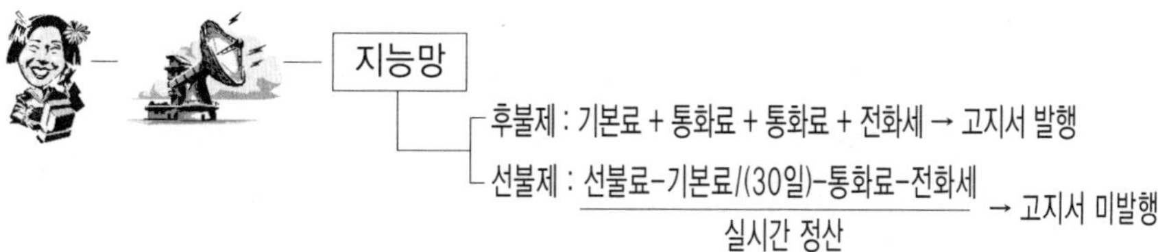

※016 - 447 - 3974
 798, 799, 898, 872, 873, 874, 895, 896, …… 9304, 9305……
※018, 019 ⇒ 016-×××-××××

나. 선불요금 : 30만/ 3만, 5만, 10만, 20만 ⇒ 신용카드 활용

다. 단말기 : 011, 017 → 중고폰, 새 단말기(12개월 무이자 할부)

　　※ 셀룰러폰(전파방식 상이)

라. 다단계 : 피해자? 없음. 본인요금 평생 10% 할인

11. 결론

※ 통신네트워크 → 무형유통(팔리거나 서비스 연결 개념) → I.T

※ 부탁의 개념이 아닌 정보를 알려주는 개념

※ 빅정보 → 꿈의 실현이 가능하다

※ 쇼핑몰 → B.T + 생필품

※ 국가주요 전략사업 → I.T + B.T

12. 질의 응답

　　한번 전화를 잡았다 하면 2~3시간의 수다는 보통인 달구가 어느 날 전화통화를 하고 있었다. 그것을 본 아버지는 '저 녀석이 오늘도 통화를 길게 하면 혼을 내줘야지.'하고 생각을 했다. 그런데 웬일인지 통화한 지 30분이 조금 지났을 뿐인데 달구가 전화를 끊는 것이었다. 아버지는 깜짝 놀랐지만 무척 흐뭇한 얼굴로 말씀하셨다.

　　아버지 : "아이구, 우리 달구가 철들었구나. 어디서 온 전화냐?"

　　달구 : "예? 잘못 걸려 온 전화예요……."

(예제2)

사업 설명서
A급 – 90분용

차 례

1. 통신의 이해

2. 회사, 상품

3. N.W.M의 이해

4. 보상플랜

인생의 필수과목, 실패

이 세상에 가장 바보스러운 사람이 있습니다.

그것은 이미 끝난 일을 가지고 고민하며 괴로워하는 사람입니다.

과거의 노예가 되어, 이미 회개라고 반성한 것을 다시 끌어내어 자책하는 사람입니다.

모든 것은 과정입니다. 그러나 살다 보면 잘한 일 못한 일이 생각납니다. 때로는 원하지 않는 치명적인 실수를 저지를 때도 있습니다. 또 뜻하지 않은 명예와 횡재를 얻을 수도 있습니다.

그러나 그것은 우리의 최종 목적지는 아닙니다.

목표를 향해 나가는 작은 과정일 뿐….

인생의 성공을 위해서 우리는 두 가지 필수과목을 이수해야 합니다.

하나는 '작은 성공 과목'입니다. 작은 성취를 통해서 앞으로 가능성을 발견하고 다시 힘을 얻게 되며 앞으로 전진하게 됩니다.

또 하나는 '작은 실패 과목'입니다. 작은 실패라는 과목을 이수함으로 자신의 힘으로 안 되는 일이 있음을 확인하며 겸손을 배우는 일입니다. 자기 교만을 새롭게 깨우치고 타인 모두를 인정하고 사랑하는 사람으로 변해 갑니다.

우리는 작은 실패를 통해서 인간 이외의 다른 초자연의 힘이 존재한다는 값진 진리를 배웁니다.

그리고 작은 실패를 큰 실패라고 생각하며 무너지는 사람은 정말 큰 실패자가 된다는 것을 기억하십시오. 큰 실패를 당하지 않기 위하여 주는 적은 시험은 나에게 무한한 능력을 제공해 주고 보다 큰 실패를 이길 수 있는 힘을 부여합니다.

지난 것은 성공이든지 실패이든지 하나의 과정이요, 인생의 학교를 졸업하기 위한 필수 과목입니다.

(주) 나라콤은…

정보통신 유통전문회사

(016 무선전화 연결 서비스)

나라콤 쇼핑 전용몰

전화–초기에 막대한 자본투자

- 마진율 高(재투자 비용이 거의 없다)
- 고객층 多(남·녀·노·소 누구나)
- 초 단위 매출(순간 순간 사용)
- 1번 연결→ 평생사용
- 불황 無(IMF에도 매출상승)

↓

무한한 사업기회 부여

유·무선의 비교

●유선(100년 이상) ─┐ 시내 통화 : 8조 가정소비

●가구당 1대 이상

●평균요금 3만원 ─┤ 시외 통화 : 1조 기업소비

●10조 시장

●시장성 ↓ ─┘ 국제 통화 : 1조 기업소비

●무선(15년 이상)　　011 ─┐
　　　　　　　　　　　　　　　21원/ 10초
●가구당 3대　　　　017 ─┘

●평균요금 15만원　　016 ─┐

●15조 시장　　　　　018 　　**18원/ 10초**

●시장성 ↑　　　　　019 ─┘

●향후 IMT사업과 연계 → 전국민의 휴대폰화

요금 체제

●후불요금제

가입비·기본료 + 할인 +
　　요금선택(18원/ 10초)(무절제사용)

●선불요금제

가입비·기본료 + 할인 +
　　요금선택(18원/ 10초)(합리적 사용)

●선불카드제(틈새 시장용)

종류	사용대상	특징	단점
유선 : KT월드폰 플러스 별정통신	해외여행시 출장시, 유학생 외국인관광객	해외에서 편리하게 사용	국내에서는 요금이 비싸고 사용 불편
무선 : 011(스피드) 016(프리) 018(엔콜) 017(셀컴) 019(예스)	단기체류자 신용불량자	시간, 요일 할인불가	요금이 비싸다

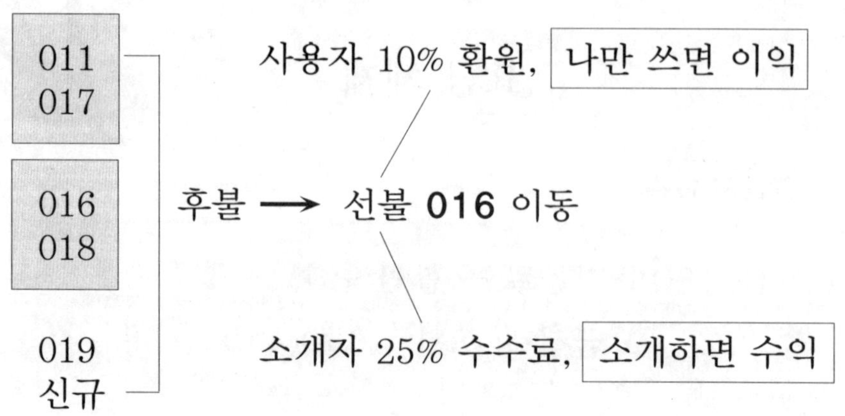

예)

1명 011 5년 사용(60개월) × 요금 5만

= 300만 사용 ⟶ 30만원 입금

3명 향후 30년 사용(360개월) × 요금 10만

= 3600만 × 3명 = 1억 800만

= 요금 환원 1천 80만원

유통체제

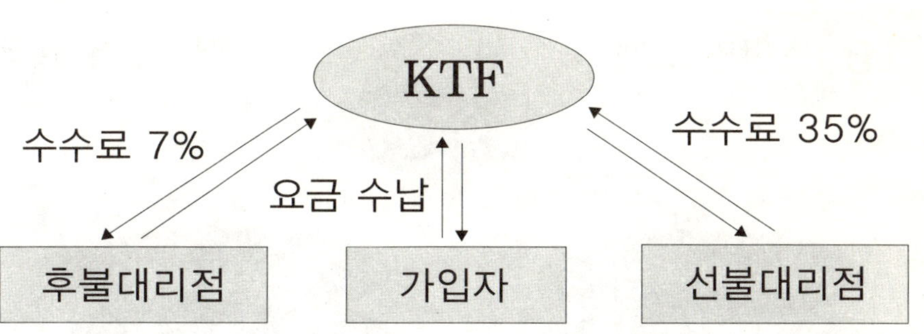

보증금 외상	우량 *
임대, 집기, 기기	*
지역판권	전국판권
7% 3~5년	35% 평생 상속
시장포화(2900만)	무한한 시장(초기)
소비자 고객	사업자 고객
유명 연예인 광고	사업자 광고
연체 발생 연체관리비용 발생 신용불량자 양산 광고비, 관리비 지출	개인 : 신용불량 　　　→혜택 + 자격 기업 : 경쟁력 약화 　　　→ 우량 국가 : 이미지저하 　　　→ 이미지상승

수익구조

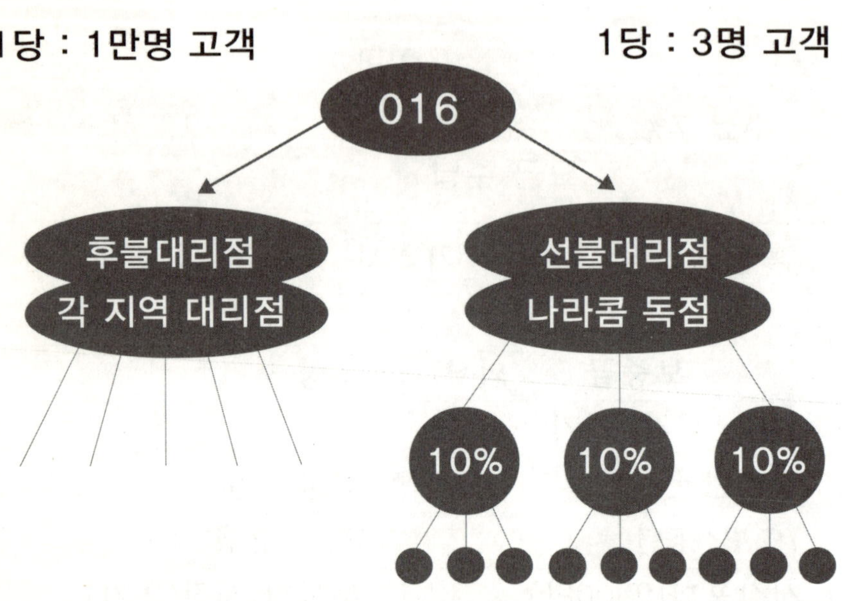

월 5만원 고객 × 7% = 3,500원   1명
35,000원   10명
350,000원   100명
3,500,000원   1000명

손익분기(1~2년) 3천 5백만원 1만명 (매달 지속적)

KTF가 선불의
N.W.M을 택한 이유?

- 무선 기간 통신 2위 설욕 만회 : 후불 011선점
  선불 016선점

- 대리점 모순 (공격적 마케팅 전환)
- 후불모순 : 연체비, 관리비(기업경쟁력 약화)
  광고 비용 (고객이익으로 전환)

- I.M.T 출범 준비 : 요금 ▼   사용량 ▲

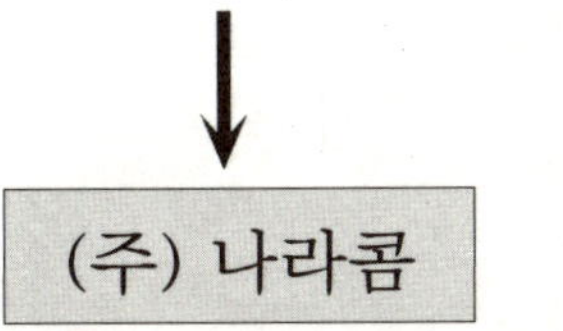

- 1999년 12월 8일 법인 설립
- 2000년 1월 7일 서울시 219호 등록
- 자본금 10억·대표이사 김규홍
- 제휴 KTF + 대우정보통신

상품비교

물류	통신
5조 시장	15조 시장
창고·택배	서비스 연결
성별, 나이, 취향	남녀노소(누구나)
소비시간 필요	매순간 소비
신상품 요구	고유번호 계속사용
효과, 취향따라 부분 재구매	관리없이 100% 재구매
독점성 결여	독점상품
계속적 물품비축	자연 재구매

자격

일 반 회 원 → 016 선불개통 + 요금선납 10만

대리점회원 → 016 개통 + 요금 선납 30만

20점   30점(직급적용)

수입

※ 신규대리점 개통 → ※계속 사용 요금 수수료

결산 1일 ~ 15일 = 25일

16일 ~ 월말 = 10일   월 2회 지급

신규수당	1. 직접 개통 요금 수수료 (후원 장려금)	6%	무한대
	2. 직접 구매 수수료 (구매 장려금)	6%	
	3. 그룹 매출 요금 수수료 (매출 장려금)	7%	큰그룹 보류, 작은그룹 매출액 합산해서 7% 상한가
	4. 직접 소개 요금 수수료 (추천 장려금)	100%	
재구매수당	5. 직접 요금 판매 수수료 (판매 장려금)	10%	스필오버
	6. 전체 요금 수수료 (그룹 장려금) 단말기 개통수 × 요금 × 2%	2%	
	7. 직급 수수료 (직급 장려금)	4%	

사업 설명서
A급 – 90분용

(선진국형 KTF 선불요금 대리점 사업설명회)

차 례

Ⅰ. 서론
Ⅱ. 본론
　1. 회사 소개
　2. 통신시장 규모
　3. 후불 대리점 운영체계 및 문제점
　4. 요금 체계
　5. 선진국 선불제 현황
　6. 선불요금제 도입 배경
　7. 신청절차
　8. 대리점 비교 설명
　9. 보상 플랜
Ⅲ. 결론
Ⅳ. 질의 응답

Ⅰ. 서론 (10분)

1. 강사소개 :
2. 선진국형 : 전기, 수도, 가스, 통신요금제도 : 후불 → 선불
3. KTF : 016 + 018 (2001. 5. 2 합병)
   ※ 합병전 2000. 1. 24 선불제도 도입 (016만 적용)

   ※ 혜택 ┌ 고객 : 10% 평생 싸게
         └ 대리점 : 25% 상속

4. 사업 ┌ 가. 제조업 : 자본력 + 기술력
       └ 나. 유통업 ┌ ① 회사는 안전한가?
                   ├ ② 상품성 : 시대성, 절대성, 대중성, 필요성,
                             편리성, 소모성, 독점성이 있는가?
                   └ ③ 사업성은 좋은가?
                        가) 경제의 원칙 : 최소의 비용으로 최대의 이
                             윤추구.
                        나) 1~2년 생산적인 시간투자로 지속적이고
                             안정적인 수익창출.

Ⅱ. 본론(70분)

1. 회사소개

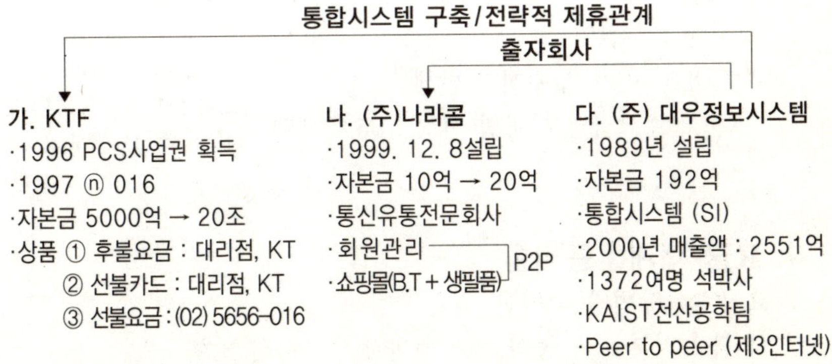

2. 통신시장 규모

가. 유선

    KT   데이콤   온세   하나로

  110여년   11조

나. 무선

  SK (011 +017)   KTF (016 + 018)   LG (019)

  15년   15조원 × 2920만명

  ※ IMT 2000 : 2002. 5월 → 2005년 상용화(50~100조)

3. 후불대리점 운영체계 및 문제점

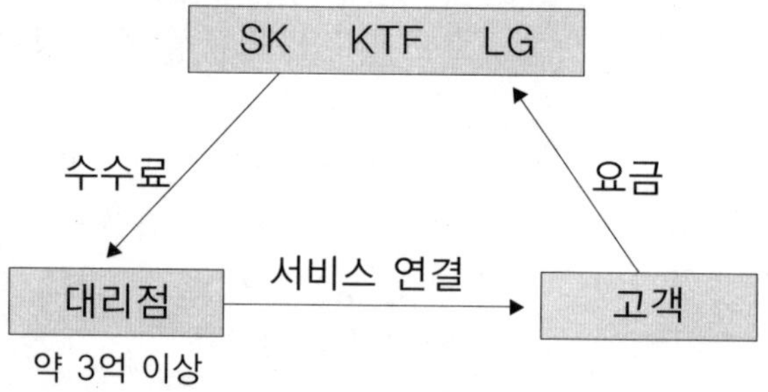

가. 요금 연체 : 25%

나. 관리비 : 20%

다. 대리점 수수료 : 5%~7.7% (3년~5년)

라. 광고비 : 수천억

      50~60% 누수현상 발생

        └→ 요금납부 방법 변경 : 35% 혜택 ⎡ 고객 : 10% 평생싸게
                                       ⎣ 광고 : 대리점 : 25%(상속)

4. 요금 체계 : 동일함

※ 요금정산방법만 상이함

가. 후불 : 기본료 + 통화료 + 전화세 : 고지서 발행

나. 선불 : 선불요금 ┌ 기본료/ 30일–통화료 : 실시간 정산
                     └ 전화세 (1일)

다. 요금충전 : ARS 1520 ┌ 3만-1 ┐ 1분내 충전→ 잔액확인 ┌ ①ARS1510
                        ├ 5만-2 │ (실시간 정산)   ├ ②멘트
                        ├ 10만-3 │   ├ ③액정화면
                        └ 20만-4 ┘ (고지서 미발행)   └ ④5000원

5. 선진국 선불제 현황

가. 미국 : 11~14년 약 80% → 17.5%

나. 유럽 : (영국, 호주, 이탈리아) 70~90%

다. 아시아 : 홍콩, 싱가폴, 중국 100%

　　　　　 일본 (4년) : 28~30%

　　　　　 ※ 한국 (2년) : 0.7% → 사업기회다

6. 선불요금제 도입 배경

가. W.T.O. 2001. 1. 1 100% 개방

나. 후불제 문제점 해결방안 → 선불

다. IMT 2000 상용화시점 → 문제점 대두

7. 신청절차

가. KTF 선불이용계약서

나. 통장, 신분증 사본

다. 016단말기

라. 가입비 3만원(3회)

마. 선불요금 : 30만원 (10만원 × 3회) : 신용카드 현금

바. 20세 이상

8. 대리점 비교 설명

후불	선불
초도비용 3억 이상 + 3만	3만 + 신용카드 할부이자
지역적 한계	전국적 →전세계
7.7%	35%
5년	상속
포화상태 (2920만)	사업초기 (0.7%)
회사 광고	사업자 광고
1당 : 10 + 100 + 1000 + 5000 덧셈방식	1당 : 3명 이상 ← N.W.M 곱셈방식 (곱수의 법칙) ※ 숫자의 비밀 : 회사, 상품성, 사업성 → 도덕성, 투명성

9. 보상플랜 (혜택)

- 1일 ~ 15일 결산후 25일 지급
- 16일 ~ 말일 결산후 익월 10일 지급

$$016 \times 30만 \times DT \begin{cases} A-DT \times 30만 \begin{cases} DT — \\ DT — \\ DT — 2100만 \end{cases} \\ B-DT \times 30만 \begin{cases} DT — \\ DT — 1500만 \end{cases} \\ C-DT \times 30만 \begin{cases} DT — \\ DT — 300만 \end{cases} \end{cases}$$

가. 신규사업자 소득(35%)

① 직접 매출 (직접후원장려금) 6% × 90만 = 54,000

② 2대부터 직, 간접매출(매출 장려금) 7% × 1800만 = 126만

③ 차별화보너스(추천보너스) 100% 합(A 7% + B 7% + C 7%)

④ B.T →쇼핑몰(35%)

나. 자연발생적(재구매) 소득(NV의 35%)

① 본인요금 (직접판매장려금) 10%

② 25% ┌1) 직급장려금 4% × 회사매출액/ 직급자수

　　　　 └2) 대리점수당(그룹장려금) 21%

→ 본인 : 약 2% ×(   )명 × 상속
※ 1년 ～2년후 지속적이고 안정적인 수익 창출

Ⅲ. 결론(5분)

회사 안전하고, 상품성 좋고, 사업성이 뛰어난 I.T(휴대폰 대리점)사업
과 B.T(생명공학)사업은 고정관념을 버리고, 도덕성을 정확히 검증한 순
간 1～2년 노력으로 지속적이고 안정적인 수익을 창출하므로써, 미래의
꿈을 실현시켜 드릴 일생일대에 다시는 오지 않을 사업의 기회다.

Ⅳ. 질의응답(5분)

사업 설명서
B급 - 60분용

(선진국형 IT와 BT사업)

차 례

I. 서론
1. 국가 주요전략사업
2. 휴대폰 선불대리점 사업
II. 본론
1. 회사 소개
2. 후불제의 문제점
3. 해결방안
4. 신청절차
5. 대리점 비교설명
6.보상 플랜
III. 결론
IV. 질의 응답

Ⅰ. 서론(10분)

1. 국가 주요전략사업
가. I.T : 정보기술(통신) : 반도체산업 + 이동통신 + 통합시스템
나. B.T : 생명공학 : 바이오 벤처 사업단(주)
다. E.T : 환경공학
라. S.T : 항공공학
마. N.T : 나노기술
바. C.T : 문화공학

2. 휴대폰(요금) 선불대리점 사업
가. 요금 : 세금 : 전기세, 수도세, 가스세, 전화세

　　　　　　　　　　　정부사업 (외상 : 후불)

나. 선진국 : 10여년 전부터 선불요금제 실시
　※ 휴대폰 요금 : 70% 이상
　※ 공과금 : 일부 국가에서 선불 (영국-전기, 프랑스-가스)
다. KTF : 016 + 018합병 2001. 5. 2
　　　　└→ 2000. 1. 24 선불제 도입

Ⅱ. 본론(40분)

1. 회사소개

통합시스템 구축 / 전략적 제휴관계
출자회사

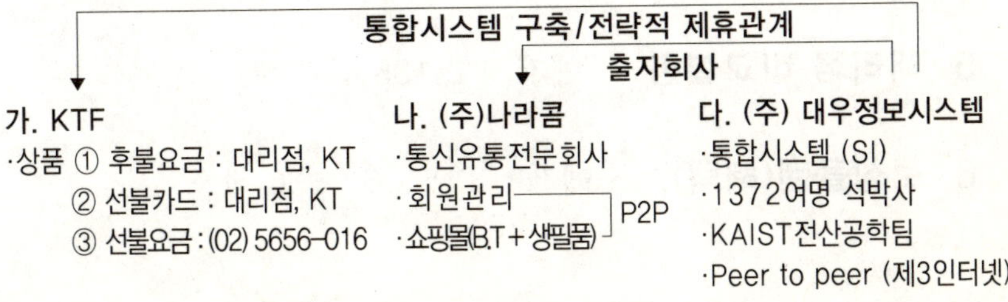

가. KTF
·상품 ① 후불요금 : 대리점, KT
　　　② 선불카드 : 대리점, KT
　　　③ 선불요금 : (02) 5656-016

나. (주)나라콤
·통신유통전문회사
·회원관리┐
·쇼핑몰(B.T+생필품)┘ P2P

다. (주) 대우정보시스템
·통합시스템 (SI)
·1372여명 석박사
·KAIST전산공학팀
·Peer to peer (제3인터넷)

2. 후불제의 문제점

가. 고지서 발행비용 : 약 500원 × 가입자 (2920만) = 146억 이상

나. 요금연체 : 15조원 시장에서 3조원 연체, 1조원 악성 → 신용불량

다. 대리점 수수료 5%~7.7% (3년~5년)

라. 광고비 지출 : 수천억

마. 관리비 발생

※ 절반 이상(50~60%) 누수현상

3. 해결방안 : 요금납부방법 변경

35% 혜택 ┌ ① 고객 10%요금 평생 싸게
　　　　 └ ② 광고 : 대리점 : 25% 상속

※ 요금체계 = 동일함

4. 신청절차

가. KTF선불 이용계약서

나. 통장, 신분증사본

다. 016단말기

라. 가입비 3만(3회)

마. 6~12개월 선불요금 30만 : DT

※ 요금충전 : ARS 1520 ┌ 3만-1 ┐ 1분내 충전
　　　　　　　　　　　　 │ 5만-2 │ 　　↓　　　　　　　　　 ┌ ①ARS1510
　　　　　　　　　　　　 │ 10만-3 │ 실시간 정산→잔액확인 │ ②멘트
　　　　　　　　　　　　 └ 20만-4 ┘ 　　↓　　　　　　　　　 │ ③액정화면
　　　　　　　　　　　　　　　　　 고지서 미발행 　　　　　 └ ④5000원

바. 20세 이상

5. 대리점 비교설명 → 예제3) P.135 참조

6. 보상플랜(혜택) → 예제3) PP.135~136 참조

Ⅲ. 결론(5분)

　21세기 경제는 인터넷, 네트워크 경제시대로 생산자와 소비자의 직거래 방식의 N.W.M은 회사안전하고 상품성과 사업성이 뛰어날 때 특히 선진국가 주요전략사업(IT.BT.ET.NT.ST.CT)의 경우 1~2년의 생산적인 시간투자로 지속적이고 안정적인 소득 창출이 가능한 나라콤 IT와 BT사업이야말로 21세기 지상최대의 사업이요, 다시는 접하기 힘든 일생일대의 처음이자 마지막 정보이다.
　여러분의 꿈을 성취시켜 드릴 정보를 두 손에 꼭 움켜쥐고 미래를 준비할 수 있는 기회가 반드시 되길 기원한다.

Ⅳ. 질의응답(5분)

깔깔깔 유머

맘씨 좋은 아줌마

　서울이 초행길인 만석이! 하루는 강남에 볼 일이 생겨 버스를 타려고 정류장으로 향했다. 그런데 막상 정류장에 도착하고 보니 어느 버스를 타야 할지 몰랐다.
　그저 눈만 말똥말똥거리며 그렇게 한참을 망설인 후…… 만석이는 결심을 하고 옆에 서 있던 맘씨 좋아 보이는 아주머니에게 다가가 살짝 물어 보았다.
　"저기요, 아줌마! 강남에 가려면 몇 번 타야 돼요?"
　그러자 그 맘 좋게 생긴 아줌마는 만석이를 쳐다보지도 않고 무심히 이렇게 대답했다.
　"한 번!"

후속조치(Follow-Up)와 지속적인 후원(Follow-Through)

1. 개요

가. 후속조치와 지속적인 후원 과정은 사업설명 후 사업을 결심하도록 만드는 것과 지속적으로 그 사업의 진행을 돕는 일련의 과정이다.

나. 후속조치는 사업설명이 끝나는 순간부터 바로 시작되며, 흔히 테이프나 자료를 전달하면서 시작된다.

다. 후속조치의 목표 : 내가 후원할 사람을 주업, 부업, 소비자의 어느 형태로든 결정하게 하는 과정이다.

라. 지속적인 후원이 7일 동안은 매일, 그 이후에는 48시간 이내에 이루어져야 하는 이유

   (1) 나라콤 사업에 대한 확실한 자신감(확신)을 느끼게 해야 한다.
     ※ 사람은 누구나 변화를 두려워하며 현재의 요금납부 방법을 바꾸지 않으려는 심리적인 이유가 있기 때문이다.

   (2) 사람의 느낌과 감동이 남아 있는 시간은 48시간 이내이기 때문에 그 기간내에 다시 사업설명을 보여줘야 한다.

   (3) 그 사람이 쓸데없이 주변의 부정적인 사람을 통해 나라콤 사업을 포기한 사람들의 이야기(사실 실패한 사람이기보다는 잘못된 방법, 노력 부족으로 중도에 사업을 포기한 사람이거나 알아보지도 않고, 그릇된 인식을 가진 사람들이 대부분이다)를 듣고 꿈을 포기하는 것을 막기 위해서이다.

   (4) 프로스펙트가 사업을 시작할 수 있도록 도와줄 수 있다.

(5) 많은 정보를 줄 수 있다.

(6) 다음에 무엇을 해야 할지 알려줄 수 있다.

(7) 다시 사업설명을 해줄 수 있다.

(8) 걸림돌이나 걱정거리를 제거할 수 있다.

(9) 다른 미팅에 초대할 수 있다.

2. 지속적인 후원(Follow-Through)의 원칙

가. 사업설명이 끝나면 잊지 말고 프로스펙트와 꼭 후속모임을 약속하라.

나. 48시간 안에 다음 약속을 잡는다.

다. 후속조치(Follow-Up)는 당신이 직접 하거나 사업설명자 또는 업라인이 대신 할 수도 있다.

라. 사업보조자료는 48시간 내에 되찾으러 가겠다는 이유로 팔로우업을 하라.(수첩 메모)

　　※ 쇠는 달구어졌을 때 두들겨라!

마. 업라인과 함께 할 수 있으면 더욱 좋다.

바. 신뢰와 친분관계를 유지하라.

사. 꿈을 심어 주라.

아. 정보를 중요시 여기고 계속 추가(Up-Data)하라.

　　※ 정보가 없는 열정은 식기 쉽다.

사업 보조자료, 테이프, 정보잡지, 사업설명서 등등 준비를 철저히 하라. 프로스펙트가 여러 가지 궁금점을 질문할 때 완벽한 대답이 될 수 있도록 충분히 공부하라.

자. 주저함에 부딪치게 되면

　　- Feel (무슨 뜻인지 알겠습니다)

　　- Felt (저도 처음엔 그렇게 생각했습니다)

　　- Found (그런데 알고 보니 ……이더군요) 의 형식으로 답변하라.

차. 긍정적이고 미래 지향적인 질문을 한다.

〈예제1〉
"부수입이 생기면 어디에 쓸 것인지 생각해 보셨습니까?"
〈예제2〉
"어떤 분이 이 사업을 잘 할 수 있을까?"

※ 관심을 나타내면 다음과 같이 말하라.
〈예제1〉
"우리와 함께 시작하시겠다니 기쁩니다."
〈예제2〉
"앞으로 서로에게 좋은 시간이 될 것입니다."

※ 아래와 같은 질문은 하지 말라.
〈예제1〉
"사업을 하실 겁니까?"
〈예제2〉
"마음을 정하셨나요?"

카. F/U, F/T 날짜를 선택할 수 있도록 2가지 안(A, B)을 제안한다.
　　예) 다음주 화요일이나 목요일 중 언제가 괜찮으시겠습니까?
　　　　※ 곤란할 때 상대는 C안을 제시한다.

타. 사업설명 100점제(50점+50점)를 이수하였으면 직접 팔로우업을
　　하라.

파. 직접 만나서 팔로우업을 하라.
　　※ 가급적 전화로는 팔로우업을 하지 말라.
　　전화로는 약속을 확인하기 위해서만 사용하라.
　　※ 다운라인은 항상 업라인의 '말'이 아니라 '행동하는 것'을 보
　　고 따라 한다는 것을 명심하여야 한다.

하. 실패를 해야만 성공할 수 있다.
　　※ 올림픽 금메달 리스트는 수년동안 끊임없이 같은 동작을 반복해
　　서 성공한 것이다.

갸. 상대의 꿈이 무엇인지, 원하는 바가 무엇인지를 알기 위해서는 우

선 상대의 이야기를 잘 들어라.
냐. 상대의 핑계를 제거하도록 노력하라.
댜. 매사에 부정적인 성격의 소유자에게는 절대로 나라콤을 권유하지
　　말라. 시간만 낭비할 뿐이다.
랴. 사업설명 후 프로스펙트가 긍정적이고 적극적인 반응을 보일 때 다
　　음의 세가지 사항을 유념하여 F/U, F/T를 진행하라.
　　　(1) 나라콤 사업은 '당신의 꿈을 이룰 수 있다'는 것을 재확신시켜
　　　　　준다.
　　　(2) 기본적인 사업설명(시대의 변화를 반영하는 제도)을 한 번 더 강
　　　　　조한다.
　　　(3) 당신이 어느 정도 도와줄 수 있는지 상대방에게 확신을 준다.

3. 후속조치(F/U)의 약속을 잡는 방법

가. 사업설명회에 초대한다.
나. 프로스펙트의 집에서 개인적인 약속을 잡는다.
다. 당신의 집에서 개인적인 약속을 잡는다.
라. 다른 홈미팅에 초대한다.
마. 라인미팅에 초대한다.
바. 그룹 세미나 및 랠리에 초대한다.
사. 전진대회/컨벤션에 초대한다.
아. 단말기/전화번호를 전달할 때 약속을 잡는다.
자. 자료나 테이프를 주면서 교환해 주겠다고 약속을 잡는다.

4. 후속조치(F/U)시 점검사항

가. 최초 명단작성을 도와준다.

나. 꿈의 설정
    (1) 부수적으로 벌 수 있는 수입이 생기면 어디에 쓸 것인지 생각
        해 보셨습니까? 라는 식으로 물어보고 대답을 유도한다.
    (2) 상상 속에서 돈을 쓸 수 있도록 격려한다.
다. 꿈을 달성하는 데 꼭 필요한 4가지 사항을 알려준다.
    (1) 남의 말을 듣는 데 인색하지 말 것
    (2) 스스로 일을 처리할 것
    (3) 다른 사람들과 사귀려고 노력할 것
    (4) 가족부터 바꾸고 소개자 확보에 힘쓸 것
라. 여러 번의 미팅 약속을 잡는다.

5. 후속조치의 목표에 따른 실천 방법

가. 후원할 사람이 대리점 사업을 하기로 작정하도록 돕는다.
    ※ Big Business를 통해 얻을 수 있는 장점과 그 결과(시간과 경
    제, 공간의 자유)를 알려주고 이것이 꿈이 실현되는 최선책임을 강
    조하며 이것이 8 − CORE라는 시스템의 도움으로 가능하고 사업자
    에게는 대가지불 (시간과 노력의 투자^2) 만 있으면 된다는 것을 알
    려준다.
나. 고객이 되도록 권유한다.
    ※ 사업자가 되는 것을 'No'한 사람들에게는 첨단 통신사업의 비
    전과 절약적인 측면, 편리성과 절약성을 자세히 설명해 주고 차후에
    사업가로 전환할 수 있음을 알려준다.

6. F/U, F/T 과정시 기억해야 할 사항

가. 이 과정은 내가 이끌어 가는 것이며, 이끌려 가는 것이 아니다.
나. STP만으로는 어떠한 결정도 있을 수 없다.

※ F/U 과정을 통해 상대방의 요구와 의문점을 해결하도록 한다.
따라서 우리는 항상 공부하는 자세를 견지해야 하며 신념에 찬 지식
을 바탕으로 하여 확신과 열정이 가득 차 있어야 한다.
"나는 확신을 가졌어. 테이프, 책, 교육 필요 없어"라는 사람은 반
드시 포기한다.

다. 첫 번째 'No'할 때는 "알겠습니다"의 반응을 보이지 말고 "충격
이다"라는 식의 표현을 하라.

7. 검토사항

가. 충분히 공부하고 책, VTR/Tape, 홈페이지 등의 라이브러리를 구
축하라.
   (1) 어디에 어떤 자료와 내용이 있음을 훤히 알고 있어야만 그 모
든 툴(Tools)을 적절히 활용하여 F/U, F/T를 해 나갈 수 있다.
   (2) 책, VTR/Tape 등을 전달할 때 그냥 전달하지 말고 내용을 간
략하게 설명하고 전달하라.

나. 당신의 행동과 확신, 열정이 가장 중요하다.
※ 같은 말을 하고 자료를 주더라도 당신의 열정이 그 사람을 움직
이며 당당한 자세만이 그를 당신처럼 이끌 수 있다.

다. 나라콤 사업을 큰 사업(Big Business)으로 시작했다 하더라도 스
스로 그만 두거나 발전하지 못하는 사람도 있다는 사실을 기억하라.
※ 통계적으로 10명 중 3명은 포기. 3~4명은 DT등록 후 중립 :
당신이 하는 것을 보고 나서 움직임. 3명은 골드 또는 루비가 됨.

라. F/U, F/T 과정에서 절대로 '과장'하거나 '흥분'을 유발하지 말라.
※ 사업의 내용과 해야 할 이유(Why), 그 과정에 들어가는 노력과
대가를 기꺼이 지불할 각오 등을 철저한 자신의 판단으로 결정하도
록 시스템(방법)에 근거하여 가르쳐라.

마. Big Business의 사업자인 경우 다음과 같은 3개월의 투자계획을
세우라.

(1) 첫째달 – 각종 교육과 행사에 100% 참석시키고 Tool 등을 통해 성공에 대한 자세와 신념을 강화시킴.

(2) 둘째달 – 스스로 STP 100점제를 수료한 후 STP를 할 수 있도록 단계를 높여 가고 8-CORE 실천을 지속화함.

(3) 셋째달 – 지속적인 상담, 가르침을 통해 사업전개를 도와줌. 스스로 사업을 구축해 나갈 복제에 힘씀.

8. 8-CORE

가. Line of Sponsorship을 존중하며 8-CORE Step을 잘 실천하는 업라인 상위핀과 카운셀링을 충실히 한다.

나. 업라인 루비라도 자기 핀보다 같거나 낮은 업라인 루비와는 카운셀링을 할 수 없다.

다. 형제라인끼리의 카운셀링은 절대 금물이다.

라. 업라인과의 정확하고 질서 있는 카운셀링이 끊어지면 자기만 자기 방식대로 하는 것이 아니라 자기 다운라인 리더들도 각각 자기방식대로 사업을 전개하며 이 그룹, 저 그룹(Cross Line)을 옮겨 다니며 이 방법, 저 방법을 시도해 보고 형제라인들을 초청하여 그룹에서 'Teaching'을 하게 하여 더욱 혼란만 초래케 된다.

마. 나라콤 사업에서 가장 중요한 것은 무엇보다도 정확하고 윤리적이며 효과적인 사업방법의 복제이다.

바. 복제의 기본은 통일(Unification)이다.

사. 시스템의 가치를 인식한다.

※ 8-CORE는 나라콤 사업의 생명이요, 교육과 행사 100% 참석은 성장에 필수적이다.

아. 사업의 진행 척도는 교육과 행사 때 자진해서 참석하는 사업자의 수에 있다.

※ 3×3×3×3 (골드–루비–에머랄드–다이아몬드)

9. 이의에 대한 답변(Q/A)

가. 일반적으로 사람들이 사업시작을 주저하는 세 가지 핵심적인 이유
　　는 (1)잘못된 자존심 (2)미지의 것에 대한 두려움 (3)고정관념 때
　　문이다. 따라서 이러한 부분에 초점을 맞춰 문제를 해결해 나가야
　　하겠다.

나. Q/A시 반드시 지켜야 할 사항
　　(1) 절대로 다투지 말라.
　　(2) 논쟁에서 승리하지 말라. 즉, 상대방의 자존심을 상하게 하지 말라.
　　(3) 상대방의 의견에 먼저 동의하라.
　　　　예) Feel : 어떻게 생각하는지 알아요.
　　　　Felt : 저도 똑같이 생각했어요.
　　　　Found : 그런데 제가 알게 된 것이 있는데…….

다. Q/A의 실례

〈예제1〉"저는 시간이 없습니다."

답변 : "그렇기 때문에 저희가 이 사업을 당신에게 알려드리는 것입니
　　　　다. 이 사업은 상대적으로 적은 시간을 투자하여 확장시킬 수 있
　　　　는 가능성이 높습니다. 이 사업은 점차로 시간의 복제 현상이 일
　　　　어나기 때문에 당신과 같은 시간적인 여유가 없는 분에게 아주
　　　　효과적입니다. 많은 사람들이 바쁜 가운데 서로 자투리 시간을
　　　　잘 활용하여 이 사업에서 성공했습니다. 이 사업은 진정한 시간
　　　　과 재정의 자유를 얻기 원하는 야심 만만한 사람들을 위한 좋은
　　　　기회가 됩니다."

〈예제2〉"전 사람을 많이 모릅니다."

답변 : "만일 제가 당신이 아는 사람의 이름을 댈 때마다 100달러씩을
　　　　드린다고 하면 과연 몇 사람이나 머리에 떠올릴 수 있을 것 같
　　　　습니까? 핵심은 내가 사람을 많이 아는 것이 아니며, 많은 사람
　　　　알고 있는 사람을 찾는 것입니다."

〈예제3〉"저는 활달한 성격이 아니며, 세일즈맨 타입은 아닙니다."

답변 : "무슨 말씀인지 알겠습니다. 저도 처음 사업을 시작할 때에는 이 사업이 세일즈를 잘하는 사람에게 적당한 사업이라고 생각했습니다. 그러나 사업이 진행되면서 이 사업은 세일즈맨 타입이 될 필요가 없다는 것을 알았습니다. 우리는 특별한 세일즈맨을 찾고 있는 것이 아닙니다. 각계 각층의 사람들, 특별히 전문직에 있는 많은 사람들이 이 사업을 성공적으로 해내고 있습니다. 당신이 결정하기만 하면 이글스 그룹의 지원 시스템과 스폰서와 업라인이 사업을 성공적으로 도와줄 것입니다."

〈예제4〉"가족과 함께 시간을 보내야 하기에 어렵습니다."

답변 : "이 사업은 가족 사업이기 때문에 가족과 더 많은 시간을 같이 할 수가 있습니다. 가족이 함께 사업을 해나가는 것입니다. 아이들의 미래를 위한 걱정, 또 아이들과 같이 시간을 보내고 싶은 꿈이 이 사업을 지속해 나가게 하는 아주 중요한 동기가 됩니다."

〈예제5〉"돈이 없습니다."

답변 : "다른 사업과 비교해 볼 때 이 사업처럼 초기 비용이 들지 않는 사업은 거의 없습니다. 돈이 없다는 것은 오히려 이 사업을 해나가야 할 중요한 이유가 됩니다."

〈예제6〉"곧 포화가 되지 않을까요?"

답변 : "매년 성인이 되는 사람이 이 사업에 새롭게 뛰어드는 사람 보다 훨씬 많다는 것으로 이 사업이 포화될 수 없다는 것을 설명할 수 있습니다. 이 사업이 아무리 엄청나게 확장된다 하더라도 결코 인구증가를 따라 갈 수는 없는 것입니다."

〈예제7〉"제게 맞는 사업이 아닌 것 같아요." 또는 "제게 맞는 일이 아닙니다."

답변 : "무슨 말씀을 하는 것인지 잘 모르겠군요. 무엇이 안 맞는다는 말이지요? 돈을 버는 것입니까? 아니면 남을 도와 주는 것입니까? 이러한 식의 걸림돌은 대부분 사업을 시작하려 하거나 다른 사업을 찾고자 하는 것을 가로막는 진정한 요인이 아닙니다. 진정

한 걸림돌은 사람의 '내적 상태' 또는 두려움과 관련이 있습니다. 어떤 사람들은 '자기 이미지(Self-Image)'가 낮기 때문에 사업설명하는 것을 두려워 합니다. 또 자신이 사업을 할 수 있을 것이라고 믿지 않습니다. 바로 이러한 것들이 진정으로 없어져야 할 걸림돌입니다.

※ 이 사업을 처음 대하는 사람들이 때때로 이렇게 묻는다. "사업을 시작했는데 안되면 어떻게 하죠?" 그런 사람들에게 이렇게 반문한다. "당신이 이 사업을 하지 않았는데 1~2년 후에 이 사업이 아주 잘된다는 것을 알게 된다거나 5년 후에 하나의 제도로 당연히 해야 된다는 것을 알게 되면 어떻게 하겠습니까? 우리는 올바른 결정을 내린 것입니다."

10. 결론

가. 이 사업이 전 과정을 통해 가장 힘든 한 가지 일은 가장 가까운 사람들이 당신에게 다음과 같이 어려움을 준다는 점이다.

(1) 비웃는다.

(2) 사업을 하지 않는다.

(3) 끊임없이 엉뚱한 소문을 늘어놓는다.

(4) 자기 친구의 다른 친구가 그 사업에서 몇 년 전에 돈을 날렸다고 한다.

(5) 누가 했는데 몇 달이 되었는데도 수입이 안 된다고 한다.

(6) 지금 직업도 아주 좋은데 도대체 왜 나라콤 사업을 하느냐고 빈정거린다.

(7) 한 우물이나 잘 파라고 한다.

(8) 위의 내용을 한꺼번에 늘어놓기도 한다.

※ 무슨 일(아주 사소한 일을 포함)을 하려고 할 때 항상 깎아내리는 사람들이 우리 주변에는 수없이 많다. 사람들은 자기 스스로 혹은 다른 사람들의 변화까지도 싫어하기 때문이다.

(9) 이 사업의 뒤에 숨겨진 엄청난 비밀을 볼 수 있는 야망 있고 현명한 사람은 많지 않다.

※ 따라서 이들로 인해 실망감을 느낄 필요는 전혀 없음을 기억하라.

(10) 당신의 가족이나 친구가 당신의 꿈을 비웃는다면 당신은 어떻게 하시겠습니까? '그만두던가', '그들이 틀렸음을 증명하던가' 둘 중 하나이다.

※ 이 사업의 가장 큰 장애물 두 가지는 '좌절감'과 '끈기부족'이다. 남은 인생동안 다람쥐 쳇바퀴 돌리는 환경에서 허우적거리는 것보다는 나라콤 사업을 빨리 일으키는 것이 훨씬 쉬운 일임을 명심하라.

회원 관리 요령

1. B, C급 회원들에게 단순히 소비자로가 아니라 사람대 사람으로서
   그들에게 지속적으로 관심을 가져주어야 한다.

2. A급 사업자들은 8-CORE를 실천하고 있는가를 점검한다.

3. B, C급 사업자들도 언젠가는 A급 사업자가 될 수 있음을 명심하라.
   가. STP 능력 구비 후 직접 F/U과 F/T를 한다.
   나. 새로운 정보자료를 전달한다.
   다. 관심을 가질 때 O/M에 초대한다.
   ※ A급사업자가 B.C급으로 되지 않도록 하라.

4. 리필 요령을 3개월 이내에 전달한다.
   가. 리필 요령 스티커를 제작하여 휴대폰에 회원번호를 기재하여
       부착시켜 준다.

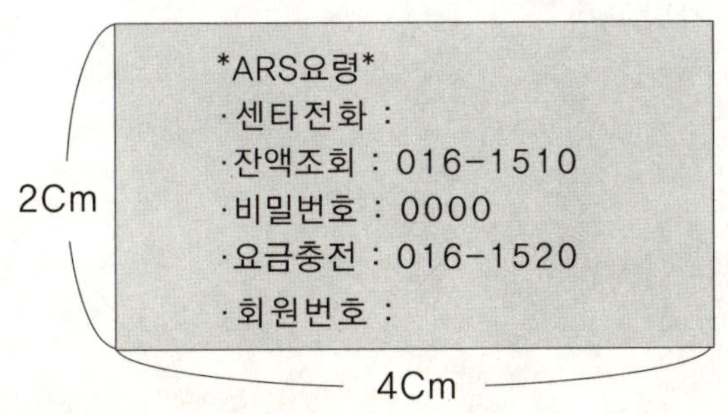

　　나. DM발송 : KTF 선불요금 리필 요령에 회원 번호와 비밀번호를
　　　　기재하여 발송한다.
　　다. EM이나 문자 메시지를 활용하여 리필(ARS 1520, 회원번호, 비
　　　　밀번호)요령과 잔액조회(ARS 1510, 전화번호, 비밀번호)요령
　　　　을 전달한다.
　　라. 유지요령 (개인/ 그룹)을 전달한다.

5. 회원 명단을 작성한다.
　　가. DT등록후 실버직급 달성 시점에서 시작한다.
　　나. 사업자를 A, B, C급으로 분류하여 계보도에 형광펜으로 사업
　　　　성향을 각각 3등급으로 색깔을 칠하여 관리한다.
　　다. 직접 추천한 회원은 다른 색상으로 체크한다.

6. 상담 양식에 의한 상담을 한다.

7. 명단을 요구한다. (B, C급 사업자, 단순회원)

8. 사업자 실무를 가르친다.

9. 호일러 법칙(ABC기법)을 가르친다.
　　A(Adviser) : 회사, 그룹, 센터, 스폰서
　　B(Bridge) : 사업자
　　C(Customer) : 가망고객

회원명단

번호	성명	주민등록번호	회원번호	주소	집 전화번호	휴대폰	후원인	추천인
1								
2								
3								
4								
5								
6								
7								
8								
9								
10								
11								
12								
13								
14								
15								
16								
17								
18								
19								
20								

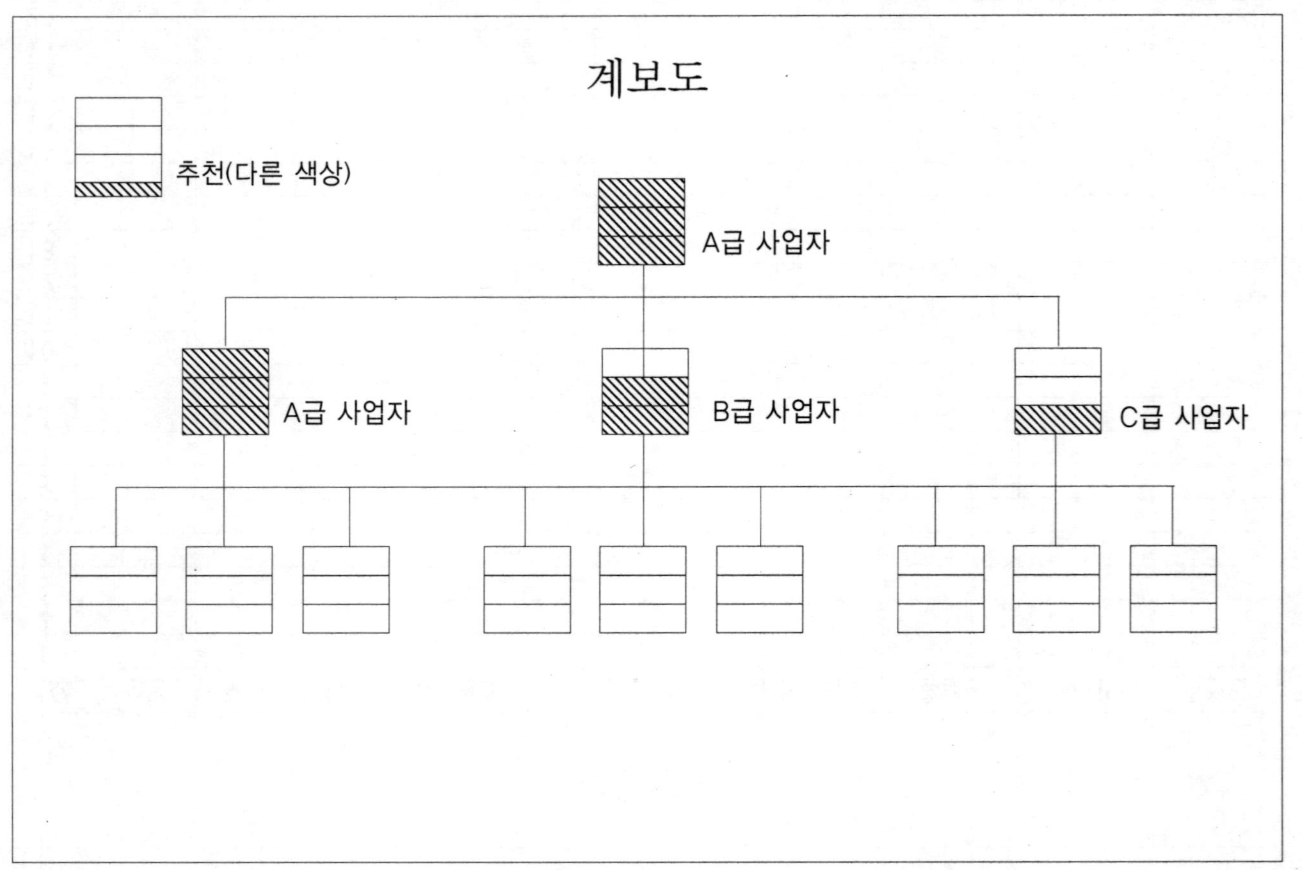

계보도

비즈니스 체크 및 카운셀링

성명 :　　　　　상담 :　　　　　년　월　일

분류 성명	자세			행동									
	긍정성	자세 (열정)	꿈	STP	명단 작성	테잎	책	미팅 참여	전진 대회	전가족 회원	고객 관리	목표 달성	그룹 관리
	A	A	A	A	A	A	A	A	A	A	A	A	A
	B	B	B	B	B	B	B	B	B	B	B	B	B
	C	C	C	C	C	C	C	C	C	C	C	C	C
	D	D	D	D	D	D	D	D	D	D	D	D	D
	A	A	A	A	A	A	A	A	A	A	A	A	A
	B	B	B	B	B	B	B	B	B	B	B	B	B
	C	C	C	C	C	C	C	C	C	C	C	C	C
	D	D	D	D	D	D	D	D	D	D	D	D	D
	A	A	A	A	A	A	A	A	A	A	A	A	A
	B	B	B	B	B	B	B	B	B	B	B	B	B
	C	C	C	C	C	C	C	C	C	C	C	C	C
	D	D	D	D	D	D	D	D	D	D	D	D	D
	A	A	A	A	A	A	A	A	A	A	A	A	A
	B	B	B	B	B	B	B	B	B	B	B	B	B
	C	C	C	C	C	C	C	C	C	C	C	C	C
	D	D	D	D	D	D	D	D	D	D	D	D	D
	A	A	A	A	A	A	A	A	A	A	A	A	A
	B	B	B	B	B	B	B	B	B	B	B	B	B
	C	C	C	C	C	C	C	C	C	C	C	C	C
	D	D	D	D	D	D	D	D	D	D	D	D	D
	A	A	A	A	A	A	A	A	A	A	A	A	A
	B	B	B	B	B	B	B	B	B	B	B	B	B
	C	C	C	C	C	C	C	C	C	C	C	C	C
	D	D	D	D	D	D	D	D	D	D	D	D	D
	A	A	A	A	A	A	A	A	A	A	A	A	A
	B	B	B	B	B	B	B	B	B	B	B	B	B
	C	C	C	C	C	C	C	C	C	C	C	C	C
	D	D	D	D	D	D	D	D	D	D	D	D	D

매출현황(1일~15일)

1. 신규사업자		2. 자연 재구매	
1.	PV	1.	PV
2.	PV	2.	PV
3.	PV	3.	PV
4.	PV	4.	PV
5.	PV	5.	PV
6.	PV	6.	PV
소계　명	PV		PV

매출현황(16일~말일)

1.	PV	1.	PV
2.	PV	2.	PV
3.	PV	3.	PV
4.	PV	4.	PV
5.	PV	5.	PV
6.	PV	6.	PV
소계　명	PV		PV
총계　명	PV		PV

MEMO

$$성공공식 = 능력 \times 열정^2 \times 시스템$$

KTF 선불요금 전화 요금 재충전 방법

요금재충전 : 1520　　시작　　1510 : 잔액조회

안녕하십니까? KTF 나라콤 리필 서비스입니다.

나라콤 회원번호를 누른 후 우물정자(#)를 눌러 주십시오.

회원번호 ××××××회원입니다. 맞으면 1번, 틀리면 2번을 눌러 주십시오.

016을 제외한 귀하의 리필하실 PCS번호 7자리 또는 8자리를
×××-××××누르신 후 우물정자(#)를 눌러 주십시오.

비밀번호 "0000"을 누르신 후 우물정자(#)를 눌러 주십시오.

신용카드번호를 누르신 후 우물정자(#)를 눌러 주십시오.

신용카드 유효기간 4자리를 년월순으로 눌러 주십시오.

리필하실 금액을 선택하여 주십시오.
3만원은 1번, 5만원은 2번, 10만원은 3번, 20만원은 4번입니다.

일시불을 원하실 경우는 0과 우물정자(#)를, 할부를 원하실 경우는
개월수와 우물정자(#)를 눌러 주십시오.

귀하의 리필 금액은 ××××원이며, ××개월 할부(일시불)입니다.

맞으면 1번 취소하시려면 2번을 눌러 주십시오.

등록이 완료되었습니다.

완료

※유의사항

1. 서비스완료 후 실제 요금이 입력되어 사용되기까지는 약 1분 정도의 시간이 소요됩니다.

2. 신용카드결재는 신용카드결재 대행사인 KCP 이름으로 카드금액이 청구됩니다.

3. 입력한 회원번호에 따라 매출이 됨으로 회원번호 입력시 유의하여 주시기 바랍니다.

   (회원번호 모를 경우 리필 불가)

핸드폰 문자메시지

역도하는 모습

1. 젖 먹던 힘까지 쏟아 내 드디어 어깨까지 들어 올렸습니다!

   (‘_’ ;)

   | ┬┬ |

   王

   | | 끄으으응~~~

   (배에 ‘왕’ 자)

2. 성공, 성공! 아주 멋지게 들어 올렸군요. 머리 높이 쳐들었습니다

   | |

   ㄴ(^ _ ^ ;)ㄴ

   王

   ㄴ ㄴ 짜자~~잔!

단말기 NAM SETTING 방법

●삼성전자

147*236508#9-2-NAM1설정-전화번호입력-확인-종료

●엘지전자

① LGP-5000F, 6100F, 6200F

MENU-0-000000-5-PHONEMODE7(저장)-Slotcycle index(저장)-번호입력(저장0-NAM1)-(저장)-종료

② LGP-1300F, 1500F, KL-1016F

MENU-9-00000-1-1-저장-저장-번호입력(저장)-번호확인(저장)-번호확인(저장)-이름입력(저장)-450(저장)-2180(저장)-75(저장)-저장-125(저장)-저장

③ LG-6400F, 6510F, 6700F, 6800F, 7400F, 6610

MENU-0-00000-4-확인-확인-번호입력-확인-확인-종료

●현대전자

① HGP-1100, 1200, 1500V

#14580379261-2.MSIN#-저장-전화번호입력-저장-종료

② HGP-2000, 2100, 2200

19982002-볼륨▼(NAM1선택)-전화번호입력-볼륨▼-확인-종료

③ HGP-6000

##2726-통화-1998-3-732738-2-전화번호입력-저장-종료

④ HGP-7000

###1999***2000-NAM1선택(⊠)-PHONE NUMBER(⊠)-저장-
전화번호입력-저장-종료
⑤ HGP-9800, 9900, R2010

##20022002-종료-1-100499-2-2-전화번호입력-저장-종료-종
료-종료
⑥ HGP-1010, 1020

1346*#7915948#0-서비스코드(000000)-전화번호입력-종료

●텔슨전자

① KTF-1016

메뉴-7-0-00000-1-1-번호입력-선택버튼 3회-종료
② KTF-2016, 3016

메뉴-7-0-000000-1-1-전화번호입력-선택-종료

●모토로라

① MP-8800, 9000

247*-269#789-(⊠)-**-(⊠)-##-(⊠)-전화번호입력-STO-종료
② ST-7761

1) FCN-00-**-83786633-STOUS53#번호입력-STO 01#

2) FCN-0000000000000-RCL-번호입력-STO(12번)-END
③ V-68

247* 269# 789-녹음-녹음-녹음-NAM1-전화번호-선택-종료

●한화

① G2-F21, F23

##011**002##-NAM1선택-R/S(NAM NAME)-R/S-번호
입력-R/S-END(2번)

② G2-F31-F33

#100**200##-#(12번)-NAM선택-저장-저장-번호입력-END(2번)

③ G2-F51, 61, F83F73

*43176-NAM1선택(저장)-저장-번호입력-저장-종료

● **닉소**

① NCP-6000

123*580#01#686-980701-전화번호-저장

② NCP-6001

123*580#01#686-157359-전화번호-저장

● 016-114 상담원을 연결하여 모델별 NAM SETTING 방법을 안내 받을 수 있다.

● 단말기 제조회사 A/S센터에서도 안내 받을 수 있다.

(DM발송, 예)
KTF+(주)나라콤+대우정보시스템

안 내 문

안녕하십니까?

KTF와 (주)나라콤, 대우정보시스템 3사가 전략적 제휴를 맺고 선진국형 요금제를 시작하였습니다.

이울러 선불요금제 사업자가 되어 주신 고객님의 사랑과 관심에 깊이 감사드립니다.

저희 선불요금제는 이미 선진국에서 10여년 전에 각종 공과금에서도 시행되고 있는 제도로, 장차 저희 나라에서도 다른 분야까지 확산될 선진국형 선불요금제입니다.

누구보다도 빨리 좋은 기회를 접하셨는데, 미래의 비전을 확인시켜 드리지 못한 점 송구스럽게 생각합니다.

지금도 절대 늦지 않았습니다. 엄청난 기회입니다.

정보를 주신 선배 사업자분께 다시 확인해 보시고 주위분들께 정보전달을 서둘러 주십시오.

동봉해 드린 안내서는 고객께서 전화요금을 충전하시는 방법과 그간의 팀구축 상황(계보도)입니다.

변화를 두려워 하기보다는, 기회로 만들어야 합니다.

21세기는 유래 없는 변화의 세기가 될 것입니다.

조금만 변화를 주시면 밝은 미래가 약속될 것을 확신합니다.

앞으로도 KTF와 (주)나라콤, 대우정보시스템에 대한 고객님의 변함 없는 사랑과 조언을 부탁드리며, 후배사업자 입장에서 먼저 생각하고 실천하는 선배사업자가 되겠습니다. 감사합니다.

2001. 7. 2 (주)나라콤 루비디렉터 김영기 드림

사업비전

1. 시대의 변화를 읽는 능력 : 안목(眼目)

※ 선불요금제는 시대의 변화가 낳은 제도다.
가. DM→EM
나. 후불→선불
　① 고지서 발행 비용 발생
　② 요금 연체
　③ 관리비 과다 발생
　④ 광고비/ 대리점 수수료 발생

2. 21세기 경제의 특징

　① 글로벌화
　② 디지털화
　③ 네트워크화
　　1) PC+통신기기
　　2) 사람+사람
　　※ 21세기는 네트워크 경제시대다.

3. 인터넷 혁명

직업군의 대변화. 전문성+고수익

4. 나라콤 사업 비전

가. KTF 선불요금 대리점 사업 : IT사업
나. 쇼핑몰(P2P) : BT사업
다. 휴대폰 대리점 사업 라이프 싸이클(Life Cycle)
라. 보상플랜

5. 결론

21세기 경제는 인터넷, 네트워크 경제시대로 생산자와 소비자의 직거래 방식의 N.W.M은 회사 안전하고 상품성과 사업성이 뛰어날 때 특히 국가 주요전략 사업(IT, BT, ET, NT, ST, CT)의 경우 1~2년의 생산적인 시간투자로 지속적이고 안정적인 추가 소득 창출이 가능한 나라콤 사업(IT+BT)이야말로 21세기 최대의 사업이다.

시대흐름의 변화

	농경사회	산업사회	정보화사회(지식사회)
1. 태동기간(한국)	3000년~5000년 (~60년대)	18세기 이후 (60~80년대)	30년 (90년대 이후)
2. 산업의 중심	농업 Green Collar	제조업 (Hard Ware) Blue Collar	서비스업→지식산업(정보통신) (Soft Ware) White Collar→Gold Collar
3. 가치의 중심 (지식형태)	토지 (전수)	기술·자본 (Know-how)	정보·지식 (Know-where)
4. 기업관점 생산양식 조직구조 패러다임 마케팅 개념 마케팅 전략		소품종 대량생산 피라미드형 경쟁, Win-Lose 판매/ 제품 지향적 Mass Marketing	다품종 소량생산 네트워크형 상생, Win-Win 조직 지향형 Direct Marketing/ Personal Marketing
5. 커뮤니케이션		고객에의 도달/ 노출 일방향(One-way)	고객과의 대화 쌍방향(Interactive)

제1의 물결 : 농경사회

인류가 수렵생활을 마감하고 정착생활을 통해 문명이 발달되면서 농경 사회가 약 3000~5000여년간 지속되었다. 이것이 제1의 물결이다. 이 사회에서는 노동이 생산의 주요 요소이며 '노동'을 많이 확보한 자가 힘있는 자였다. 노동력이 있고 땅이 많은 지주가 권력을 행사하던 시기였다.

제2의 물결 : 산업사회(손발경제)

1770년 전후 와트(James Watt. 1736~1819)가 재설계한 증기기관은 값싼 동력을 제공하게 되어 전 산업분야의 제조공정을 뒤바꾸어 놓았다. 그 결과 공정의 생산성이 대폭 향상되어 대량생산 소비시대의 서막을 알리게 되었다. 이 사회에서는 '기술'과 '자본'을 기초로 생산수단을 가진 기업가들이 권력을 행사하고 있으며 이 추세는 지금까지 계속 이어져 오고 있다.

제3의 물결 : 정보화사회(두뇌경제)
→ 제4의 물결(고도정보화사회)

컴퓨터의 발명과 정보통신 기술의 발달, 경영환경의 급변으로 현대사회는 과거 산업화시대의 유물인 피라미드형, 수직적 조직형태로부터 네트워크형, 수평적, 분권화된 조직형태로 옮겨가고 있다. 이 시대에는 정보, 지식을 많이 가지고 이를 잘 활용하는 자가 부와 권력을 누리게 되는 사회이다. 정보화사회에서는 정보나 지식이 하나의 자원이 아니라 필수적인 자원이 되었다는 것이다.

정보와 지식은 사회의 구조를 근본적으로 바꾼다. 지식은 새로운 사회적 힘을 창조한다. 지식은 새로운 경제적 힘을 창조한다. 지식은 새로운 정치체제를 창조하게 되며 전 세계의 생활양식을 뒤흔들고 있다.

인터넷 혁명과 도전
'메릴린치 보고서'

(1999. 6. 9. 한국경제신문)

"인터넷 혁명은 기업과 소비자의 경제활동 패턴을 뿌리채 흔들고 있다. 정부는 경제, 산업구조의 틀을 다시 짜야 한다. 기업도 비즈니스 틀을 새로 짜야 살아남을 수 있다. 이 혁명의 전환기에서 낙오된 정부나 기업에게 21세기는 없다."

미국 메릴린치가 최근 작성한 인터넷혁명 보고서에서 내린 결론이다.

"전자상거래 여기까지 왔다"(영명 eCommerce Virtually Here)는 제목의 이 보고서는 인터넷이 각 산업에 미치는 영향을 면밀히 분석하고 있다. 인터넷 혁명이 '완수'된 이후 각 산업과 기업의 모습을 그리면서 정부와 기업의 대응 방안을 제시하고 있다.

세계 4대 경제지로 우뚝선 한국경제신문사와 세계 최대 증권사인 메릴린치는 '인터넷 혁명과 도전'이란 주제로 장기 시리즈를 공동 기획했다. 이 보고서는 메릴린치가 세계 각 지역의 자사 연구원들을 동원, 조사 분석한 것으로 공동기획의 첫 연재물이다.

메릴린치 보고서는 21세기를 목전에 둔 지금을 '인터넷 혁명의 전환기'로 규정하고 있다. 이 혁명의 힘을 과소 평가하면 '구두발에 채여 쫓겨나는 꼴'이 될 것이라고 경고하고 있다. 산업혁신을 불어온 전기가 미국 가정의 25%에 공급되는 데 걸린 시간은 발명 후 46년이었다. 전화는 35년, TV는 26년 걸렸다. 그러나 인터넷은 단 7년만에 미국 가정 4분의 1을 파고들었다. 혁명의 위력을 말해 준다.

보고서는 인터넷 비즈니스 혁명의 키워드로 '가치를 만드는 재료의 변화'를 꼽았다. 기존기업의 경영혁신은 '투입(input)절감 – 산출(Output)

확대' 등 양적인 측면에서 이뤄졌다. 그러나 인터넷시대의 부가가치는 인터넷 그 자체에서 나온다. 인터넷에서 자금이 거래되고 상품이 유통된다. 여가활동도 인터넷으로 빨려들어가고 있다. 기업과 소비자는 상품진열대에서 만나지 않는다. 인터넷 공간에서 만난다. 국경은 의미가 없다.

현재 약 1억 5천만명에 달하는 인터넷 사용자가 기업 부의 터전이고 원천이다. 부의 터전은 폭발적으로 팽창되고 있다. 내년말 인터넷 상용자는 3억 2천만 명으로 늘어날 전망이다. 보고서는 "하루 빨리 비즈니스의 틀을 바꾸라"고 세계 기업에 충고한다. 현재의 시장지배력에 안주하면 곧 쇠락할 것으로 내다봤다. 도도히 흐르는 인터넷 혁명의 물결을 외면하는 기업은 불과 수년내 망할 것으로 확신했다.

산업이나 업종별로는 어떻게 비즈니스 틀을 바꿔야 하는가. 은행은 자금거래를 인터넷으로 옮겨야 한다. 음반업체는 음악을 인터넷에 실어 소비자에게 전달해야 한다. 기술력이 부족한 업체는 정보기술을 아웃소싱(외부조달)하는 것도 한 가지 방법이라고 했다.

21세기 투자자금은 인터넷 비즈니스에 성공한 업체에게만 몰릴 것으로 지적됐다. 보고서는 무엇보다 '이미 늦었다'는 패배주의를 경계했다. 인터넷이 위험보다는 기회를 더 많이 준다고 상조한 것이다. 기존 업체는 높은 브랜드 인지도와 비즈니스 노하우로 무장돼 있어 인터넷 공간 진출이 더 쉽다는 설명이다. 메릴린치가 왜 부랴부랴 사이버 트레이딩 등 인터넷 사업에 뛰어들고 있는지에 대해 이 보고서는 답을 제시해 주고 있다.

〈뉴욕=이학영 특파원 hyrhee@earthlink.net 한우덕 기자 woodyhan@〉

〈EAGLES-Group 추천도서 목록〉

제목	작가	출판사
나라콤 X파일	허종희	대인교육
나라콤 비즈니스ABC	이세형	미디어 e네트
정상에서 만납시다	지그지글러	지성, 안암, 학일
거부가 되는 13비결		
크게 생각하는 사람이 크게 성공한다	D.J. 슈바르츠	문조사
성공의 철학	나폴레옹 힐	백만출판사
신념의 마력	브리스틀	혜진, 지성출판사
아카바의 선물	오그만디노	학일, 지성출판사
바쁜 사람이 큰 일을 한다	알렌 라카인	신세대출판사
사람의 마음을 움직여라	데일 카네기	고려원
적극적 사고방식	노먼 V, 필	삼일, 미성사, 서림
나는 할 수 있다	벤 스위트랜드	원음사
성공을 위한 적극적인 마음가짐	나폴레옹 힐/ 클레멘트	용안미디어
동기부여와 스폰서링은 이렇게 하라	잭스탠리	용안미디어
큰 돈은 이렇게 벌어라	J. 폴게티	문학사상사
부자 아빠 가난한 아빠	로버트기요사키,샤론레흐트	황금가지
마음을 열어주는 101가지 이야기	잭켄필드	장한출판사
놓치고 싶지 않은 나의 꿈, 나의 인생	나폴레옹 힐	국일미디어
습관이 인생을 좌우한다	나폴레옹 힐	고려원
Copycat마케팅 101	버크헤지스	미디어-K
어떻게 고민을 극복하고 새 삶을 시작할 것인가	데일 카네기	팬더북
살아있습니다 15세	이노우에 미유키	청림출판
모든 것은 자세에 달려 있다	제프켈러	미디어-K
디지털 경제를 지배하는 10가지 법칙	케빈켈리	황금가지
풀어쓴 정보통신 기초지식	이해욱	전자신문사
최강의 팀웍과 최고의 리더쉽	이철근/ 박노환	생활지혜사

다단계 판매에 관한 해설자료

공정거래위원회 고시 제1999-24호

1999년 7월 19일 공정거래위원회

> 본 자료는 방문판매 등에 관한 법률시행 규칙 제21조 제2항의 규정에 의한 다단계 판매에 관한 해설자료로 공정거래위원회에서 정하는 내용을 인쇄한 것입니다.

다단계 판매란?

- 다단계 판매란 제조업자→도매업자→소매업자→소비자와 같은 일반적인 유통경로를 거치지 아니 하고, 다단계 판매업자(회사)가 판매하는 상품을 사용해 본 소비자가 다단계 판매조직의 판매원이 되어 상품을 구입, 다른 소비자에게 판매하는 과정이 순차적·단계적으로 이루어지는 판매형식으로 외국에서도 건전한 다단계 판매는 허용되고 있습니다.

- 다단계 판매는 소비자가 판매원이 되고, 판매원 가입이 순차적·단계적으로 확산되며, 직접적인 대인판매·연고판매에 의존하기 때문에 사행성과 소비자 피해를 야기하는 피라미드 판매가 되지 않도록 규제가 필요합니다.

- 과거 사회적 물의를 빚었던 피라미드 판매는 상품가격을 품질에 비해 고가로 책정하고, 가입비·교제비 등의 명목으로 판매원이 되고자 하는 자로부터 금품을 갈취하며, 판매원에게 상품구매를 강요하고 하위 판매원 모집의무를 부과하며, 판매원의 수입은 주로 하위 판매원을 모집하는 것 자체에서 발생토록 하여 사람장사의 성격이 짙고 환불 및 품질보증제도가 미비한 등의 폐단이 있었습니다.

● 다단계 판매가 사행성과 소비자 피해를 야기하는 피라미드 판매가 되
  지 않도록 규제하기 위하여, 정부는 "방문판매 등에 관한 법률"을 전
  면 개정, 1995년 7월 6일부터 시행하게 되며, 동법을 위반하는 경우에
  는 그에 상응한 형사처벌을 받게 됩니다.

다단계 판매원이 되라는 권유를 받았을 때

어떤 다단계 판매조직에 다단계 판매원으로 가입하라는 권유를 받았을
때에는 먼저 다음과 같은 사항을 확인하시기 바랍니다.

1. 판매원으로 가입하기 이전에 자신이 가입하려는 회사가 방문판매 등
   에 관한 법률에 의해 시·도지사에게 등록한 등록번호를 반드시 확인
   하시고, 의심스러운 점이 있으시면 일단 가입을 보류하시고 시·도(해
   당과) 소비자단체 등에 문의하시기 바랍니다.
2. 다단계 판매원이 되고자 할 때에는 우선 그 회사의 취급상품을 면밀
   히 검토하여, 판매원으로서 활동하기에 적합한지를 확인해 보시기 바
   랍니다. 다단계 판매는 원래 점포도 없고 광고도 하지 않으므로 절대
   적으로 취급상품의 품질 및 규격이 유사제품에 비하여 충분한 경쟁력
   을 갖도록 해야 합니다. 상품의 품질이 좋지 않거나 품질에 비하여 가
   격이 비싸다면 상품의 재구매가 일어나지 않을 것이고, 상품의 재구매
   가 일어나지 않으면 결국 다단계 판매조직은 붕괴되고 말 것입니다. 또
   한 다단계 판매조직의 붕괴를 막기 위해서는 반복구매가 지속적으로
   이루어질 수 있는 단순소비재를 기본 상품으로 하여야 합니다. 한 번
   구입하면 몇 년씩 사용하게 되는 고가 내구재를 기본 상품으로 한다면
   다단계 판매조직은 지속되기 어려운 것입니다.
3. 다단계 판매원으로 가입하려 할 때에는 자신이 가입하게 될 단계를 확
   인하여 충분한 기회가 남아 있는지 알아보시기 바랍니다. 만약 가입하
   게 될 단계가 지나치게 하위로 내려가 있다면 그 회사는 이미 많은 기

존 판매원을 보유하고 있는 것이며, 당신이 하위 판매원을 모집하여 조직관리 및 교육훈련을 함으로써 후원수당을 받게 될 가능성이 그만큼 적은 것입니다.

4. 다단계 판매원으로 가입하려는 다단계 판매조직이 불법적 다단계 판매조직의 가능성이 있는지 확인하시기 바랍니다. 불법적 다단계 판매조직의 판매원으로 활동하다 보면 자신도 범법행위를 저지르기 쉽고 범법행위를 하면 그에 상응한 형사처벌을 받게 되기 때문입니다.

5. 다단계 판매원으로 등록을 했더라도 다단계 판매업자가 다단계 판매원 등록증과 다단계 판매 수첩을 교부하지 않거나 부실한 내용의 것을 교부하는 경우에는 바로 탈퇴하시는 것이 좋습니다.
   다단계 판매원 수첩에는 후원수당의 산정 및 지급기준, 하위 판매원의 모집 및 후원에 관한 사항, 상품 또는 용역의 반환 및 다단계 판매원의 탈퇴에 관한 사항 등 방문판매 등에 관한 법률이 지정하는 필수 기재 사항들이 명기되어 있어야 하며, 만약 이러한 내용들이 없거나 부실하게 기재되어 있으면 그 다단계 판매업자는 범법행위를 하고 있는 것이기 때문입니다.

6. 다단계 판매원은 서면으로 탈퇴의사를 표시한 후 언제든지 다단계 판매조직에서 탈퇴할 수 있으며, 이 경우 다단계 판매업자는 탈퇴에 어떠한 조건도 부과할 수 없습니다. 또한 다단계 판매원은 탈퇴할 때 그 때까지 판매하지 못한 상품을 다단계 판매업자에 반환하고 상품대금을 환불받을 수 있습니다.

7. 다단계 판매업자가 방문판매 등에 관한 법률을 위반하여 다단계 판매업 등록이 취소된 경우에도 다단계 판매원은 다단계 판매업자가 미리 공탁한 공탁금에서 상품대금을 환불받을 수 있습니다.

다단계 판매원으로부터 상품을 사려 할 때

1. 다단계 판매원으로부터 상품을 사려 할 때에는 먼저 그 다단계 판매

원이 속한 다단계 판매업자가 방문판매 등에 관한 법률에 의해 시·도 지사에게 등록한 등록번호를 반드시 확인하시고, 등록번호가 없거나 가격에 비해 품질이 조잡한 의심스러운 점이 있으면 구매를 보류하시기 바랍니다.

2. 다단계 판매원으로부터 상품을 구매하거나 용역을 제공받은 소비자는 다음의 기간 내에는 언제든지 청약을 철회하실 수 있습니다.

① 계약을 체결한 날로부터 20일 이내

② 계약을 체결한 때보다 상품의 인도 또는 용역의 제공이 늦게 이루어진 때에는 상품을 인도받거나 용역을 제공받은 날로부터 20일 이내

③ 계약체결시 계약내용에 관한 서면을 교부 받지 않았거나 주소 등이 기재되지 않은 서면을 교부받은 경우, 또는 다단계 판매자의 주소가 변경되는 등의 이유로 청약을 철회할 수 없었던 경우에는 그 주소를 안 날 또는 알 수 있었던 날로부터 20일 이내

3. 소비자가 청약의 철회의사를 표시한 서면을 발송하였을 경우에는 서면을 발송한 날 그 효력이 발생한 것으로 간주됩니다.

4. 다단계 판매원으로부터 상품을 구매하거나 용역을 제공받은 소비자는 다단계 판매원은 물론 다단계 판매업자(회사)에게 직접 청약을 철회할 수 있습니다. 환불을 쉽게 받으시려면 다단계 판매원보다는 회사에 대하여 청약을 철회하시는 것이 좋습니다.

5. 다단계 판매업자 또는 다단계 판매원에게 청약을 철회하고 상품을 반환하면 회사의 다음 영업일 이내에 상품대금을 환불받을 수 있습니다. 만일 회사가 폐업한 경우에는 회사가 미리 공탁한 공탁금에서 환불받을 수 있습니다.

다음에 해당하는 기업은
불법적 다단계 판매조직에 해당됩니다

만약 자신이 알고 있는 어떤 다단계 판매조직이 다음에 해당된다면 즉

시 시·도 공정거래위원회, 경찰관서, 소비자단체 등에 신고하여 주시기
바랍니다.

1. 다단계 판매업 등록증 및 등록번호가 없거나 불명확하다.
2. 후원수당을 산정할 수 있는 전산기기가 없다.
3. 후원수당 산정·지금기준 등에 관한 자료를 공개하지 않는다.
4. 다단계 판매원 등록증, 다단계 판매원 수첩 등을 교부하지 않거나 부
   실한 것을 교부한다.
5. 판매가격이 100만 원이 넘는 고가상품을 판매한다.
6. 제품의 반품 및 환불규정이 명확하지 않거나 사실상 지켜지지 않는다.
7. 후원수당 비율이 지나치게 높다. 판매원 공급가격의 35%를 초과한다.
8. 폭력, 강압, 기타 반강제적, 위협적인 수단으로 가입을 유도한다.
9. 가입비, 시용상품(試用商品)이라는 명목 또는 판매원 가입 조건으로 돈
   을 받거나 물건을 사게 한다.
10. 판매원 가입시 2만원 이상의 판매보조물품을 구매하도록 유도한다.
11. 월별로 또는 승진을 위해 개인이 직접 구매 또는 판매해야 하는 할
    당금액이 있다.
12. 사람을 가입시키는 행위만으로도 수입이 발생된다.
13. 사업장의 주소, 전화번호 등을 고의로 자주 변경한다.
14. 상품이 개재되어 있지 않은 금전배당 조직으로 다단계 판매와 유사
    하게 순차적·단계적으로 가입을 유도한다.

하위 디스트리뷰터의 모집 및 후원

모든 디스트리뷰터는 하위 디스트리뷰터의 모집 및 후원에 대해 어떠
한 강제적 의무도 지지 않습니다.

1. 모든 디스트리뷰터는 그 자격의 유지를 위하여 하위 디스트리뷰터를

모집할 의무를 지지 않습니다.
2. 모든 디스트리뷰터는 하위 디스트리뷰터 모집을 조건으로 상품을 구
   매할 권리에 제한을 받지 않습니다.
3. 모든 디스트리뷰터는 정당하게 받아야 할 각종 수당지급을 빌미로 해
   서 하위 디스트리뷰터를 모집할 의무를 지지 않습니다.

디스트리뷰터의 탈퇴

모든 디스트리뷰터는 자유로운 탈퇴의 권한을 지니고 있으며, 회사 또
는 후원자는 디스트리뷰터의 탈퇴에 대해 어떠한 조건의 부과나 불이익
을 부과할 수 없습니다.

1. 디스트리뷰터의 탈퇴의사 표명
   모든 디스트리뷰터는 회사에 비치된 디스트리뷰터 탈퇴서를 제출하거
   나 기타 서면으로 탈퇴의사를 회사에 통보한 후 언제든지 탈퇴하실 수
   있습니다.
2. 디스트리뷰터 탈퇴에 대한 조건의 부과 금지
   회사 혹은 후원자는 디스트리뷰터의 탈퇴의사에 대해 저지하거나, 어
   떠한 조건을 부과하거나, 법정 재고반품 규정 이외에 탈퇴에 따르는 어
   떠한 불이익도 부과할 수 없습니다.

상품 또는 용역의 반환

회사로부터 디스트리뷰터가 제공받은 모든 상품 또는 용역은 소정의 반
품절차에 의해 반품하실 수 있습니다.

1. 불량상품의 반품 및 교환

회사로부터 디스트리뷰터가 구입한 상품의 상태가 손상되어 있거나 완전치 못한 불량상품일 경우, 회사에서 반품 또는 교환하실 수 있습니다. 이 경우, 반품 또는 교환으로 인해 어떠한 불이익도 감수하지 않습니다.

2. 디스트리뷰터의 재고반품

디스트리뷰터가 반품시 상품의 하자가 없는 경우, 또는 디스트리뷰터 탈퇴자가 하는 반품은 디스트리뷰터의 재고반품으로 분류되며, 이 경우에는 방문판매 등에 관한 법률 제32조 제1항 제5호 및 동법 시행령 제23조에서 정하는 아래의 별표규정에 의해 법정비용 공제 후 반품해 드립니다. 단 이 경우 회사는 이미 지급된 후원수당을 추가 공제할 수 있으며, 유효기간이 지났거나 파손된 상품 등은 이에 해당되지 않습니다.

[별표 규정]

비용공제 수준(법 제23조 관련)

상품 또는 용역의 반환 기준	비용공제율
다단계 판매원이 판매하지 못한 상품 또는 제공하지 못한 용역을 반환하는 시점이 상품을 공급받거나 용역을 제공받은 날로부터	상품 또는 대가의
3개월 이내인 경우	0%
3개월 초과 6개월 이내인 경우	10%
6개월 초과 1년 이내인 경우	30%
1년을 초과하는 경우	50%

다만, 법 제46조 제1항의 규정에 의하여 다단계 판매업자의 등록이 취소된 경우 다단계 판매원이 판매하지 못한 상품, 또는 제공하지 못한 용역을 반환하는 경우에는 위의 공제비율의 2분의 1에 해당하는 비율을 적용한다.

반드시 지켜야 할 사항

모든 디스트리뷰터는 다음의 금지사항을 행할시 법에 따라 처벌을 받게 됩니다.

1. 다단계 판매원이 되려는 자 또는 다단계 판매원에게 가입비, 시용상품, 보증금, 판매보조물품, 개인할당 판매액, 교육비 등 그 명칭 및 형태여하를 불문하고 부담을 지게 하는 행위.
2. 다단계 판매원에게 일정 수의 하위 판매원을 모집 또는 후원하도록 의무를 지게 하는 행위.
3. 판매하지 못한 상품 또는 제공하지 못한 용역을 반환함에 있어 기한을 두거나 일정 수준 이상의 비용을 공제하는 행위.
4. 다단계 판매원 수첩에 기재된 내용과 달리 허위정보를 제공하는 행위.
5. 상품 또는 용역을 강매하거나 상위 판매원이 하위 판매원에게 상품을 판매하거나 용역을 제공하는 행위.
6. 상품의 판매 또는 용역을 알선하는 행위.
7. 하위 판매원의 모집 자체에 대해 경제적 이익을 지급하거나 후원수당 이외의 경제적 이익을 지급하는 행위.
8. 다단계 판매원을 다단계 판매업자에게 고용된 직원으로 오인할 수 있는 직책명칭을 사용하는 행위.
9. 상품 또는 용역의 거래 없이 금전거래만 하거나 상품 또는 용역의 거래를 가장하여 사실상 금전거래를 하는 행위.
10. 다단계 판매원 또는 가입자에게 상품의 판매 또는 용역의 제공을 위탁하거나 알선하게 하는 행위.
11. 판매원 자격을 양도·양수하는 행위.

부칙

이 고시는 고시한 날부터 시행한다.

다단계 판매·방문·통신판매 관련 피해상담처

한국소비자보호원			(02) 3460-3000
산업자원부(유통산업과)			(02) 503-9456~7
한국방문판매업협회			(02) 733-8647
시·도	서울특별시	소비자보호과	(02) 3707-9337
	부산광역시	지역경제과	(051) 888-3041
	대구광역시	경제분석과	(053) 29-3227
	인천광역시	경제정책과	(032) 440-2924
	광주광역시	경제정책과	(062) 224-9898
	대전광역시	경제정책과	(042) 250-3212
	울산광역시	지역경제과	(052) 228-2068
	경기도	경제총괄과	(031) 251-9887~8
	강원도	경제정책과	(033) 253-9898
	충청북도	경제과	(043) 220-3221
	충청남도	경제과	(042) 220-3212
	전라북도	경제행정과	(063) 280-3213
	전라남도	지역경제과	(062) 234-9898
	경상북도	지역경제과	(053) 950-3213
	경상남도	지역경제과	(055) 211-3121
	제주도	지역경제과	(064) 740-1172

※기타 각 지역 소비자단체에서도 민원을 상담하고 있습니다.

방문판매 등에 관한 법률

제1장 총칙　　　　1조~3조
제2장 방문판매　　4조~16조
제3장 통신판매　　17조~27조
제4장 다단계판매　28조~48조
제5장 보칙　　　　49조~57조
제6장 벌칙　　　　58조~64조
부칙

1995年 12月 29日
全改法律制 5086號
改正
1997. 8. 28　法5374號 與信專門金融業法
1997. 12. 13　法5374 與信專門金融業法
1997. 2. 5　法5771號
1999. 5. 24　法5882號

제1장. 총칙

제1조(목적) 이 법은 방문판매·통신판매·다단계 판매에 의한 상품의 판매 및 용역의 제공에 관한 거래를 공정하게 하여 소비자의 이익을 보호하고 상품의 유통 및 용역의 제공을 원활히 함으로써 국민경제의 건전한 발전에 이바지함을 목적으로 한다.

제2조(정의) 이 법에서 사용하는 용어의 정의는 다음과 같다.

　1. "방문판매"라 함은 상품의 판매업자(아하 "판매업자"라 한다) 또는 용역(일정한 시설을 이용하거나 용역의 제공을 받을 수 있는 권리를 포함한다. 이하 같다)을 유상으로 제공하는 것을 업으로 하는 자(이하 "사업장"이라 한다) 외의 장소에서 소비자에게 권유하여 계약의 청약을 받거나 계약을 체결(사업장 외의 장소에서 권유 등 총리령이 정하는 방법에 의하여 소비자를 유인하여 사업장에서 계약의 청약을 받거나 계약을 체결하는 경우를 포함한다)하여 상품을 판매하거나 용역을 제공하는 것을 말한다.

2. “방문판매업자”라 함은 방문판매를 업으로 하기 위하여 방문판매
조직을 개설·관리·운영하는 자를 말한다.

3. “방문판매 조직”이라 함은 방문판매업자와 방문판매원으로 구성
된 판매조직을 말한다.

4. “방문판매원”이라 함은 방문판매업자를 대신하여 방문판매 업무
를 수행하는 자를 말한다.

5. “방문판매자”라 함은 방문판매업자와 방문판매원을 말한다.

6. “통신판매”라 함은 판매업자 또는 용역업자가 광고물·우편·전
기통신·신문·잡지·방송 등의 매체를 이용하여 상품 또는 용역
에 관하여 광고를 하고 우편·전기통신, 기타 총리령이 정하는 방
법에 의하여 소비자의 청약을 받아 상품을 판매하거나 용역을 제공
하는 것을 말한다.

7. “통신판매업자”라 함은 통신판매를 업으로 하는 자 또는 통신판
매를 업으로 하는 자와의 약정에 따라 통신판매 업무를 수행하는 자
를 말한다.

8. “다단계 판매”라 함은 판매업자 또는 용역업자가 특정인에게 다
음 각목의 활동을 하면 일정한 이익을 얻을 수 있다고 권유하여 판
매원의 가입이 순차적·단계적(가입한 판매원의 단계가 2단계 이
상인 경우를 말한다)으로 이루어진 다단계 판매조직을 통하여 행하
여지는 상품의 판매 또는 용역의 제공을 말한다.

　가. 당해 판매업자 또는 용역업자가 공급하는 상품을 제공하거나 용
역을 제공받아 이를 소비자들에게 판매 또는 제공할 것

　나. 가목의 규정에 의한 소비자들의 전부 또는 일부를 당해 특정인
의 하위 판매원으로 가입하도록 하여 그 하위 판매원이 당해 특
정인과 같은 활동을 하도록 할 것

9. “일정한 이익”이라 함은 다단계 판매에 있어서 다단계 판매원이
소비자에게 상품을 판매하거나 용역을 제공하여 얻은 소매이익과 다
단계 판매업자가 그 다단계 판매원에게 지급하는 후원수당을 말한다.

10. “후원수당”이라 함은 다단계 판매에 있어서 어떤 다단계 판매원

에게 속하는 하위 판매원들에 대한 상품의 판매 또는 용역의 제공
과 관련된 조직관리 및 교육훈련을 위하여 그 다단계 판매원에게 지
급되는 경제적 이익을 말한다.

11. "다단계 판매업자"라 함은 다단계 판매를 업으로 하기 위하여 다
단계 판매조직을 개설·관리·운영하는 자를 말한다.

12. "다단계 판매조직"이라 함은 다단계 판매업자와 순차적·단계적
으로 가입한 다단계 판매원으로 구성된 판매조직을 말한다.

13. "다단계 판매원"이라 함은 다단계 판매조직에 판매원으로 가입
한 자를 말한다.

14. "다단계 판매자"라 함은 다단계 판매업자와 다단계 판매원을 말
한다.

제3조(적용 제외)

1. 이 법은 상품 또는 용역의 성질상 이 법을 적용하는 것이 적당하지
아니한 상품 또는 용역으로서 대통령령이 정하는 것에 대하여는 이
를 적용하지 아니한다.

2. 상품을 구매하는 자 또는 용역을 제공받는 자가 상행위를 목적으
로 방문판매자 또는 통신판매업자와 상품의 매매 또는 용역의 제공
에 관한 계약을 체결하는 경우에는 제2장 또는 제3장의 규정을 적
용하지 아니한다.

제2장. 방문판매

제4조(방문판매업자의 신고)

1. 방문판매업을 하고자 하는 자는 특별시장·광역시장 또는 도지사
(이하 "시·도지사"라 한다)에게 신고하여야 한다. 다만 대통령령
이 정하는 소규모 방문판매업자의 경우에는 그러하지 아니한다.

2. 제1항의 규정에 의한 신고를 하고자 하는 자는 상호·주소·전화

번호(법인인 경우에는 대표자의 성명·주민등록번호·주소를 포함
   한다) 등을 기재한 신고서를 시·도지사에게 제출한다.
 3. 방문판매업자는 제2항의 규정에 의하여 신고한 사항 중 총리령이
   정하는 사항을 변경한 때에는 총리령이 정하는 바에 따라 시·도지
   사에게 신고하여야 한다.

제5조(방문판매법) 방문판매원 조직에 있어서의 방문판매원은 자신의 상
   위에 다른 방문판매원이 없거나 자신의 상위에 자신을 모집한 방문판
   매원 1인만 있고 그 상위에는 다른 방문판매원이 없어야 한다.

제6조(사업장의 관리·운영의 위탁)
 1. 방문판매업자는 그가 개설한 사업장(주된 사업장을 제외한다)으로
   서 총리령이 정하는 기준에 해당하는 사업장의 관리·운영을 1년
   이상의 기간을 위탁기간으로 하여 그가 고용한 종업원이 아닌 자에
   게 위탁할 수 있다.
 2. 제1항의 규정에 의하여 사업장의 관리·운영을 위탁받을 수 있는
   인원은 총리령이 정하는 범위 내이어야 한다.

제7조(방문판매에 있어서의 성명 등의 명시) 방문판매자가 상품을 판매
   하거나 용역을 제공하는 경우에는 소비자에게 자신의 성명 또는 명칭
   과 판매하는 상품의 종류 또는 제공하는 용역의 내용을 미리 밝혀야
   한다.

제8조(계약체결 전의 고지의무) 방문판매자가 상품의 판매 또는 용역의
   제공에 관한 계약을 체결함에 있어서는 소비자가 계약의 내용을 알 수
   있도록 총리령이 정하는 바에 따라 다음 각호의 사항을 소비자에게 서
   면으로 고지하여야 한다.
 1. 방문판매업자의 성명(법인인 경우에는 대표자의 성명을 말한다)·
   상호·주소·전화번호

2. 방문판매원의 성명·주민등록번호·주소·전화번호(방문판매업자
   가 소비자와 직접 계약을 체결하는 경우는 제외한다)
3. 상품의 종류 또는 용역의 내용
4. 상품의 판매가격 또는 용역의 대가
5. 상품대금 또는 용역대가의 지급시기 및 방법
6. 상품의 인도시기 또는 용역의 제공시기
7. 제10조의 규정에 의한 청약의 철회와 그 행사방법 및 효과에 관한
   사항
8. 기타 방문판매 조건에 관하여 대통령이 정하는 사항

제9조(계약서의 작성·교부 등) 방문판매업자가 상품의 판매 또는 용역
의 제공에 관한 계약을 체결하는 경우에는 제8조 각호의 사항을 기재한
계약서 2통을 작성해 1통은 지체없이 소비자에게 교부하고 나머지 1통
은 방문판매업자가 계약체결일로부터 6개월 이상 보관하여야 한다.

제10조(청약의 철회)
1. 방문판매자와 상품의 구매 또는 용역의 제공에 관한 계약을 체결
   한 소비자는 다음 각호의 기간 내에 서면으로 당해 계약에 관한 청
   약을 철회할 수 있다.
   ① 계약을 체결한 날부터 10일 이내
   ② 계약을 체결한 때보다 상품의 인도 또는 용역의 제공이 늦게 이
      루어진 경우에는 상품을 인도받거나 용역을 제공받은 날부터 10
      일 이내
   ③ 제8조의 규정에 의한 서면을 교부받지 아니 하였거나 주소 등이
      기재되지 아니한 제8조의 규정에 의한 서면을 교부받은 경우 또
      는 방문판매자의 주소변경 등의 사유로 제1호 또는 제2호의 기
      간 내에 청약의 철회를 할 수 없는 경우에는 그 주소를 안 날 또
      는 알 수 있었던 날부터 10일 이내
2. 소비자는 다음 각호의 1에 해당하는 경우에는 제1항의 규정에 의

한 청약의 철회를 할 수 없다.
① 소비자에게 책임 있는 사유로 상품이 멸실 또는 훼손된 경우
② 사용 또는 일부 소비에 의하여 가치가 현저히 감소될 우려가 있
는 상품으로서 대통령령이 정하는 상품을 사용 또는 소비한 경우
③ 기타 거래의 안전을 위하여 대통령령이 정하는 경우
3. 제1항의 규정에 의한 청약의 철회는 서면을 발송한 날에 그 효력
이 발생한다.
4. 제1항의 경우 계약이 체결된 사실 및 그 시기, 상품의 인도사실 및
그 시기에 관하여 다툼이 있는 경우에는 방문판매자가 이를 입증하
여야 한다.

제11조(철회권 행사의 효과)

1. 소비자는 제10조 제1항의 규정에 의하여 계약에 관한 청약을 철회
한 경우에는 이미 인도받은 상품 또는 제공받은 용역을 반환하여야
하며, 방문판매자는 이미 지급받은 상품의 대금 또는 용역의 대가
를 상품 또는 용역을 반환받은 날의 다음 영업일 이내에 환불하여
야 한다.
2. 제1항의 경우 소비자가 여신전문금융업법 제2법 제3호의 규정에
의한 신용카드로 상품의 대금 또는 용역의 대가를 지급한 때에는 방
문판매업자는 즉시 당해 신용카드업자에게 상품대금 또는 용역대
가의 청구를 정지 또는 취소할 것을 요청하여야 한다.
3. 제2항의 경우 방문판매업자가 신용카드업자로부터 당해 상품대금
또는 용역대가를 이미 지급받은 때에는 즉시 이를 신용카드업자에
게 반환하여야 한다.
4. 제1항의 경우 방문판매자는 이미 용역(일정한 시설을 이용하거나
용역의 제공을 받을 수 있는 권리를 제외한다)이 제공된 경우에는
이미 제공된 용역과 동일한 내용의 용역의 반환이나 그 용역의 대
가 또는 그 용역에 의하여 얻어진 이익에 상당하는 금액의 지급을
청구할 수 없다.

5. 제1항의 경우 인도받은 상품 또는 제공받은 용역의 반환에 필요한 비용은 방문판매자가 이를 부담하며 방문판매자는 소비자에게 위약금 또는 손해배상을 청구할 수 없다.

6. 제1항의 경우 소비자는 용역의 제공과 관련하여 자기의 토지 또는 건물 기타 공작물의 형태가 변경된 때에는 당해 방문판매자에게 무상으로 원상회복을 하여 줄 것을 청구할 수 있다.

제12조(손해배상 청구금액의 제한) 방문판매자가 상품의 판매 또는 용역의 제공에 관한 계약이 해제된 경우(제10조 제1항의 규정에 의하여 청약이 철회된 경우를 제외한다) 소비자에게 청구하는 손해배상액은 다음 각호의 1에서 정한 금액과 그 금액에 대통령령이 정한 율을 곱하여 산정한 지연손해금의 합계액을 초과하지 못한다.

1. 인도받은 상품 또는 제공받은 용역이 반환된 경우에는 그 상품의 통상 사용료액 또는 그 용역의 사용에 의하여 통상 얻어지는 이익에 상당하는 금액. 다만 그 상품의 판매가격 또는 용역의 대가에서 그 상품 또는 용역이 반환된 당시의 가액을 공제한 금액이 그 상품의 통상 사용료액 또는 용역의 사용에 의하여 통상 얻어지는 이익에 상당하는 금액을 초과하는 경우에는 그 상품의 판매가격 또는 용역의 대가에서 그 상품 또는 용역이 반환된 당시의 가액을 공제한 금액으로 한다.

2. 인도받은 상품 또는 제공받은 용역이 반환되지 아니한 경우에는 그 상품의 판매가격 또는 용역의 대가에 상당하는 금액. 다만 용역의 제공이 개시된 후 그 제공이 완료되기 전인 경우에는 이미 제공된 용역의 대가에 상당하는 금액으로 한다.

3. 상품이 인도되기 전이거나 용역이 제공되기 전인 경우에는 계약체결 및 그 이행을 위하여 통상 필요한 비용에 해당하는 금액.

제13조(방문판매업자의 휴·폐업의 신고 등) 제4조 제1항의 규정에 의하여 신고한 방문판매업자는 그 영업을 휴지 또는 폐지하고자 하거나

휴업 후 영업을 재개하는 경우에는 그 내용을 미리 시·도지사에게 신고하여야 한다.

제14조(금지행위) 방문판매자는 다음 각호의 행위를 하여서는 아니된다.
1. 상품의 판매 또는 용역의 제공에 관한 계약의 체결을 강요하거나 청약의 철회 또는 계약의 해제를 방해할 목적으로 소비자에게 위력을 가하는 행위.
2. 소비자에게 제8조 각호의 사항에 관하여 허위사실을 알리거나 소비자를 오인시켜 계약을 체결하게 하거나 청약의 철회 또는 계약의 해제를 방해하는 행위.
3. 방문판매원이 되고자 하는 자 또는 방문판매원에게 가입비·판매보조물품·개인할당 판매액·교육비 등 그 명칭 및 형태 여하를 불문하고 부담을 지게 하는 행위.
4. 방문판매원에게 일정수의 하위 판매원을 모집하도록 의무를 지게 하는 행위.
5. 청약의 철회를 방해할 목적으로 주소·전화번호 등을 변경하는 행위.

제15조(영업의 정지)
1. 시·도지사는 방문판매업자가 다음 각호의 1에 해당하는 경우에는 1년 이내의 기간을 정하여 그 영업의 전부 또는 일부의 정지를 명할 수 있다.
   ① 제4조 제3항의 규정에 의한 변경신고를 하지 아니하거나 허위로 신고한 경우.
   ② 제5조의 규정에 의한 방문판매원 외의 자를 방문판매원으로 활동하게 한 경우.
   ③ 제6조 제1항 또는 제2항의 규정에 위반하여 사업장의 관리·운영을 위탁한 경우.
   ④ 제7조의 규정에 위반하여 성명 등의 명시를 하지 아니한 경우, 또는 제8조의 규정에 위반하여 서면을 교부하지 아니하였거나

허위의 서면을 교부한 경우,

　⑤ 제11조 제1항의 규정에 위반하여 상품 또는 용역의 반환을 거절
　하거나 상품대금 또는 용역대가의 환불을 하지 아니한 경우.

　⑥ 제13조의 규정에 의한 영업의 휴지 또는 재개신고를 하지 아니
　하고 휴업을 하거나 영업을 재개한 경우.

　⑥ 제14조의 규정에 의한 금지행위를 한 경우

2. 제1항의 규정에 의한 영업정지의 처분에 관한 기준은 대통령령으
로 정한다.

제16조(휴업 등의 경우의 업무처리) 방문판매업자는 그 휴업기간 또는
영업정지 기간 중에도 제11조 제1항 내지 제3항의 규정에 의한 업무
를 계속하여야 한다.

제3장. 통신판매

제17조(통신판매업자의 신고)

1. 통신판매업을 하고자 하는 자는 시·도지사에게 신고하여야 한다.

2. 제1항의 규정에 의한 신고를 하고자 하는 자는 상호·주소·전화번
호(법인인 경우에는 대표자의 성명·주민등록번호·주소를 포함한
다) 등을 기재한 신고서를 시·도지사에게 제출하여야 한다.

3. 통신판매업자는 제2항의 규정에 의하여 신고한 사업 중 총리령이
정하는 사항을 변경한 때에는 총리령이 정하는 바에 따라 시·도지
사에게 신고하여야 한다.

제18조(통신판매에 관한 광고)

1. 통신판매업자가 상품의 판매 또는 용역의 제공에 관하여 광고를 할
때에는 총리령이 정하는 바에 따라 다음 각호의 사항을 표시해야
한다.

① 통신판매업자의 상호·주소·전화번호
② 상품의 종류 또는 용역의 내용
③ 상품의 판매가격 또는 용역의 대가
④ 상품대금 또는 용역대가의 지급시기 및 방법
⑤ 상품의 인도시기 또는 용역의 제공시기
⑥ 기타 통신판매 조건에 관하여 대통령령이 정하는 사항

2. 통신판매업자가 제1항의 규정에 의하여 광고를 할 때에는 허위사실을 표시하거나 실제의 것보다 현저히 우량하거나 유리한 것으로 오인시킬 수 있는 표시를 하여서는 아니된다.
3. 특정한 분야의 회원을 모집하여 그 회원들에 대하여 통신판매를 하는 경우 그 회원모집에 관한 광고는 통신판매에 관한 광고로 본다.

제19조(선불식 통신판매에 있어서의 상품인도 등)

1. 통신판매업자가 소비자의 청약을 받고 상품을 인도하거나 용역을 제공하기 전에 이미 상품대금 또는 용역대가의 전부 또는 일부를 받은 경우(아하 "선불식 통신판매"라 한다)에는 상품대금 또는 용역대가를 받은 날부터 3일 이내에 상품의 인도 또는 용역의 제공을 위하여 필요한 조치를 취하여야 한다. 다만, 통신판매업자와 소비자 간에 상품의 인도시기 또는 용역의 제공시기에 관하여 별도의 약정이 있는 경우에는 그러하지 아니한다.
2. 선불식 통신판매에 있어서 통신판매업자가 상품의 품질 등의 사유로 상품의 인도 또는 용역의 제공을 할 수 없을 때에는 상품대금 또는 용역의 제공을 받은 날부터 3일 이내에 상품대금 또는 용역대가의 환불을 위해 필요한 조치를 취하고 그 사유를 청약자에게 통지해야 한다.

제20조(상품인도서 등의 송부 등)

1. 통신판매업자가 소비자의 청약에 따라 상품을 인도하거나 용역을 제공하는 경우에는 상품인도서 또는 용역제공서를 상품 또는 용역

과 함께 송부하여야 한다.

2. 제1항의 규정에 의한 상품인도서 또는 용역제공서에는 다음 각호
   의 사항이 포함되어야 한다.
   ① 제21조의 규정에 의한 청약의 철회와 그 행사방법 및 효과에 관
      한 사항(제21조의 규정에 의하여 소비자가 청약의 철회권을 행
      사함에 필요한 서식을 포함한다)
   ② 상품의 품질보증 및 사후관리에 관한 사항
   ③ 분쟁이 발생할 경우 분쟁처리에 관한 사항
3. 선불식 통신판매 외의 통신판매에 있어서 소비자의 청약에 대하여
   통신판매업자가 상품의 인도 또는 용역의 제공을 하지 못할 경우에
   는 총리령이 정하는 바에 따라 그 사실과 사유를 청약자에게 통지
   해야 한다.

제21조(청약의 철회)

1. 통신판매업자로부터 상품을 인도받거나 용역을 제공받은 소비자
   는 다음 각호의 경우에는 상품을 인도받거나 용역을 제공받은 날부
   터 7일 이내(통신판매업자의 주소가 변경되는 등의 사유로 이 기간
   내에 청약의 철회를 할 수 없는 경우에는 그 주소를 안 날 또는 알
   수 있었던 날부터 7일 이내)에 당해 계약에 관한 청약을 철회할 수
   있다.
   ① 소비자에게 인도될 당시 당해 상품이 훼손된 경우
   ② 통신판매에 관한 광고의 내용과·다른 상품이 인도되거나 용역이
      제공된 경우
   ③ 상품의 인도 또는 용역의 제공이 통신판매에 관한 광고에 표시
      된 상품의 인도시기 또는 용역의 제공시기보다 늦어진 경우
   ④ 통신판매업자가 제18조 제1항의 규정에 의하여 광고에 표시하
      여야 할 사항을 표시하지 아니한 상태에서 소비자의 청약이 이
      루어진 경우
   ⑤ 기타 소비자 보호를 위하여 대통령령이 정하는 경우

2. 제1항 제1호의 규정에 불구하고 소비자의 책임 있는 사유로 상품이 훼손된 경우에는 소비자는 청약의 철회를 할 수 없다.

3. 제1항의 규정에 의한 청약의 철회는 제20조 제2항 제1호의 규정에 의한 서식을 발송한 날에 그 효력이 발생한다.

4. 제1항의 적용과 관련하여 상품이 훼손에 대하여 소비자의 책임이 있는지의 여부, 인도된 상품 또는 제공된 용역이 광고의 내용과 동일한 상품 또는 용역인지의 여부, 상품의 인도사실 및 그 시기 또는 용역의 제공사실 및 그 시기, 광고에 표시하여야 할 사항을 표시하였는지의 여부에 관하여 다툼이 있는 경우에는 통신판매업자가 이를 입증하여야 한다.

제22조(철회권 행사의 효과)

1. 소비자는 제21조 제1항의 규정에 의하여 청약을 철회한 경우에는 이미 인도받은 상품 또는 제공받은 용역을 반환하여야 하며, 통신판매업자는 이미 지급받은 상품의 대금 또는 용역의 대가를 상품 또는 용역을 반환받은 날의 다음 영업일 이내에 환불(환불하기 위한 송금을 포함한다)하여야 한다.

2. 제1항의 경우 소비자가 신용카드업법 제2조 제1호의 규정에 의한 신용카드로 상품의 대금 또는 용역의 대가를 지급한 때에는 통신판매업자는 즉시 당해 신용카드업자에게 상품대금 또는 용역대가의 청구를 정지 또는 취소할 것을 요청하여야 한다.

3. 제2항의 경우 통신판매업자가 신용카드업자로부터 당해 상품대금 또는 용역대가를 이미 지급받은 때에는 즉시 이를 신용카드업자에게 반환하여야 한다.

4. 제1항의 경우 통신판매업자는 이미 용역(일정한 시설을 이용하거나 용역의 제공을 받을 수 있는 권리를 제외한다)이 제공된 경우에는 이미 제공된 용역과 동일한 내용의 용역에 의하여 얻어진 이익에 상당하는 금액의 지급을 청구할 수 없다.

5. 제1항의 경우 인도받은 상품 또는 제공받은 용역의 반환에 필요한

비용은 통신판매업자가 이를 부담하며 통신판매업자는 소비자에게 위약금 또는 손해배상을 청구할 수 없다.

6. 제1항의 경우 소비자는 용역의 제공과 관련하여 자기의 토지 또는 건물 기타 공작물의 형태가 변경된 때에는 당해 통신판매업자에게 무상으로 원상회복을 하여 줄 것을 청구할 수 있다.

제23조(손해배상 청구금액의 제한) 통신판매업자가 상품의 판매 또는 용역의 제공에 관한 계약이 해제된 경우(제21조 제1항의 규정에 의하여 청약이 철회된 경우를 제외한다) 소비자에게 청구하는 손해배상액은 다음 각호의 1에서 정한 금액과 그 금액에 대통령령이 정한 율을 곱하여 산정한 자연손해금의 합계액을 초과하지 못한다.

1. 인도받은 상품 또는 제공받은 용역이 반환된 경우에는 그 상품의 통상 사용료액 또는 그 용역의 사용에 의하여 통상 얻어지는 이익에 상당하는 금액. 다만, 그 상품의 판매가격 또는 용역의 대가에서 그 상품 또는 용역이 반환된 당시의 가액을 공제한 금액이 그 상품의 통상 사용료액 또는 용역의 사용에 의하여 통상 얻어지는 이익에 상당하는 금액을 초과하는 경우에는 그 상품의 판매가격 또는 용역의 대가에서 그 상품 또는 용역이 반환된 당시의 가액을 공제한 금액으로 한다.

2. 인도받은 상품 또는 제공받은 용역이 반환되지 아니한 경우에는 그 상품의 판매가격 또는 용역의 대가에 상당하는 금액. 다만, 용역의 제공이 개시된 후 그 제공이 완료되기 전인 경우에는 이미 제공된 용역의 대가에 상당하는 금액으로 한다.

제24조(통신판매업자의 휴·폐업의 신고 등) 통신판매업자는 그 영업을 휴지 또는 폐지하고자 하거나 휴업 후 영업을 재개하는 경우에는 그 내용을 미리 시·도지사에게 신고하여야 한다.

제25조(금지행위) 통신판매업자는 다음 각호의 행위를 해서는 안 된다.

1. 소비자의 청약이 없는데도 일방적으로 상품을 인도하거나 용역을 제공하고 상품의 대금 또는 용역의 대가를 청구하는 행위
2. 소비자가 상품을 구매하거나 용역을 제공받을 의사가 없음을 밝혔음에도 불구하고 소비자의 정상적인 생활을 저해할 정도로 전화·팩시밀리·PC통신 등의 방법으로 상품을 구매하거나 용역을 제공받도록 강요하는 행위
3. 소비자에 관한 정보를 제3자에게 제공하는 행위(통신판매업자가 상품 또는 용역의 배달을 의뢰하는 자에게 배달에 필요한 정보를 제공하는 행위를 제외)
4. 청약의 철회를 방해할 목적으로 주소·전화번호 등을 변경하는 행위

제26조(영업의 정지)

1. 시·도지사는 통신판매업자가 다음 각호의 1에 해당하는 경우에는 1년 이내의 기간을 정하여 그 영업의 전부 또는 일부의 정지를 명할 수 있다.
   ① 제17조 제3항의 규정에 의한 변경신고를 하지 아니하거나 허위로 신고한 경우
   ② 제18조 제1항에 또는 제2항의 규정에 위반하여 광고를 한 경우
   ③ 제19조의 규정에 위반한 경우
   ④ 제20조 제1항 내지 제3항의 규정에 위반한 경우
   ⑤ 제22조 제1항의 규정에 위반하여 상품 또는 용역의 반환을 거절하거나 상품대금 또는 용역대가의 환불을 거절하거나 상품대금 또는 용역대가의 환불을 하지 아니하는 경우
   ⑥ 제24조의 규정에 의한 영업의 휴지 또는 재개 신고를 하지 아니하고 휴업을 하거나 영업을 재개한 경우
   ⑦ 제25조의 규정에 의한 금지행위를 한 경우
2. 제1항의 규정에 의한 영업정지의 처분에 관한 기준은 대통령령으로 정한다.

제27조(휴업 등의 경우의 업무처리) 통신판매업자는 그 휴업기간 또는 영업정지 기간 중에도 제22조 제1항 내지 제3항의 규정에 의한 업무를 계속하여야 한다.

제4장. 다단계 판매

제28조(다단계 판매업자의 등록)
  1. 다단계 판매업을 하고자 하는 자는 시·도지사에게 등록하여야 한다.
  2. 제1항의 규정에 의한 등록을 하고자 하는 자는 다음 각호의 요건을 갖추어야 한다.
    ① 상법상 주식회사일 것
    ② 자본금이 대통령령이 정하는 금액 이상일 것
    ③ 다단계 판매조직의 관리·운영에 필요한 시설 등 대통령령이 정하는 요건을 갖출 것
  3. 제1항의 규정에 의한 등록을 하고자 하는 자는 다음 각호의 서류를 갖추어 시·도지사에게 제출하여야 한다.
    ① 상호 및 주소, 대표자의 성명·주민등록번호 및 주소 등을 기재한 신청서
    ② 제2항의 각호의 요건을 갖추었음을 증명하는 서류
    ③ 후원수당의 산정 및 지급기준에 관한 서류
    ④ 기타 총리령이 정하는 서류
  4. 다단계 판매업자는 제1항 내지 제3항의 규정에 의하여 등록한 사항 중 총리령이 정하는 사항을 변경한 때에는 총리령이 정하는 바에 따라서 시·도지사에게 신고하여야 한다.

제29조(결격사유) 다음 각호의 1에 해당하는 자는 제28조의 규정에 의한 등록을 할 수 없다.
  1. 임원 중 다음 각목의 1에 해당하는 자가 있는 법인

① 금치산자·한정치산자 또는 미성년자
② 파선선고를 받고 복권되지 아니한 자
③ 이 법에 위반하여 징역형의 선고를 받고 그 집행이 종료되거나 집행을 받지 아니하기로 확정된 후 5년이 경과되지 아니한 자
④ 이 법에 위반하여 형의 집행유예의 선고를 받고 그 유예기간 중에 있는 자

2. 제46조의 규정에 의하여 등록이 취소된 후 5년이 경과되지 아니한 법인
3. 임원 중 제46조의 규정에 의하여 등록이 취소된 법인이 취소 당시의 임원이었던 자(그 취소된 날부터 5년이 경과되지 아니한 자에 한한다)가 있는 법인

제30조(다단계 판매원)

1. 다단계 판매조직에 다단계 판매원으로 가입하고자 하는 자는 그 조직을 관리·운영하는 다단계 판매업자에게 총리령이 정하는 바에 따라 등록하여야 한다.
2. 법인은 다단계 판매원으로 등록할 수 없으며, 다단계 판매업자에게 고용된 자는 당해 다단계 판매업자가 관리·운영하는 다단계 판매조직의 다단계 판매원이 될 수 없다.
3. 다단계 판매업자는 그가 관리·운영하는 다단계 판매조직에 가입한 다단계 판매원에게 총리령이 정하는 바에 따라 다단계 판매원 등록증을 교부하여야 한다.
4. 다단계 판매업자는 총리령이 정하는 바에 따라 다단계 판매원 등록부를 주된 사업장에 비치하여야 하며, 시·도지사의 열람요구가 있을 때에는 언제든지 이에 응하여야 한다.
5. 다단계 판매업자는 제1항의 규정에 의하여 등록한 다단계 판매원에게 다음 각호의 사항을 기재한 다단계 판매원 수첩을 교부하여야 한다.
① 후원수당의 산정 및 지급기준

② 하위판매원의 모집 및 후원에 관한 사항

③ 상품 또는 용역의 반환 및 다단계 판매원의 탈퇴에 관한 사항

④ 다단계 판매원이 지켜야 할 사항

⑤ 기타 총리령이 정하는 사항

6. 다음 각호에 해당하는 자는 다단계 판매원이 될 수 없다.

① 미성년자, 금치산자, 한정치산자

② 파산신고를 받고 복권되지 아니한 자

③ 국가공무원, 지방공무원, 기타 법률에 의하여 업무를 행함에 있어서 공무원으로 의제되는 자

④ 교육공무원법 또는 사립학교법이 정하는 교원

⑤ 금융기관의 임직원

⑥ 문화관광부에 등록된 종교단체에서 인정하는 성직자

제31조(다단계 판매상품 등에 관한 가격제한)

1. 다단계 판매자가 거래의 상대방(다단계 판매업자가 다단계 판매원 또는 소비자와 계약을 체결하고자 하는 때에는 다단계 판매원 또는 소비자를, 다단계 판매원이 소비자와 계약을 체결하고자 하는 때에는 소비자를 말한다. 이하 같다)에게 판매하는 개별상품 또는 제공하는 용역의 가격은 대통령령이 정하는 금액 이하여야 한다.

2. 상품 또는 용역의 성질상 다단계 판매로 판매 또는 제공하는 것이 적절하지 아니한 대통령령이 정하는 상품 또는 용역은 다단계 판매로 취급할 수 없다.

제32조(다단계 판매에 관한 광고) (삭제)

제33조(계약체결시의 계약내용에 관한 서면의 교부)

1. 다단계 판매자가 상품의 판매 또는 용역의 제공에 관한 계약을 체결함에 있어서는 거래의 상대방이 계약의 내용을 이해할 수 있도록 산업자원부령이 정하는 바에 따라 다음 각호의 사항을 기재한 서면

을 상대방에게 지체없이 교부하여야 한다.
① 다단계 판매업자의 상호·주소·전화번호·대표자의 성명
② 다단계 판매원의 성명·주민등록번호·주소·전화번호
③ 상품의 종류 또는 용역의 내용
④ 상품의 판매가격 또는 용역의 대가
⑤ 상품대금 또는 용역대가의 지급시기 및 방법
⑥ 상품의 인도시기 또는 용역의 제공시기
⑦ 상품의 품질보증 및 사후관리에 관한 사항
⑧ 제35조의 규정에 의한 청약의 철회와 그 행사방법 및 효과에 관한 사항
⑨ 기타 다단계 판매조건에 관하여 대통령령이 정하는 사항
2. (삭제)

제34조(계약서의 작성·교부 등) (삭제)

제35조(청약의 철회)

1. 다단계 판매자와 상품의 구매 또는 용역의 제공에 관한 계약을 체결한 소비자는 다음 각호의 기간 내에 당해 계약에 관한 청약을 철회할 수 있다.
① 계약을 체결한 날부터 20일 이내
② 계약을 체결한 때보다 상품의 인도 또는 용역의 제공이 늦게 이루어진 경우에는 상품을 인도받거나 용역을 제공받은 날부터 20일 이내
③ 제33조의 규정에 의한 서면을 교부받지 아니하였거나 주소 등이 기재되지 아니한 제33조의 규정에 의한 서면을 교부받은 경우, 또는 다단계 판매자의 주소가 변경되는 등의 사유로 제1호 또는 제2호의 기간내에 청약의 철회를 할 수 없는 경우에는 그 주소를 안 날 또는 알 수 있었던 날부터 20일 이내
2. 다단계 판매원과 상품의 구매 또는 용역의 제공에 관한 계약을 체

결한 소비자는 제1항의 규정에 의한 기간 내에 서면으로 다단계 판매업자에 대하여 직접 당해 계약에 관한 청약을 철회할 수 있다.

3. 다단계 판매업자와 상품의 구매 또는 용역의 제공에 관한 계약을 체결한 다단계 판매원은 그 자신이 판매하지 못한 상품 또는 제공하지 못한 용역을 다단계 판매업자에게 반환하기 위하여 계약체결일에 상관없이 서면으로 당해 계약에 관한 청약을 철회할 수 있다.

4. 제1항 내지 제3항의 규정에 의한 청약의 철회는 서면을 발송한 날에 그 효력이 발생한다.

5. 제1항 내지 제3항의 경우 계약이 체결된 사실 및 그 시기, 상품의 인도 사실 및 그 시기 또는 용역에 제공 사실 및 그 시기에 관하여 다툼이 있는 경우에는 다단계 판매자(다단계 판매업자가 다단계 판매원 또는 소비자와 계약을 체결한 때에는 다단계 판매업자를 다단계 판매원이 소비자와 계약을 체결한 때에는 다단계 판매원을 말한다. 이하 제36조에서 같다)가 이를 입증하여야 한다.

제36조(철회권 행사의 효과)

1. 다단계 판매원의 상대방이 제35조 제1항 내지 제3항의 규정에 의하여 계약에 관한 청약을 철회한 경우에는 상대방은 이미 인도받은 상품 또는 제공받은 용역을 반환하여야 하며, 다단계 판매자는 이미 지급받은 상품의 대금 또는 용역의 대가를 상품 또는 용역을 반환받은 날의 다음 영업일 이내에 환불하여야 한다. 다만 다단계 판매업자가 다단계 판매원에게 상품의 대금 또는 용역의 대가를 환불함에 있어서는 대통령령이 정하는 수준 이내의 비용을 공제할 수 있다.

2. 제1항의 경우 상대방이 여신전문금융업법 제2조 제3호의 규정에 의한 신용카드로 상품의 대금 또는 용역의 대가를 지급할 때에는 다단계 판매자는 즉시 당해 신용카드업자에게 상품대금 또는 용역대가의 청구를 정지 또는 취소할 것을 요청하여야 한다.

3. 제2항의 경우 다단계 판매업자가 신용카드업자로부터 당해 상품대금 또는 용역대가를 이미 지급받은 때에는 즉시 이를 신용카드업자

에게 반환하여야 한다.

4. 다단계 판매업자는 제35조 제2항의 규정에 의한 청약의 철회에 따라 상품의 대금 또는 용역의 대가를 환불할 경우 그 환불한 금액이 자신이 다단계 판매원에게 공급한 금액을 초과할 때에는 그 차액을 다단계 판매원에게 청구할 수 있다.

5. 제1항의 경우 다단계 판매자는 이미 용역(일정한 사실을 이용하거나 용역의 제공을 받을 수 있는 권리를 제외한다)이 제공된 경우에는 용역과 동일한 내용의 용역의 반환이나 그 용역의 대가 또는 그 용역에 의하여 얻어진 이익에 상당하는 금액의 지급을 청구할 수 없다.

6. 제1항의 경우 인도받은 상품 또는 제공받은 용역의 반환에 필요한 비용은 다단계 판매자가 이를 부담하며 다단계 판매자는 상대방에게 위약금 또는 손해배상을 청구할 수 있다.

7. 제1항의 경우 상대방은 용역의 제공과 관련하여 자기의 토지 또는 건물 기타 공작물의 형태가 변경된 때에는 당해 다단계 판매자에게 무상으로 원상회복을 하여 줄 것을 청구할 수 있다.

제37조(환불보증금의 공탁)

1. 다단계 판매업을 하고자 하는 자는 제28조 제1항의 규정에 의한 등록을 하기 전에 제28조 제2항 제2호의 규정에 의한 자본금의 100분의 10에 해당하는 금액을 환불보증금으로 공탁하여야 한다.

2. 다단계 판매업자는 그가 판매한 상품 또는 제공한 용역의 매월 매출액의 100분의 10에 해당하는 금액을 다음달 10일까지 환불보증금으로 공탁하여야 한다.

3. 시·도지사는 다단계 판매업자의 상품대금 또는 용역대가의 환불 상황, 신용상태 등을 참작하여 대통령령이 정하는 기준에 해당하는 때에는 제2항의 규정에 의하여 공탁하여야 할 금액을 매월 매출액의 100분의 2 내지 100분의 50에 해당하는 금액으로 조정할 수 있다.

4. 제1항 내지 제3항의 규정에 의한 공탁금은 금전 대신 유가증권으

로 납부할 수 있다. 이 경우 금전 대신 납부할 수 있는 유가증권의
종류 및 그 가액의 평가기준에 관한 사항은 대통령령이 정한다.

5. 제1항 내지 제4항의 규정에 의한 공탁은 다단계 판매업자의 주된
사업장의 소재지에서 하여야 한다.

6. 다단계 판매업자는 제1항 내지 제3항의 규정에 의한 공탁에 갈음
하여 공탁의무액에 대한 금융기관과의 채무지급보증계약(이하 "보
증계약"이라 한다)을 체결할 수 있는 금융기관의 범위는 대통령령
으로 정한다.

7. 다단계 판매업자는 제1항 내지 제4항의 규정에 의한 공탁을 하거
나 제6항의 규정에 의한 보증계약을 체결한 때에는 총리령이 정하
는 바에 따라 공탁 또는 보증계약 체결을 증명하는 사항을 공탁일
또는 보증계약일부터 5일 이내에 시·도지사에게 신고하여야 한다.

8. 다단계 판매업자는 그가 판매한 상품 또는 제공한 용역의 매월 매
출액 및 환불액에 관한 사항을 총리령이 정하는 바에 따라 다음달
10일까지 시·도지사에게 제출하여야 한다.

제38조(공탁금의 반환 등)

1. 다단계 판매업자는 다음 각호의 규정에 따라 제37조 제1항 내지 제
4항의 규정에 의하여 공탁한 금액 또는 유가증권(이하 "공탁물")
을 반환받을 수 있다.

① 제37조 제2항 또는 제3항의 규정에 의한 공탁을 한 때에는 동
조 제1항의 규정에 의하여 공탁한 공탁물

② 상품대금 또는 용역대가의 환불이 있는 경우에는 그 환불로 인
한 매출액 감소분에 대하여 제37조 제2항 또는 제3항의 규정에
의한 율을 적용하여 계산한 금액

③ 제37조 제2항 또는 제3항의 규정에 의한 공탁물을 공탁한 날부
터 1년 이내의 기간 내에서 대통령령이 정하는 기간이 경과된 경
우에는 당해 공탁물. 다만, 시·도지사는 상품대금 또는 용역대
가의 환불상황·신용상태 등을 참작하여 대통령령이 정하는 경

우에는 공탁물의 반환을 제한할 수 있다.

2. 제1항의 규정에 의하여 공탁물을 반환받고자 하는 자는 총리령이 정하는 사항을 기재한 신청서를 시·도지사에게 제출하여 승인을 얻어야 한다.

3. 제37조 제6항의 규정에 의하여 보증계약을 체결한 다단계 판매업 자는 공탁의무액의 감소로 인하여 보증계약을 변경할 때에는 그 변경한 날부터 5일 이내에 총리령이 정하는 사항을 기재한 서면에 의하여 시·도지사에게 이를 신고하여야 한다.

제39조(공탁물에 대한 권리실행)

1. 다단계 판매업자가 그 업무를 폐지하거나 등록이 취소된 경우에 제 35조 제1항 내지 제3항의 규정에 의하여 청약을 철회하는 소비자 또는 다단계 판매원은 다단계 판매업자가 공탁한 공탁물에서 다른 채권자에 우선하여 상품대금 또는 용역대가를 환불받을 권리가 있다.

2. 제1항의 규정에 의하여 환불을 받고자 하는 자는 다단계 판매업자의 주된 사업장을 관할하는 지방법원 또는 그 지원에 권리의 실행을 신청할 수 있다.

3. 제2항의 규정에 의한 신청에 대한 재판은 비송사건절차법에 의한다.

4. 다단계 판매업자가 공탁에 갈음하여 보증계약을 체결한 경우 제1항의 규정에 의하여 환불을 받고자 하는 자는 당해 보증계약의 조건에 따라 당해 지급보증을 한 금융기관을 상대로 하여 관리의 실행을 청구할 수 있다.

5. 소비자가 청약철회를 하였음에도 다단계 판매업자가 환불을 해주지 않는 경우 다단계 판매업자가 공탁한 공탁물에서 소비자가 직접 상품대금 또는 용역대가를 환불받을 권리가 있다.

6. 제5항의 규정에 의하여 환불받고자 하는 자는 총리령이 정하는 사항을 기재한 신청서를 시·도지사에게 제출하여 승인을 얻어야 한다.

제40조(손해배상 청구금액의 제한) 다단계 판매업자가 상품의 판매 또

는 용역의 제공에 관한 계약이 해제된 경우(제35조의 규정에 의하여 청약이 철회된 경우를 제외한다) 상대방에게 청구하는 손해배상액은 다음 각호의 1에 규정된 금액과 그 금액에 대통령령이 정한 율을 곱하여 산정한 지연손해금의 합계액을 초과하지 못한다.

1. 인도받은 상품 또는 제공받은 용역이 반환된 경우에는 그 상품의 통상사용료액 또는 그 용역의 사용에 의하여 통상 사용료액 또는 그 용역의 사용에 의하여 통상 얻어지는 이익에 상당하는 금액. 다만, 그 상품의 판매가격 또는 용역의 대가에서 그 상품 또는 용역이 반환된 당시의 가액을 공제한 금액이 그 상품의 통상 사용료액 또는 용역의 사용에 의하여 통상 얻어지는 이익에 상당하는 금액을 초과하는 경우에는 그 상품의 판매가격 또는 용역의 대가에서 그 상품 또는 용역이 반환된 당시의 가액을 공제한 금액으로 한다.
2. 인도받은 상품 또는 공제받은 용역이 반환되지 아니한 경우에는 그 상품의 판매가격 또는 용역의 대가에 상당하는 금액. 다만, 용역의 제공이 개시된 후 그 제공이 완료되기 전인 경우에는 이미 제공된 용역의 대가에 상당하는 금액으로 한다.
3. 상품이 인도되기 전이거나 용역이 제공되기 전인 경우에는 계약체결 및 그 이행을 위하여 통상 필요한 비용에 해당하는 금액

제41조(다단계 판매업자가 지급할 수 있는 후원수당의 범위)

1. 다단계 판매업자가 다단계 판매원에게 후원수당으로 지급할 수 있는 총액은 대통령령이 정하는 범위이내이어야 한다.
2. 다단계 판매업자는 제28조의 규정에 의하여 등록한 후원수당의 산정 및 지급기준과 다르게 후원수당을 산정하거나 지급하여서는 아니된다.
3. 다단계 판매원이 소비자에게 직접 상품을 판매하거나 용역을 제공하여 얻은 소매이익 외에 다단계 판매업자가 다단계 판매원에게 지급하는 경제적 이익은 명칭 여하에 불구하고 모두 이를 후원수당으로 본다.

제42조(다단계 판매업자의 휴·폐업의 신고 등)

1. 다단계 판매업자는 그 영업을 휴지 또는 폐지하거나 휴업 후 영업을 재개하는 경우에는 그 내용을 미리 시·도지사에게 신고하여야 한다.
2. 다단계 판매업자가 제1항의 규정에 의하여 그 영업의 폐지를 신고한 경우에는 제28조의 규정에 의한 등록은 그 효력을 잃는다.

제43조(다단계 판매조직 등의 양도·양수 금지)
다단계 판매조직 및 다단계 판매원의 지위는 이를 양도·양수할 수 없다. 다만 다단계 판매원의 지위의 상속은 그러하지 아니하다.

제44조(다단계 판매원의 탈퇴 등)

1. 다단계 판매원은 다단계 판매업자에게 서면에 의하여 탈퇴의사를 표시하고 탈퇴할 수 있다.
2. 다단계 판매업자는 다단계 판매원의 탈퇴에 대하여 어떠한 조건도 부과할 수 없다.

제45조(금지행위)

1. 다단계 판매자는 다음 각호의 행위를 하여서는 아니 된다.
   ① 상품의 판매 또는 용역의 제공에 관한 계약의 체결을 강요하거나 청약의 철회 또는 계약의 해제를 방해할 목적으로 상대방에게 위력을 가하는 행위
   ② 상대방에게 허위 또는 과장된 사실을 알리거나 상대방을 오인시켜 계약을 체결하게 하거나 청약의 철회 또는 계약의 해제를 방해하는 행위
   ③ 다단계 판매원이 되고자 하는 자 또는 다단계 판매원에게 가입비·사용상품·판매보조 물품·개인할당 판매액·교육비 등 그 명칭 및 형태 여하를 불문하고 부담을 지게 하는 행위
   ④ 다단계 판매원에게 일정 수의 하위 판매원을 모집 또는 후원하

도록 의무를 지게 하는 행위

⑤ 특정인을 그의 동의 없이 자신의 하위 판매원으로 등록하는 행위
⑥ 제30조 제5항의 규정에 의한 다단계 판매원 수첩에 동항의 규정에 의한 기재사항을 허위로 기재하는 행위
⑦ 다단계 판매원이 받게 될 일정한 이익에 관하여 허위의 정보를 제공하는 행위
⑧ 다단계 판매조직의 운영방식 또는 활동내용에 관한 허위 또는 과장된 사실을 유포하는 행위
⑨ 상품 또는 용역을 강매하거나 다단계 판매원이 그 하위 판매원에게 상품의 판매 또는 용역의 제공을 하는 행위
⑩ 상품의 판매 또는 용역의 제공을 알선하는 행위
⑪ 하위 판매원 모집 자체에 대하여 경제적 이익을 지급하거나 다단계 판매원에게 후원수당 외의 경제적 이익을 지급하는 행위
⑫ 상품 또는 용역의 가격·품질 등에 대하여 허위사실을 알리거나 실제의 것보다도 현저히 우량하거나 유리한 것으로 오인시킬 수 있는 행위
⑬ 다단계 판매원을 다단계 판매업자에게 고용된 직원으로 오인할 수 있는 직책명칭을 사용하는 행위
⑭ 청약의 철회를 방해할 목적으로 사업장의 주소, 전화번호 등을 변경하는 행위

2. 누구든지 다단계 판매조직 또는 이와 유사하게 순차적·단계적으로 가입한 가입자로 구성된 다단계 조직을 이용하여 다음 각호의 행위를 하여서는 아니된다.

① 상품 또는 용역의 거래 없이 금전거래만을 하거나 상품 또는 용역의 거래를 가정하여 사실상 금전거래만을 하는 행위
② 다단계 판매원 또는 다단계 조직의 가입자에게 상품의 판매 또는 용역의 제공을 위탁하거나 알선하게 하는 행위

3. 다단계 판매업자는 다단계 판매원이 제1항 각호 또는 제2항 각호의 금지행위를 하도록 교사하거나 방조하여서는 아니된다. 단 다단

계 판매업자의 교사 또는 방조행위가 있었는지에 대한 다툼이 있을 경우 다단계 판매업자가 이를 입증하여야 한다.

제46조(등록의 취소 등)

1. 시·도지사는 다단계 판매업자가 다음 각호의 1에 해당하는 경우에는 제28조의 규정에 의한 등록을 취소하거나 1년 이내의 기간을 정하여 그 영업의 전부 또는 일부의 정지를 명할 수 있다. 다만 제1호·제2호 또는 제4호에 해당하는 경우에는 등록을 취소하여야 한다.

   ① 사위 기타 부정한 방법으로 제28조 제1항의 규정에 의한 등록을 한 경우

   ② 제28조 제2항의 규정에 의한 요건에 미달하게 된 경우

   ③ 제28조 제4항의 규정에 의한 변경신고를 하지 아니하거나 허위로 신고한 경우

   ④ 제29조의 규정에 의한 결격사유에 해당하게 된 경우

   ⑤ 제30조 제1항의 규정에 의한 등록을 하지 아니한 자를 다단계 판매원으로 활동하게 하거나 다단계 판매업자에게 고용된 자를 당해 다단계 판매업자가 관리·운영하는 다단계 판매조직의 다단계 판매원으로 활동하게 한 경우

   ⑥ 제30조 제3항의 규정에 위반하여 다단계 판매원에게 다단계 판매원 등록증을 교부하지 아니한 경우

   ⑦ 제30조 제4항의 규정에 위반하여 다단계 판매원 등록부를 비치하지 아니하거나 열람요구에 응하지 아니한 경우 또는 다단계 판매원 등록부를 허위로 작성하여 비치한 경우

   ⑧ 제30조 제5항의 규정에 위반하여 다단계 판매원에게 다단계 판매원 수첩을 교부하지 아니한 경우

   ⑨ 제31조의 규정에 위반하여 상품을 판매하거나 용역을 제공한 경우

   ⑩ (삭제)

⑪ 제33조의 규정에 위반하여 계약내용에 관한 서면을 교부하지 아
  니하거나 허위의 서면을 교부한 경우
⑫ (삭제)
⑬ 제36조 제1항의 규정에 위반하여 상품 또는 용역의 반환을 거
  절하거나 상품대금 또는 용역대가의 환불을 하지 아니하는 경우
⑭ 제37조 제1항 내지 제3항의 규정에 위반하여 공탁을 하지 아니
  한 경우
⑮ 제37조 제7항의 규정에 의한 신고를 하지 아니하거나 허위로 신
  고한 경우
⑯ 제37조 제8항의 규정에 의한 자료를 제출하지 아니하거나 허
  위자료를 제출한 경우
⑰ 제41조 제1항 또는 제2항의 규정에 위반하여 후원수당을 지급
  한 경우
⑱ 제42조 제1항의 규정에 의한 신고를 하지 아니하거나 허위로
  신고하고 휴업 또는 폐업을 하거나 영업을 재개한 경우
⑲ 제44조 제2항의 규정에 위반하여 다단계 판매원의 탈퇴에 조
  건을 부과하는 경우
⑳ 제45조 제1항 내지 제3항의 규정에 의한 금지행위를 한 경우
㉑ 영업정지 기간 중에 영업을 계속한 경우
㉒ 기타 법령에 위반하거나 다단계 판매업자가 개설·관리·운영
  하는 다단계 판매조직의 부당한 활동으로 인한 소비자의 피해
  사례가 과다하게 발생하여 사회적 물의를 빚고 있다고 인정되
  는 경우
2. 제1항의 규정에 의한 등록취소 또는 영업정지의 처분에 관한 기준
  은 대통령령으로 정한다.

제47조(휴·폐업 등의 경우의 업무처리 등)

1. 다단계 판매업자는 그 휴업기간 또는 영업정지 기간 중에도 제36
  조 제1항 내지 제3항 및 제37조의 규정에 의한 업무를 계속하여야

한다.

2. 다단계 판매업자가 폐업하거나 그 등록이 취소된 경우 다단계 판
   매원이 그 폐업 또는 등록취소 당시 판매하지 못한 상품 또는 제공
   하지 못한 용역을 다른 사람에게 판매하거나 제공한 때에는 그 다
   단계 판매원이 청약의 철회에 따라 상품 또는 용역을 반환받고 상
   품 또는 용역을 반환받은 날의 다음 은행영업일 이내에 상품대금 또
   는 용역대가를 환불하여야 한다.

제48조(주소변경 등의 공고)

1. 다단계 판매업자가 상호 또는 주된 사업장의 주소·전화번호를 변
   경한 경우, 휴업 또는 폐업신고를 한 경우, 업무정지 처분을 받거
   나 등록이 취소된 경우에는 해당 시·도지사는 즉시 총리령이 정하
   는 바에 따라 그 사실을 공고하여야 한다.

제5장. 보칙

제49조(자료의 제출 등) (삭제)

제50조(청문) 시·도지사는 제46조 제1항의 규정에 의하여 등록을 취소
하고자 하는 경우에는 청문을 실시하여야 한다.

제51조(소비자 등에 불리한 계약의 금지) 제10조 내지 제12조, 제21조
내지 제23조, 제35조, 제36조 및 제40조의 규정에 위반한 계약으로서
소비자 또는 다단계 판매의 상대방에게 불리한 것은 그 효력이 없다.

제52조(할부거래에 관한 법률과의 관계) 이 법과 할부거래에 관한 법률
의 적용이 경합하는 경우에는 이 법을 우선 적용하되, 할부거래에 관
한 법률을 적용하는 것이 소비자에게 유리한 경우에는 동법을 적용
한다.

제53조(방문판매업협회 등) (삭제)

제54조(명칭의 사용제한) (삭제)

제55조(보고 및 감독)
1. 공정거래위원회 또는 산업자원부장관은 이 법의 효율적인 시행을 위하여 필요하다고 인정할 때에는 그 소관사항에 관하여 시·도지사에게 보고나 자료의 제출을 요구할 수 있다.
2. 공정거래위원회는 제1항의 규정에 의한 보고나 자료를 검토하여 필요하다고 인정할 때에는 시·도지사에게 필요한 조치를 취할 것을 요구할 수 있다.
3. 제2항의 규정에 의하여 공정거래위원회의 요구를 받은 시·도지사는 특별한 사유가 없는 한 이에 응하여야 한다.

제56조(권한의 위임) 시·도지사는 이 법에 의한 권한의 일부를 대통령령이 정하는 바에 따라 시장·군수·구청장(자치구의 구청장을 말한다)에게 위임할 수 있다.

제57조(전속관할) 방문판매자 또는 다단계 판매자와의 상품의 구매 또는 용역의 제공에 관한 계약에 관한 소송은 제소 당시의 소비자 또는 다단계 판매의 상대방의 주소를, 주소가 없는 경우에는 거소를 관할하는 지방법원의 전속관할로 한다. 다만 제소 당시 소비자 또는 다단계 판매의 상대방의 주소 또는 거소가 분명하지 아니한 경우에는 그러하지 아니한다.

제6장. 벌칙

제58조(벌칙) 다음 각호의 1에 해당하는 자는 7년 이하의 징역 또는 2

억원 이하의 벌금에 처한다. 이 경우 등록을 하지 아니하거나 사위 기
타 부정한 방법으로 등록을 하고 판매한 상품 또는 제공한 용역의 총
액의 3배에 상당하는 금액이 2억 원을 초과하는 때에는 7년 이하의 징
역 또는 판매된 상품 또는 제공된 용역의 총액의 3배에 상당하는 금
액 이하의 벌금에 처한다.
1. 제28조 제1항의 규정에 위반하여 등록을 하지 아니하고 다단계 판
   매조직을 개설·관리·운영한 자
2. 사위 기타 부정한 방법으로 제28조 제1항의 규정에 의한 등록을 하
   고, 다단계 판매조직을 개설·관리·운영한 자

제59조(벌칙) 다음 각호의 1에 해당하는 자는 5년 이하의 징역 또는 1
억원 이하의 벌금에 처한다. 이 경우 금지행위를 하거나 허위사실의
표시 등을 하여 판매한 상품 또는 제공한 용역의 총액의 3배에 상당
하는 금액이 1억 원을 초과하는 때에는 5년 이하의 징역 또는 판매된
상품 또는 제공된 용역의 총액의 3배에 상당하는 금액 이하의 벌금에
처한다.
1. 제45조 제1항 또는 제2항의 규정에 위반하여 금지행위를 한 자
2. 제45조 제3항의 규정에 위반하여 동조 제1항 각호의 행위를 하도
   록 교사하거나 방조한 자

제60조(벌칙) 다음 각호의 1에 해당하는 자는 3년 이하의 징역 또는 5
천만 원 이하의 벌금에 처한다. 제7호 및 제10호의 경우 공탁하지 아
니한 금액의 3배에 상당하는 금액 또는 영업정지 명령에 위반하여 판
매한 상품 또는 제공한 용역의 총액의 3배에 상당하는 금액이 5천만
원을 초과하는 때에는 3년 이하의 징역 또는 공탁하지 아니한 금액의
3배에 상당하는 금액 또는 판매된 상품 또는 제공된 용역의 총액의 3
배에 상당하는 금액 이하의 벌금에 처한다.
1. 제11조 제1항, 제22조 제1항, 제36조 제1항 또는 제47조 제2항의
   규정에 위반하여 정당한 사유 없이 상품대금 또는 용역대가의 환불

을 하지 아니한 자
2. 제14조의 규정에 위반하여 동조 각호의 금지행위를 한 자
3. 제18조 제1항 또는 제2항의 규정에 위반하여 광고를 한 자
4. 제19조의 규정에 위반한 자
5. 제30조 제1항의 규정에 의한 등록을 하지 아니한 자를 다단계 판매원으로 활동하게 한 자
6. 제30조 제2항의 규정에 위반하여 다단계 판매자에게 고용된 자를 다단계 판매원으로 활동하게 한 자
7. 제37조 제1항 내지 제3항의 규정에 위반하여 공탁을 하지 아니한 자
8. 제43조의 규정에 위반하여 다단계 판매조직을 양도하거나 양수한 자
9. 제44조 제2항의 규정에 위반하여 다단계 판매원의 탈퇴에 조건을 부과한 자
10. 제46조의 규정에 의한 영업정지 명령에 위반하여 영업을 한 자

제61조(벌칙) 다음 각호의 1에 해당하는 자는 1년 이하의 징역 또는 3천만 원 이하의 벌금에 처한다.
1. 제4조 제1항의 규정에 의한 신고를 하지 아니하거나 허위로 신고하는 방문판매업을 한 자
2. 제5조의 규정에 의한 방문판매원 외의 자를 방문판매원으로 활동하게 한 자
3. 제8조 또는 제33조의 규정에 위반하여 계약내용에 관한 서면을 교부한 자
4. 제15조 또는 제26조의 규정에 의한 영업정지 명령에 위반하여 영업을 한 자
5. 제17조 제1항의 규정에 의한 신고를 하지 아니하거나 허위로 신고하고 통신판매업을 한 자
6. 제20조의 규정에 위반하여 상품인도서 또는 용역제공서를 송부하지 아니하거나 허위의 상품인도서 또는 용역제공서를 송부한 자
7. 제25조의 규정에 위반하여 동조 각호의 금지행위를 한 자

8. 제28조 제4항의 규정에 위반하여 신고를 하지 아니하거나 허위로 신고한 자

9. 제30조 제1항의 규정에 의한 등록을 하지 아니하거나 등록 제2항의 규정에 위반하여 다단계 판매원으로 활동한 자

10. 제31조의 규정에 위반하여 상품을 판매하거나 용역을 제공한 자

11. (삭제)

12. 제41조 제1항 또는 제2항의 규정에 위반하여 후원수당을 지급한 자

13. 제42조 제1항의 규정에 위반하여 휴·폐업 등의 신고를 하지 아니하거나 허위로 신고한 자

14. 제43조의 규정에 위반하여 다단계 판매원의 지위를 양도한 자

제62조(벌칙) 다음 각호의 1에 해당하는 자는 1천만 원 이하의 벌금에 처한다.

1. 제4조 제3항, 제17조 제3항, 제37조 제7항 또는 제38조 제3항의 규정에 위반하여 신고를 하지 아니하거나 허위로 신고한 자

2. 제7조의 규정에 위반하여 성명 등의 명시를 하지 아니한 자

3. (삭제)

4. 제13조 또는 제24조의 규정에 위반하여 휴·폐업 등의 신고를 하지 아니하거나 허위로 신고한 자

5. 제30조 제3항의 규정에 위반하여 다단계 판매원에게 다단계 판매 등록증을 교부하지 아니한 자

6. 제30조 제4항의 규정에 위반하여 다단계 판매원 등록부를 비치하지 아니하거나 허위의 다단계 판매원 등록부를 비치한 자 또는 열람요구에 응하지 아니한 자

7. 제30조 제5항의 규정에 위반하여 다단계 판매원에게 다단계 판매원 수첩을 교부하지 아니하거나 교부된 다단계 판매원 수첩에 동항 각호의 기재사항을 기재하지 아니한 자

8. 제37조 제8항의 규정에 의한 자료를 제출하지 아니하거나 허위의 자료를 제출한 자

제63조(양벌규정) 법인의 대표자·법인 또는 개인의 대리인·사용인 기타 종업원이 그 법인 또는 개인의 업무에 관하여 제58조 내지 제62조의 위반행위를 한 때에는 행위자를 벌하는 외에 그 법인 또는 개인에 대하여도 각 해당조의 벌금형을 과한다.

제64조(과태료)

1. 다음 각호의 1에 해당하는 자는 1천만 원 이하의 과태료에 처한다.
   ① 제11조 제2항 또는 제3항 규정에 위반하여 상품대금 또는 용역대가 청구의 정지 또는 취소요청을 하지 아니하거나 신용카드업자에게 상품대금 또는 용역대가를 반환하지 아니한 자
   ② 제22조 제2항 또는 제3항의 규정에 위반하여 상품대금 또는 용역대가 청구의 정지 또는 취소요청을 하지 아니하거나 신용카드업자에게 상품대금 또는 용역대기를 반환하지 아니한 자
   ③ 제36조 제2항 또는 제3항의 규정에 위반하여 상품대금 또는 용역대가 청구의 정지 또는 취소요청을 하지 아니하거나 신용카드업자에게 상품대금 또는 용역대가를 반환하지 아니한 자
2. 제1항의 규정에 의한 과태료는 대통령령이 정하는 바에 의하여 시·도지사가 부과·징수한다.
3. 제1항의 규정에 의한 과태료의 부과기준은 대통령령으로 정한다.
4. 제1항의 규정에 의한 과태료 처분에 불복이 있는 자는 그 처분의 고지를 받은 날부터 30일 이내에 시·도지사에게 이의를 제기할 수 있다.
5. 제1항의 규정에 의한 과태료 처분을 받은 자가 제4항의 규정에 의하여 이의를 제기한 때에는 시·도지사는 지체 없이 관할법원에 그 사실을 통보하여야 하며, 그 통보를 받은 관할법원은 비송사건절차법에 의한 과태료의 재판을 한다.
6. 제4항의 규정에 의한 기간 내에 이의를 제기하지 아니하고 과태료를 납부하지 아니한 때에는 지방세 체납처분의 예에 의해 이를 징수한다.

부칙

제1조 (시행일) 이 법은 공포 후 6개월이 경과한 날부터 시행한다.

제2조 (경과조치) 이 법 시행 당시 이미 방문판매업 또는 통신판매업을 영위하고 있는 자로서 이 법에 의한 방문판매업 또는 통신판매업을 영위하고자 하는 자는 이 법 시행 후 2개월 이내에 신고를 하여야 한다.

제3조 (벌칙적용에 관한 경과조치) 이 법 시행 전의 행위에 대한 벌칙의 적용에 있어서는 종전의 규정에 의한다.

부칙
(1997. 8. 28)

제1조(시행일) 이 법은 1998년 1월 1일부터 시행한다. (이하 생략)

부칙
(1997. 12. 13)

제1조(시행일) 이 법은 1998년 1월 1일부터 시행한다. (단서 생략) (이하 생략)

부칙
(1999. 2. 5)

제1조(시행일) 이 법은 공포한 날부터 시행한다.

제2조(행정처분에 관한 경과조치) 이 법 시행 전의 행위에 대한 행정처분의 적용에 있어서는 종전의 규정에 의한다.

제3조(사업자단체에 관한 경과조치)
1. 이 법 시행 당시 종전의 제53조의 규정에 의한 방문판매업협회는 그 지위의 승계에 관하여 총회의 의결을 거쳐 산업자원부장관에게 신고를 한 때에는 민법 제32조의 규정에 의하여 설립된 사단법인으로 본다.
2. 제1항의 규정에 의한 신고를 한 방문판매업협회는 지체 없이 그 해산 등기와 제1항의 규정에 의하여 설립이 의제되는 사단법인의 설립등기를 하여야 한다.
3. 제1항의 경우 종전의 방문판매업협회의 재산 및 권리·의무는 동항의 규정에 의하여 설립이 의제되는 사단법인이 이를 승계한다.

제4조(벌칙에 관한 경과조치) 이 법 시행 전의 행위에 대한 벌칙의 적용에 있어서는 종전의 규정에 의한다.

부칙

(1999. 5. 24)

제1조(시행일) 이 법은 공포한 날부터 시행한다. (이하 생략)

방문판매 등에 관한 법률(시행령)

1996年 7月 11日
全改 대통령령 제15109號

改正
1997. 12. 31 領15598號(行政節施)
1998. 2. 24 領15663號(利子制限法 第1條 第1項의
　　　　　　　最高 利子律에 관한 規程 廢止令)
1999. 4. 19 領16258號
1999. 5. 24 領16351號(織制)

제1조(목적) 이 영은 방문판매 등에 관한 법률(이하 "법"이라 한다)에서 위임된 사항과 그 시행에 관하여 필요한 사항을 규정함을 목적으로 한다.

제2조(법 적용에서 제외되는 상품 등) 법 제3조 제1항에서 "대통령령이 정하는 상품 또는 용역"이라 함은 다음 각호의 상품 또는 용역을 말한다.

1. 농산물·수산물·축산물·임산물 및 광산물로서 통계법에 의하여 작성한 한국표준사업분류상의 제조업에 의하여 생산된 것이 아닌 것
2. 약사법에 의한 의약품
3. 보험업법에 의한 보험
4. 유가증권·어음, 기타 채무증서
5. 부가가치세법 제12조 제1항 제13호의 규정에 의한 인적 용역. 다만 부가가치세법 시행령 제35조 제1호 사목의 규정에 의한 인적 용역 중 외판원의 인적 용역을 제외한다.
6. 소비자의 주문에 의하여 개별적으로 제조되거나 제공되는 상품 또

는 용역

제3조(소규모 방문판매업자) 법 4조 제1항 단서에서 "대통령령이 정하
는 소규모 방문판매업자"라 함은 방문판매원을 두지 아니하는 방문
판매업자를 말한다.

제4조(방문판매에 관한 계약체결시의 서면기재 사항) 법 제8조 제8호에
서 "대통령령이 정하는 사항"이라 함은 다음 각호의 사항을 말한다.
 1. 상품의 매매계약 또는 용역의 제공계약을 체결함에 있어서 소비자
  가 방문판매자에게 지급할 계약금(최초 지급금·선수금 등 명칭 여
  하에 불문한다. 이하 같다)이 있는 경우에는 그 내용 및 금액
 2. 계약의 해제에 관한 약정이 있는 경우에는 계약해제의 사유와 그
  행사방법 및 효과에 관한 사항
 3. 상품의 품질보증 및 사후관리에 관한 사항
 4. 방문판매와 관련하여 분쟁이 발생할 경우 그 분쟁처리에 관한 사항

제5조(소비자가 청약의 철회를 하지 못하는 경우) 법 제10조 제2항 제2
호에서 "대통령령이 정하는 상품"이라 함은 낱개로 밀봉된 음반·비
디오물 및 소프트웨어를 말한다. 다만 인도할 때에 이미 훼손되어 있
었던 것을 제외한다.

제6조(지연손해금의 산정) 법 제12조 본문에서 "대통령령이 정하는 율"
이라 함은 연 4할을 한도로 하여 공정거래위원회가 정하는 최고 이율
의 범위 안에서 방문판매자가 소비자와 약정한 율을 말한다.

제7조(부담을 지게 하는 행위) 법 제14조 제3호에서 "명칭 및 형태를 불
문하고 부담을 지게 하는 행위"라 함은 방문판매원이 되고자 하는 자,
또는 방문판매원에게 그 명칭 및 형태 여하를 불문하고 비용, 기타 금
품을 징수하거나 일정한 액수의 상품 또는 용역을 구매하게 하거나 이

를 판매하도록 하는 행위를 말한다.

제8조(통신판매에 관한 광고의 표시사항) 법 제18조 제1항 제6호에서 "대통령령이 정하는 사항"이라 함은 다음 각호의 사항을 말한다.
1. 청약의 기간 또는 기한이 있는 경우에는 그 기간 또는 기한
2. 상품의 판매가격 또는 용역의 대가에 송료가 포함되지 아니한 경우에는 그 송료부담에 관한 사항
3. 상품의 판매가격 또는 용역의 대가 외에 소비자가 추가로 부담하여야 할 비용이 있는 경우에는 그 내용 및 금액
4. 기타 특별한 통신판매 조건이 있는 경우에는 그 내용

제9조(지연손해금의 산정) 법 제23조 본문에서 "대통령령이 정한 율"이라 함은 연 4할을 한도로 하여 공정거래위원회가 정하는 최고 이율의 범위 안에서 통신판매업자가 소비자와 약정한 율을 말한다.

제10조(다단계 판매업자의 등록요건)
1. 법 제28조 제2항 제2호의 규정에 의한 다단계 판매업자의 자본금에 관한 요건은 다단계 판매사업을 위한 실질자본금 3억 원 이상으로 한다. 이 경우 실질자본의 범위는 통상산업부장관이 정하는 바에 의한다.
2. 법 제28조 제2항 제3호에서 "대통령령이 정하는 요건"이라 함은 다음 각호의 요건을 말한다.
   ① 주된 사업장이 자기 소유이거나 1년 이상의 기간을 정하여 임차한 것일 것
   ② 다단계 판매원으로 가입하는 자의 등록, 등록된 다단계 판매원의 판매실적 파악, 다단계 판매원에게 지급되는 후원수당의 산정·지급 등의 업무를 처리할 수 있는 전산기기 및 전산프로그램으로서 통상산업부장관이 정하는 기준에 해당하는 것을 갖출 것

제11조(후원수당의 산정기준) 법 제28조 제3항 제3호의 규정에 의한 후원수당의 산정기준은 다음 각호에 해당하는 사항을 기초로 하여 설정된 기준이어야 한다.

1. 어떤 다단계 판매원에게 속하는 하위 판매원들에 대한 상품의 판매 또는 용역의 제공과 관련된 조직관리 및 교육훈련 실적
2. 어떤 다단계 판매원 자신의 상품의 판매 또는 용역의 제공실적이나 그 다단계 판매원에게 속하는 하위 판매원들의 상품의 판매 또는 용역의 제공실적

제12조(다단계 판매상품 등에 대한 가격제한) 법 제31조에서 "대통령령이 정하는 금액"이라 함은 50만 원(부가가치세가 포함된 금액)을 말한다.

제13조(다단계 판매에 관한 광고) (삭제)

제14조(다단계 판매에 관한 계약체결서의 서면 기재사항) 법 제33조 제9호에서 "대통령령이 정하는 사항"이라 함은 다음 각호의 사항을 말한다.

1. 상품의 매매계약 또는 용역의 제공계약을 체결하는 때에 다단계 판매의 상대방이 다단계 판매자에게 지급할 계약금이 있는 경우에는 그 내용 및 금액
2. 계약의 해제에 관한 약정이 있는 경우에는 계약해제의 사유와 그 행사방법 및 효과에 관한 사항
3. 다단계 판매와 관련하여 분쟁이 발생한 경우 그 분쟁처리에 관한 사항

제15조(반환시의 비용공제) 법 제36조 제1항 단서의 규정에 의하여 다단계 판매업자가 상품대금 또는 용역대가를 환불함에 있어서 비용을 공제할 수 있는 경우는 다단계 판매원의 상품 또는 용역을 인도 또는

제공받은 날(이하 "공급일" 이라 한다)부터 3월이 경과하여 반환한 경우에 한하되, 그 제공할 수 있는 비용의 한도는 다음 각호와 같다. 다만 다단계 판매업자의 등록이 취소되어 반환하는 경우에는 다음 각호에 규정된 금액의 2분의 1에 해당하는 금액을 한도로 한다.

1. 공급일부터 3개월 경과 후 6개월 이내에 반환하는 경우에는 그 상품대금 또는 용역대가의 10퍼센트에 해당하는 금액
2. 공급일부터 6개월 경과 후 1년 이내에 반환하는 경우에는 그 상품대금 또는 용역대가의 30퍼센트에 해당하는 금액
3. 공급일부터 1년 경과 후에 반환하는 경우에는 그 상품대금 또는 용역대가의 50퍼센트에 해당하는 금액

제16조(공탁금액의 조정기준)

1. 법 제37조 제3항의 규정에 의한 공탁금액의 조정은 다음 각호의 기준에 의한다.
   ① 다단계 판매업자가 판매한 상품의 대금 또는 제공한 용역의 대가 중 실제로 환불한 금액이 차지하는 비율(이하 "환불비율" 이라 한다)이 100분의 9 이내이고 환불보증금 비율 조정일 전 3개월 이내에 상품 또는 용역의 반환을 거절하거나 상품대금 또는 용역대가의 환불을 하지 아니한 사례가 없는 경우에는 공탁하여야 할 금액을 매월 매출액의 100분의 2 내지 100분의 9의 범위 안에서 조정한다.
2. 환불비용이 100분의 10을 초과하는 경우에는 공탁하여야 할 금액을 매월 매출액의 100분의 11내지 100분의 50의 범위 안에서 조정한다.
   ① 특별시장·광역시장 또는 도지사(이하 "시·도지사"라 한다)는 매월 말일까지 제1항의 규정에 의한 기준에의 해당 여부를 확인하여 다단계 판매업자가 다음달에 공탁할 환불보증금의 비율을 조정하여야 한다.
   ② 제1항의 규정에 의한 조정을 함에 있어서의 환불비율은 조정일이

속하는 달 이전 3개월간의 매월의 환불비율을 산정하여 그중 가장 높은 비율을 적용한다. 이 경우 환불비율은 100분의 1단위까지 계산하되 100분의 1단위 미만을 올림하여 계산한다.

제17조(금전 대신 납부할 수 있는 유가증권)
1. 법 제37조 제4항의 규정에 의하여 공탁금으로 금전 대신 납부할 수 있는 유가증권은 다음 각호의 증권으로 한다.
   ① 국제, 지방채
   ② 특별법에 의하여 설립된 법인이 발행한 채권
   ③ 사채
   ④ 한국증권거래소에 상장되거나 증권거래법 제172조의 2의 규정에 의하여 증권관리위원회가 정하는 바에 따라 한국증권업협회에 등록된 후 3개월이 경과된 주권 및 출자증권
2. 제1항의 규정에 의하여 금전 대신 납부할 수 있는 유가증권의 가액은 그 액면가액으로 한다. 다만 그 납부일 직전 거래일의 한국증권거래소 또는 한국증권업협회에서의 최종 거래가격이 액면가액에 미달하는 경우에는 그 거래가격으로 한다.

제18조(지급보증계약을 체결할 수 있는 금융기관의 범위) 법 제37조 제6항의 규정에 의하여 지급보증계약을 체결할 수 있는 금융기관은 다음 각호의 자로 한다.
1. 은행법에 의한 금융기관
2. 보험업법에 의한 보험사업자

제19조(공탁물의 반환) 법 제38조 제1항 제3호 본문에서 "대통령령이 정하는 기간"이라 함은 공탁물을 공탁한 날부터 3개월을 말한다.

제20호(공탁물 반한의 제한) 법 제38조 제1항 제3호 단서에서 "대통령령이 정하는 경우"라 함은 다음 각호의 경우를 말한다.

1. 법 제38조 제2항의 규정에 의한 반환승인 신청일 전 3개월 이내에
   상품 또는 용역의 반환을 거절하거나 상품대금 또는 용역대가의 환
   불을 하지 아니한 사례가 있는 경우
2. 휴업 또는 영업정지 중에 있는 경우

제21조(지연손해금의 산정) 법 제40조 본문에서 "대통령령이 정하는 율"
이라 함은 연 4할을 한도로 하여 공정거래위원회가 정하는 최고 이율
의 범위 안에서 다단계 판매자가 상대방과 약정한 율을 말한다.

제22조(후원수당) 법 제41조 제1항의 규정에 의하여 다단계 판매업자가
지급할 수 있는 후원수당 총액의 한도는 다단계 판매업자가 다단계 판
매원에게 공급하거나 제공한 상품 또는 용역의 가격의 합계액의 35%
에 해당하는 금액으로 한다.

제23조(부담을 지게 하는 행위) 법 제45조 제1항 제3호에서 "명칭 및 형
태를 불문하고 부담을 지게 하는 행위"라 함은 다단계 판매원이 되고
자 하는 자, 또는 다단계 판매원으로 등록한 자에게 그 명칭 및 형태
여하를 불문하고 비용 기타 금품을 징수하거나 일정한 액수의 상품 또
는 용역을 구매하게 하거나 이를 판매하도록 하는 행위를 말한다. 다
만 다단계 판매원으로 등록한 자에게 2만원 이하의 판매보조 물품을
그 다단계 판매원의 신청을 받아 제공하는 행위를 제외한다.

제24조(의무를 지게 하는 행위) 법 제45조 제1항 제4호에서 "의무를 지
게 하는 행위"라 함은 다단계 판매원으로 등록한 자에게 일정 수의 하
위판매원을 모집 또는 후원하는 것을 조건으로 하여 판매원으로서의
등록을 유지시켜 주는 행위, 상품 또는 용역을 제공하거나 후원수당을
지급하는 행위 등 다단계 판매원으로서의 정상적인 활동을 제한하는
행위를 말한다.

제25조(등록취소 및 영업정지 처분기준) 법 제15조 제2항, 법 제26조항 및 법 제46조 제2항의 규정에 의한 영업정지 또는 등록취소의 처분에 관한 기준은 별표1과 같다.

제26조(자료의 제출 등) (삭제)

제27조(청문) (삭제)

제28조(권한의 위임) 시·도지사는 법 제56조의 규정에 의해 다음 각호의 권한을 시장·군수·구청장(자치구의 구청장을 말한다)에게 위임한다.
1. 법 제4조의 규정에 의한 방문판매업자의 신고 및 변경사항의 신고의 수리
2. 법 제13조의 규정에 의한 방문판매업자의 휴·폐업의 신고의 수리
3. 법 제15조의 규정에 의한 영업의 정지

제29조(과태료의 부과·징수)
1. 시·도지사가 법 제64조 제2항의 규정에 의하여 과태료를 부과하고자 할 때에는 당해 위반행위를 조사·확인한 후 위반사실과 과태료 금액 등을 서면으로 명시하여 이를 납부할 것을 과태료 처분 대상자에게 통지하여야 한다.
2. 시·도지사는 제1항의 규정에 의하여 과태료를 부과하고자 할 때에는 10일 이상의 기간을 정하여 과태료 처분 대상자에게 구술 또는 서면에 의한 의견진술의 기회를 주어야 한다. 이 경우 지정된 기일까지 의견진술이 없는 때에는 의견이 없는 것으로 본다.
3. 시·도지사는 과태료 금액을 정함에 있어서는 당해 위반행위의 동기와 그 결과 등을 참작하여야 한다.

제30조(과태료의 부과기준) 법 제64조 제3항의 규정에 의한 과태료의 부과기준은 별표 2와 같다.

부칙

이 영은 공포한 날부터 시행한다.

부칙

(1997. 12. 13)

이 영은 1998년 1월 1일부터 시행한다.

부칙

(1998. 2. 24)

제1조(시행일) 이 영은 공포한 날부터 시행한다. (이하 생략)

부칙

(1994. 4. 19)

이 영은 공포한 날부터 시행한다.

부칙

(1999. 5. 24)

제1조(시행일) 이 영은 공포한 날부터 시행한다. (이하 생략)

〔별표1〕

등록취소 및 영업정지 처분기준(제25조 관련)

1. 일반 기준

가. 해당사항이 2종 이상인 경우에는 그중 중한 행정처분의 기준에 의
   하되 그 행정처분의 기준이 영업정지에 해당하는 경우에는 중한 처
   분의 영업정지 기간에 경한 처분의 2분의 1까지 합산·가중하여 행
   정처분을 할 수 있으며, 이 경우 그 최대 기간은 12개월로 한다.
나. 위반행위의 횟수에 따라 행정처분의 기준은 최근 1년간 같은 위반
   행위를 한 경우에 적용한다.

2. 개별 기준

해당사항	행정처분			
	1차	2차	3차	4차
가) 법 제15조 제1항 각호 또는 법 제26조 제1항 각호에 해당하는 경우	영업정지 15일	영업정지 1월	영업정지 3월	영업정지 6월
나) 법 제46조 제1항 제3호·제5호·제7호·제9호 내지 제20호 또는 제22호에 해당하는 경우	영업정지 1월	영업정지 3월	영업정지 6월	등록취소
다) 법 제46조 제1항 제6호 또는 제8호에 해당하는 경우	영업정지 1월	영업정지 3월	영업정지 6월	영업정지 1년
라) 법 제46조 제1항 제21호에 해당하는 경우	등록취소			

〔별표2〕

과태료의 부과기준(제30조 관련)

(단위 : 만원)

처분대상자	행정처분		
	1차	2차	3차
가) 법 제64조 제1항 제1호에 해당하는 자	200	500	천만원
나) 법 제64조 제1항 제2호에 해당하는 자	200	500	천만원
다) 법 제64조 제1항 제3호에 해당하는 자	200	500	천만원

※비고 : 위반행위의 횟수에 따른 과태로의 부과기준은 최근 1년간 같은 위반행위를 한 경우에 적용한다.

한국방문다단계판매업체 주소록

▶한국방문다단계판매협회 : Tel. (02) 733-8647
▶공정거래위원회 : Tel. (02) 500-4467
▶서울시청소비자보호과 : Tel. (02) 3707-9331~2
▶한국소비자보호원 : Tel. (02) 3460-3000

등록번호	상호	홈페이지	대표	주소	전화	팩스	실질자본금
1호95.7.20	한국암웨이	www.amway/koea.co.k	데이빗어쎄리	서울시강남구대치동944-31섬유센터빌딩8층	3468-6000	556-7568	210억
2호95.7.22	썬라이더코리아	www.sunrider.com	웬디첸	서초구서초동1674-4하리빌딩2층	3415-0500	525-9736	3억1천
3호95.8.3	아이킹콩닷컴	www.ikingkong.com	고윤석	서초구 방배동908-10	3471-2376	525-6664	22억
5호95.7.24	에스엠코리아종합유통	www.sm-k.co.kr	이명웅	강남구대치동983-8	2188-8114		
6호95.7.24	엠에스피플		심현아	송파구가락동40-10유덕빌딩	3401-9104		3억1백
8호95.7.25	앨트웰	www.altwell.co.kr	황용석	강남구역삼동681-47앨트웰빌딩	565-2161	565-3437	124억
14호95.8.2	엔탑월드		이상구	강남구역삼동837-11유니온센터502	3452-0352	6242-0351	3억3백
19호95.8.4	에이취비네트피아		김준태	송파구거여동23-1	3401-8491	3401-8557	3억8백
29호95.8.8	라이즈		황현기	송파구석촌동77-5	2203-6545		3억1천
31호95.8.8	주코네트워크	www.juconet.com	신동석	강남구신사동568-11신화빌딩6층	568-3281		3억1천
33호95.8.8	민영월드		이전우	송파구가락본동57-32층	449-2956	3401-3752	3억
35호95.8.12	네트라인		백종인	서초구서초동1595-1청훈오피스텔201호	584-3862	584-3865	3억2천
41호95.9.4	한국포에버리빙프로덕션		김원애	서초구방배동983-19	587-3260	521-7002	
42호95.9.4	한소리라이프		손병웅	송파구마천동33대신빌딩5층	3401-1256	3401-1256	
45호95.9.11	한국아르본		이숭용	강남구삼성동161-7	553-9235		
47호95.9.20	그린피아코스메틱	www.greenpiacosmetic.co.kr	최병영	송파구잠실동222서일빌딩7층	546-0651	546-5641	
53호95.10.11	에스티씨 인터내셔널	www.stc365.com	정하익	마포구도화2동173삼창프라자4층	718-0931	719-7387	
55호95.11.3	참생활인터내셔널		이상준	송파구방이동62-8	425-5494	424-7035	
57호95.12.14	유니시티네트워크코리아	www.unicitynetwork.co.kr	유모세	강남구역삼동708-1동우빌딩3층	3450-1800	3450-7035	
58호95.12.14	엔에스이코리아	www.nuskin.com	한성태	강남구대치동890-12	569-4498		
59호95.12.19	크라운월		김지섭	송파구삼전동1-1	414-9997		3억1천
63호96.1.24	코리아이글스		김성규	강남구역삼동705-1	527-4588	527-4589	3억1천
65호96.2.10	인큐프라자		도정호	강남구대치동889-71원동방빌딩5층	3452-6636		
69호96.3.6	한국프로마시스템즈		윤철수	강남구역삼동642-16성지하이츠제2빌딩1705호	3453-1122	3453-1121	
71호96.3.12	풀무원생활	www.pulmuonehealth.com	신동진	서초구서초동1451-76풀무원빌딩	3471-0085	582-4115	
72호96.3.15	세모에스엘	www.slnet.co.kr	임태수	강남구역삼1동797-26	560-5600	560-5610	
74호96.3.25	타이웨이코리아	www.taway.co.kr	진숙인	강남구삼성동157-4대천빌딩4층	539-6993	539-6994	5억9천
75호96.4.15	예오스인터내셔널		송명근	송파구석촌동297-2	3431-9376	9377-3431	3억1천1백
88호96.4.26	하이리빙코리아	www.hilving.co.kr	백승현	서초구서초동1321강남빌딩2층	3489-0600	3489-0777	72억5천
90호96.7.18	한국허벌라이프	www.herbalife.com/kor	브라이언케인	강남구논현2동86-8아이캐슬빌딩	508-7575	508-5893	3억4천
91호96.8.12	한국사미트인터내쇼날		조수원	양천구목3동606-14서울사미트빌딩	2646-2772	2646-2771	10억5천
98호96.10.8	대웅헬스피아		정정수	강남구삼성동163-3	550-8565		3억
102호96.11.14	실버윙스		이정휘	강남구역삼동648-3	501-8855	553-5556	3억2천
107호96.12.16	해바른		박남용	강남구역삼동834-34	569-6673	514-7719	3억9백
112호96.12.19	베스트네모		김영숙	강남구도곡동우성리빙텔706호	3461-3425	574-7921	33억5천
117호97.1.28	씨엔비인터내셔널		두효언	강남구신사동608-8옥산빌딩5층	514-3800	540-6585	3억1천

번호/등록일	업체명	홈페이지	대표자	주소	전화	팩스	금액
119호97.2.5	무궁화홈쇼핑이십일씨		장주영	서초구잠원동28-1푸른상호신용금고 4층	512-5283	512-5286	3억2천
123호97.2.12	고려한백인터내셔날	www.koreahanbaek.co.kr	편흥삼	동작구사당동1041-12	522-5200	522-5253	3억2천
136호97.4.23	라이프스타일즈코리아	www.lskorea.net	김종철	서초구서초3동1509-3보성빌딩5층	581-0711	581-0715	3억1백
145호97.6.27	아피오인터내셔날코리아	www.apioclub.co.kr	테라오도시유키	강남구심성동140-28현죽빌딩1층	501-2131		
146호97.07.04	이앤드플러스		김택동	강동구명일동306-1해동빌딩7층	873-9010	873-9010	3억9백
제148호97.07.31	남강월드(주)		엄인학	강남구역삼동702-13성지오피스텔1414호(135-080)	539-4214		
153호97.08.21	네이쳐스선샤인코리아	www.nspkor.co.kr	김명철	강남구역삼동824-21상경빌딩3,4층	564-7700	564-1104	63억2천
165호97.12.03	비지월드	www.weeklife.co.kr	심상욱	서초구서초동1586-7우성빌딩3층	523-1120	523-1201	3억
168호97.12.12	티디피코리아		박용대	강남구대치동142-46근광빌딩	508-8280		3억1천8백
171호98.2.4	해피플러스인터내셔날		정의용	서초구서초동1413-13한성빌딩2층	3474-2081		3억1천
174호97.5.10	에이엔엔터프라이즈		정영석	강남구역삼동769-15골드마인빌딩2층	558-4674	558-4676	3억
175호98.3.16	미찬들		백승훈	용산구한강로2가187-7유신빌딩1층	796-2162~4	794-4124	3억
176호98.3916	신우리넷	www.sw21.co.kr	최명환	서초구양재동2-11	5830-018		
182호98.5.18	알비시코리아		이수석	서초구잠원동8-24잠원빌딩2층	512-1877		
183호98.5.30	피엔아이상사		이영만	강남구신사동503-2영신빌딩2층	516-6100	3445-0953	4억2백
187호98.7.23	쎄임월드		성은숙	강남구역삼동689-10한창빌딩306호	598-1533		
188호98.8.13	바이오실크		임태옥	송파구신천동11-9	417-0532	417-0812	3억
189호98.8.13	다이너스티인터내셔날	www.e-dynasty.co.kr	장대윤	강남구역삼동642-10송암빌딩	556-0011	594-4254	3억
190호98.9.7	에이취디엔		사토테츠	서초동1319-13서초현대타워A2층	558-5889	588-5881	3억1천
192호98.10.8	아이앤지넷		김현욱	송파구석촌동276-2꽃마을빌딩2층	419-7185	3434-3630	3억
194호98.11.12	젭터코리아		조란바요비치	종로구원남동66-21보령빌딩10층	762-0014		7억
195호98.11.16	한국엑스트라엑셀인터내셔날	www.eexcel.net	자우페이첸	강남구역삼동708-1동우빌딩	421-7185	563-5588	9억7천
197호1226	이십일세기훠유		김정무	강남구역삼동678-23태동빌딩5층	556-2194	556-2197	3억
200호99.1.30	이피엔씨		김익수	강남구삼성동141-26은경빌딩11호3층	561-2345	553-4379	3억
202호99.1.30	월드클릭		이충남	중구명동2가31-1신원명동빌딩	773-6891	773-6895	3억4백
205호99.56	벤처드림		방태준	강남구논현동210-1삼원빌딩5층	558-9030	546-7432	
207호99.5.11	뉴웨이스인터내셔날코리아	www.newayskor.com	토마스앨원마월	강남구신사동587-12나현빌딩2층	541-4555	541-4554	3억4천
208호99.6.2	유니온디피		손상영	서초구방배2동430-3영미빌딩2,3층	523-9288	523-3146	3억4천
211호99.7.20	아이티엔인터내셔날		오남석	강남구역삼동642-6성지하이츠3차3동16층3호	564-8090		3억
212호99.8.24	유에이취에스코리아		배건웅	강남구삼성동170-7두양빌딩3층	554-2777	557-3905	3억
213호99.9.6	삼산메디칼코리아		이시이사다오	강남구삼성동144-23연당빌딩11층	563-7333		3억
214호99.9.10	미래에는		김웅기	영등포구영등포동3가8번지남서울빌딩3층	675-1187		3억7백
216호99.11.9	쌜컴인터넷		박문락	강남구삼성동158-13해광빌딩8층	501-2808		3억1백
217호99.11.22	파워라이프		지정희	송파구송파동89-7우일빌딩2층	553-9601	553-9605	3억
219호00.1.7	나라콤	www.naracom.com	김규홍	강남구역삼동648-1비와이씨빌딩14층	565-6016	5648-016	3억5천
220호00.1.7	피온코리아		김종태	강남구역삼동738-18중앙빌딩1층	565-7427	565-7463	6억
221호00.2.16	인터넷텔레콤인터내셔날		허성훈	강남구역삼동820-8신성빌딩0층	555-6006	555-2332	3억
222호00.2.24	지엠알피		정용관	강남구신사동521-10대성빌딩104호	3445-4990	3445-4976	
223호00.2.24	엔피에이치인터내셔날		정건옥	강서구화곡동1032-17화평빌딩5층	2601-5666	2601-5637	3억2천
224호00.2.24	파이랜드인터내셔날	www.yescall.com	서윤석	영등포구양평4가214동아빌딩3층	677-6141	677-2891	3억2천
225호00.4.11	비바퀸		김영덕	강동구성내3동244	484-4500	484-9777	3억2천
226호00.4.11	코넷월드		최지웅	송파구거여동290-1	3401-8361	3401-8363	3억1천
228호00.4.15	지오파트너		강영철	강남구대치동891-6태성빌딩4층	569-9925		3억2천

호수	회사명	대표자	주소	전화	팩스	금액
229호00.4.25	아라안유통	유재무,김두만	서초구반포동107-7	3476-3900		3억2천
230호00.5.6	다이나믹라이프코리아	멘팁케이타네자	강남구대치동3동997-11동남빌딩1층	555-0460	555-4160	3억
231호00.5.19	바로인터컴	김규남	송파구가락동31-3금아빌딩지하1층	585-8589	3473-0709	3억1천
232호00.5.19	조이프러스	이유재	서초구서초동1572-18만송빌딩7층	522-4060	522-9172	3억2천
233호00.6.9	이십일세기포인트플러스	이준섭	송파구방이동66-2세기빌딩1층	416-0400	416-0405	5억
234호00.6.17	아이에스엔	유규형	광진구군자동473-23	464-8485	464-0250	3억
235호00.7.3	월드라이센스	박경현	송파구가락동98-3소방공제회관3층	3401-6030	3401-4396	5억6백
237호00.7.10	펠리스그룹	이규문	성동구성수2가3동273-15우영테크닉센터406호	2201-8321		
238호00.7.15	장수플러스	윤중식	강남구역삼동708-23정림빌딩5층	563-8757		3억
239호00.8.9	한국네트웍메가몰	이종원	송파구방이동51-11대종빌딩	3431-0100	3431-0103	
240호00.8.9	플러스웰	김풀정	강남구역삼동736-35지현빌딩1층	557-7917	558-7918	3억
242호00.8.25	다모아엔터프라이즈	박형	강남구역삼동740-5동방빌딩1층	561-2049	561-2046	3억1천
244호00.9.8	이노클릭	도무숙	은평구녹번동39-4	352-2689	384-2046	
246호00.9.14	노니코리아	강성출	서초구방배동912-2범창빌딩106호	597-7894	597-7514	
247호00.9.22	엠에스엠코리아	이찬호	강남구대치동891-6태성빌딩5층	562-5282	562-4520	3억5천
249호00.9.22	에프엔디물산	이창희	중랑구중화동307-63	3445-9633	3405-5029	3억5천
250호00.10.12	휴닉스	한재동	강남구신사동609-1101호	3486-3800	3446-1476	3억
252호00.10.18	뉴밀레니엄즈쎄스	김영란	강남구도곡동902-2연주상가3층	3463-6460	3462-6231	3억2천
253호00.10.28	퓨처메이트	소준호	강남구삼성동162-30은혜빌딩	3453-5270	3444-0298	3억9천
254호00.11.1	유엔디프랜차이즈	임을택	영등포구문래동3가84-22층	2068-1612	2068-1615	3억
256호00.11.01	에이엘케이	강영운	서초구반포동723-23제일빌딩2층	563-4477	563-7667	3억
257호00.11.08	드림컴코리아	김영서	강남구포이동217-2희영빌딩	575-0943	575-0945	3억1백
258호00.11.07	게란티	정용기	강남구역삼동662-7청구빌딩4층	501-8871	537-8810	
259호00.12.14	니켄코리아	김박신	송파구방이동45-2금복빌딩	415-7100	415-7101	6억
260호00.12.6	하나파워그린랜드	이종휘	강남구삼성동141-4임성빌딩2층	562-0023		
261호00.12.7	이엔에이치	이용화	강남구역삼동649-10산내들빌딩4층	567-7558	3486-7516	3억2천
262호00.12.9	드림앤비전	진선혜	강남구역삼동824-21상경빌딩1302호	508-2078	508-2461	3억2천
264호00.12.6	이웹칼프	김택동	광진구구의동564-4테크노마트사무동12,13	510-5850	501-4808	3억
265호00.12.18	지엔누리 www.gnnuri.com	박용철	서초구서초동1550-1인화빌딩	541-5019	541-6969	8억3천
266호01.1.5	오라파워	권인숙	강남구역삼동738-41역삼빌딩2층	3453-5789	564-5790	3억5천
267호01.1.6	세유이벤트	이근복	종로구청진동136삼공빌딩5층	734-3091	734-3113	3억3천
269호01.1.10	비엔에이코리아	서세원	송파구가락동12-1형제빌딩	448-9402	542-4385	
270호01.1.11	파이토에이치앤비	한정순	강남구삼성동157-8트윈텔1차1606호	2191-5834	2191-5177	3억5천
271호01.1.15	유림메디칼	조금숙	광진구구의동221-36	2201-9116	2201-4311	
272호01.1.15	씨엔엔인터내셔날	박용만	강남구역삼동769-7옥천빌딩4층	3453-7999	3453-7999	3억1천
275호01.1.17	빅스텝	오선직	강남구역삼동640-12	875-0472	889-3840	
276호01.1.18	플록스	김한규	강남구삼성동158-20	564-8426	564-8429	
277호01.1.26	에이원월드	이경현	강남구역삼동702-22유성빌딩5층	558-6001		
278호01.1.26	한통엑티바	김용관	용산구동자동30-8	755-5057	755-5745	
279호01.1.30	트루웰네스코리아	앤쏘니웨인배런	강남구역삼동719-6태왕빌딩4층	553-4343		
281호01.1.31	휴먼앤드노니	김정희	강남구대치동944-11동원빌딩2층	553-4010	569-2164	
282호01.1.31	칸네코리아	이홍규	강서구등촌동700	659-1414		
283호01.2.2	이예프통신	오용식	영등포구당산6가331-1다옥빌딩6층	2068-3777	2068-3776	

284호01.2.3	탑로드	진영임	강남구역삼동827-3장안빌딩4층	3452-7927	
285호01.2.14	메리케이코리아	황명	강남구청담동98-3찬이빌딩	540-7770	549-0763	3억9천
287호01.2.20	해피웰컴	김종균	종로구종로3가160동양빌딩2,3층	2265-2022	847-0613
288호01.2.20	퍼시픽코리아몰	장영우	동작구신대방동686-53 605호	847-0611	592-7005	3억9백
289호01.2.20	스페이스피아	전종기	서초구서초동1675-3영일빌딩	3472-6071	576-9423
290호01.2.23	한미쇼핑	김성도	강남구역삼동649-10산내들빌딩8층(135-080)	568-9884	561-9894	3억3천
291호01.2.23	뉴트리니티인터내셔날 www.ntil.co.kr	윤수일	서초구반포4동83-16양지빌딩5층	592-7004	
292호01.2.26	퍼스넷	김송환	송파구잠실동175-14	420-4211	
293호01.3.15	씨에이씨마스터	조경훈	강남구역삼동707-38	514-4691	514-4695
294호01.3.17	붐인터내셔날	강은경	강남구논현동167-1	518-9673	541-4695
297호01.3.20	KMR코리아	고창현	강남구역삼동648-19층	517-2223	539-6640
298호01.3.23	씨앤씨프랜차이즈	정한교	서초구방배동761-6내경빌딩3층	532-6366	532-6742
299호01.3.28	원플러스닷컴	신경진	서초구방배동981-1호양지빌딩302호	598-3911	598-6373
300호01.4.2	위더스웨이	이종식	서초구방배동912-8반도빌딩303호	3471-8338	
301호01.4.6	옥타피아	김창일	서초구서초동1670	597-3857	597-2293
302호01.4.6	리치몰스	권정진	중구수표동47-6찬수빌딩	2285-2332	2285-6245
303호01.4.13	훙전	임보영	강남구삼성동157-2우창빌딩502호	3486-3796	3486-3798
304호01.4.17	한국바이오라이프	임석홍	서초구반포동51-7해설빌딩지하1층	3482-0888	3482-6553
305호01.4.7	엠바이오넷	신중준	중구충무로4가126-1일홍빌딩301호	2285-5123	
306호01.4.19	엘엘아이케이오	이철수	서초구반포동736-8	3445-7795	3445-0998	3억3백
307호01.4.19	키스월드	장용학	강남구논현동48-6신신빌딩1층	3446-5581	3446-6739
308호01.4.25	글로벌플러스	김수열	영등포구영등포동1가111-2서울빌딩4층	2068-1788	2068-1766
309호01.5.7	제이스텝	김영수	중구오장동148-16삼중빌딩205호	2265-3347	2265-8598	3억1천
310호01.5.14	내외테크라인	박영란	강남구역삼동662-1번지율촌빌딩3층	564-5038	569-2066
311호01.5.16	씨더블유코리아네트웍	서영심	노원구중계본동364-17유경테마트202	951-3651	
312호01.5.25	티엔케이네트	최장완	강남구역삼동647-5대성빌딩4층	558-2708	
313호01.5.25	공팔공월드비즈	김광희	송파구잠실동176-7 5층	418-2708	
314호01.5.29	유아이텔	이희순	서대문구충정로3가368종근당빌딩4층	393-2334	
315호01.6.2	하나비엔티	김원영	동대문구장안동107-2	2214-2270	2216-4268
316호01.6.8	성보차이나	서선자	동대문구용두동232-24	922-0790	922-0792
317호01.6.8	시디앤글로벌	윤후근	광진구구이동546-4테크노마트사무동2401	3424-3210	3424-2367
318호01.6.8	썬바이오테크	오영섭	동대문구청량리동774현대코아4층	567-7111	567-8035
319호01.6.8	한울이십일세기	강순자	서초구서초동1305-3	3477-5077	3477-5377
320호01.6.19	내츄럴타이티안노니	임준확	서초구방배동912-5	3487-8999	
321호01.6.21	바보	최성국	송파구방이동62-1진영빌딩4층	414-2911	
322호01.6.21	반도아이비	강정수	강남구역삼동668-2용마빌딩3층	557-3500	
323호01.6.21	인터크레스트네트워크	임상범	강남구대치동890-8	557-4945	
324호01.6.29	에코존	김종구	강남구역삼동832-7황화빌딩	563-9190	
325호01.6.29	한국신래복	송만기	강남구역삼동746-1회원빌딩	501-8456	
326호01.7.3	힐링월드	임대식	강남구역삼동704-48	569-0408	
327호01.7.3	뉴라이프홀딩스	민만기	송파구신천동7-13항군회관별관8층	420-0057	
328호01.7.3	에스피엔	권영서	서초구서초동1550-1인화빌딩102호	3486-0213	
329호01.7.3	숭민코리아유통	임정수	강남구대치동983-7	555-6701	

번호	상호	대표자	주소	전화	팩스	금액
330호01.7.3	다맥코리아유통	이회순	마포구마포동34-1신화빌딩11층	3275-0110		
331호01.7.7	바이타민코리아유통	서경숙	중구상림동146-7한림빌딩5층	2264-8700		
332호01.7.7	에이원쇼핑	이훈주	중구남대문로5가120국제화재빌딩17층	774-1188		
333호01.7.23	아드보케어코리아	정민주	강남구포이동221-5	3463-1562		
334호01.7.23	희망을만드는사람들	김부림	동대문구청량리동399	959-5837		
335호01.7.23	위드몰	오규철	관악구신림본동1638-32삼모스포렉트1104호	877-8174		
336호01.7.23	바이미	최정현	강남구삼성동169-1대한기독교서희빌딩	3452-4845		
337호01.7.23	에이에프비인터내셔널	허용강	강서구등촌동678-14	668-2272		
338호01.7.24	다줌엔터프라이즈	윤영수	강남구역삼동738-14	561-3808		
339호01.8.6	사데리네	황수림	서초구서초1동1678-1	3472-8308		
340호01.8.6	이피엔	조희필	강남구논현동206-17진우빌딩4층	514-0011		
341호01.08.13	하나리빙월드넷	송은희	강남구삼성동141-4임성빌딩2층	558-1185		
342호01.8.18	브레인그룹	김태환	동작구신대방동342-39대도빌딩4층	822-2168		
343호01.8.23	주현씨오엠	강옥판	종로구숭인동1419-2금호빌딩6층	2231-0073		
344호01.8.23	바이테크노스	강춘암	강남구역삼동837-26삼일프라자618호	561-8744		
345호01.8.23	조이커뮤니케이션	전경노	강남구역삼동832-7황화빌딩401호	501-9884		
346호01.8.23	트리플마켓월드	강명권	관악구봉천동1659-2청동빌딩601호	5887-3713		
347호01.9.3	씨에넨네트워크	이성재	강서구가양동1453-2이천이프라자4층	2063-1114		
348호01.9.5	넷피아월드	김동실	성동구성수동2가301-28번지	499-3233		
349호01.9.13	에이치에스씨피	윤석철	서초구방배동851-4한세빌딩	596-0257		
350호01.9.18	유피피에스	장웅조	성동구용답동235-4유성빌딩3층	2217-4970		
351호01.9.18	동방비엔엠	이승욱	서초구서초동1600-3대림빌딩3층	521-9595		
352호01.9.21	청정나라	서정자	서초구서초동1464-10	597-2422		
353호01.9.26	아이에스엔실크리아	이정일	광진구군자동473-25정일빌딩3층	464-2820		
354호01.10.8	한아름산업	김상윤	중구남창동1-1그리쉼빌딩505호	318-4700		
355호01.10.15	잼넷	배지헌	동작구사당동1007-42남전빌딩2층	522-8307		
356호01.10.16	시그마쇼핑	김남호	성동구성수2가1동572-8	462-1860		3억
357호01.10.16	홍게월드	허윤회	서초구방배동981-17정화빌딩	533-9717		3억5천
358호01.10.18	실크원	이기숙	송파구풍납2동261현대2차아파트상가2층	489-5436		3억2천
359호01.10.19	티엔스코리아	리진완	서초구서초동1554-9알바트라스빌딩5층	598-5154		
경기8호97.12.23	한국통제비티	김윤범	경기도수원시팔달구팔달로3가97-1지민빌딩4층	(031)257-0061	(031)257-0063	4억8천
경기9호97.12.23	휴먼라이프	박경훈	안양시동안구호계동802-5	(031)385-0453		4억8천
경기11호99.6.10	한우리	유현열	군포시산본동1137-1	(031)399-0834		3억
경기12호99.12.30	올리고포스	한상민	안양시동안구호계동804-9유한빌딩	(031)424-6247	(031)424-4212	3억1백
경기13호00.5.17	다선인터내셔널	이명수	성남시분당구서현동248-1	(031)705-7871		3억
경기14호00.7.25	코리아라이프	인화자	수원시권선구권선동1020-13	(031)222-9756		3억7백
경기15호00.11.9	세계로	이영재	안양시 만안구석수2동281-1	(031)472-4211	(031)472-4212	3억1천
경기2001-2호01.4.13	엠에스프라존	김석오	고양시일산구백석동1141-2유니테크빌915호	(031)909-7026	(031)903-2026	3억
부산5호96.10.26	왕성	이영미	진구개금1동196석천오피스텔501호	(051)891-6502		3억
부산14호97.3.4	세이프	김희철	부산동구초량3동1151-8동양빌딩5층	(051)442-6118		3억3천
부산15호99.6.8	에쓰씨아이	원대연	부산진구부전1동474-8유원오피스텔	(051)802-2930		3억
부산17호00.2.14	소망	최매원	부산진구가야2동288	(051)897-4345		3억
부산18호00.4.6	포에스인터내셔널	주인석	부산연제구연산4동603-11대연빌딩5층	(051)863-1426		

부산20호00.5.8	비엠지	장성종	부산동구초량3동1146-7	(051)464-9777		
부산21호00.8.18	천사한국건강산업	리진완	부산동구초량3동1197-5성평빌딩6층	(051)441-9216	(051)464-6244	4억
부산22호00.9.8	알앤에프코리아	김영숙	부산동구초량3동1197-5성평빌딩8층	(051)464-4460		
부산24호00.10.11	한마음썬텍	김복순	부산진구범천1동849-1서영빌딩8층	(051)642-6143		
부산26호00.11.24	프리벨리	김희봉	부산동구초량3동1151-1	(051)469-0750		
부산28호00.12.14	일등바이오네트워크	김윤순	부산동래구명륜동647-1부민상호신용금고5층	(051)553-3812		3억3천
부산29호00.12.14	파라다이스인	배대호	부산동구초량3동1196-8우주빌딩7층	(051)465-1771		
부산30호00.12.14	모닝피아	이상철	부산연제구연산5동1342-27동림빌딩4층	(051)852-2376		
부산31호01.12	삼원유통	오경희	부산동구초량1동1209-16선호빌딩	(051)466-0975		
부산33호01.1.2	네오피아인터내셔널	김세윤	부산동구초량3동1151-1유한양행빌딩3층	(051)465-5747		
부산34호01.1.3	아이엔케이	이성철	부산연제구거제1동150-6한양타워빌딩4층	(051)506-6582		
부산35호01.1.4	몰린다	박형만	부산동구초량3동1163한서빌딩6층	(051)464-9090	(501)464-6354	3억
부산37호01.2.5	고려인삼판매산업	김상현	부산동구초량3동1198-7조선일보빌딩1층	(051)466-3456		
부산38호01.2.14	해광월드	구창옥	부산동구초량3동1198-7조선일보빌딩501호	(051)466-9775		
부산39호01.3.19	글로벌자이언트시스템	서만옥	부산동구초량3동1160-1한국유리빌딩2층	(051)440-3005	(051)440-3205	5억
부산40호01.3.29	디에이터	손영석	부산동래구명륜동647-1부민상호신용금고빌딩	(051)557-0112		
부산41호01.4.10	삼라인터내셔널	김호찬	부산연제구연산동1342-27번지동림빌딩2층	(051)861-1520	(051)861-1522	
부산42호01.12	건미원생기효소	한상길	부산동래구온천동208-2번지온천파크오피스텔05호	(051)555-1840		
부산43호01.4.12	아나밸리	나은호	부산동구범일동937-3	(051)636-5636		
부산44호01.4.16	이지엘	이승주	부산연제구연산동702-9뉴그랜드오피스텔701	(051)852-2552	(051)852-4135	
부산45호01.5.7	천일오토	문욱길	부산진구전포동874-1천일빌딩6층	(051)805-0030	(051)816-8432	3억5천
부산46호01.5.7	이엔코리아	정경화	부산진구부전2동232-31한성빌딩9층	(051)816-3917		
부산47호01.6.12	이십일세기파워코리아	전경화	부산동래구온천3동1414-6번지			
부산48호01.7.7	아이비에스코	황상문	부산연제구연산5동702-10진도빌딩	(051)862-0448		
부산49호01.8.1	프리엔굿	김재규	부산동구초량3동1197-5성평빌딩701호	(051)465-8062		
대구4호96.11.22	키친월드	박만규	대구수성구수성1가96-150대광빌딩7층	(053)756-5050		4억9천6백
대구12호99.8.23	광정기전	정명흔	대구달서구대천동595-1	(053)583-6161		3억
대구13호00.3.8	신가예스	임몽석	대구서구비산4동333-2농촌빌딩5층	(053)562-5042	(053)562-5043	3억
대구16호00.7.18	아이머치	노선동	대구동구신천동383-4그룹워빌딩7층	(053)744-4300		3억8백
대구17호00.8.3	투엔플러스	황자룡	대구수성구황금동779-3	(053)761-2109		3억7천
대구18호00.8.10	클릭인터내셔널	지병록	대구남구대명10동1637-25	(053)629-4442		3억
대구19호00.9.14	켄두21	배이봉	대구수성구수성1가96-150대광빌딩4층	(053)746-8350		3억1백
대구20호00.11.8	지엔케이	황해수	대구수성구수성1가96-150대광빌딩6층	(053)762-6200		3억6백
대구23호00.12.23	지엠코리아원	김창수	대구수성구수성3가332다송빌딩2층	(053)761-0040		3억1천
대구24호00.12.30	케이투마트	이상훈	대구달서구송현2동1931-15보광빌딩5층	(053)622-7421		3억
대구25호01.2.3	팬코리아	최근효	대구중구동인동1가359-1	(053)257-6044		3억
대구26호01.2.10	콜마트플러스	전분학	대구남구대명2동1790-3한빛은행2층	(053)656-7191		3억2천6백
대구27호01.3.15	리치웨이인터내셔널	캘빈김	대구중구삼덕2가210-1진석타워5층7호	(053)429-7744		3억5백
대구28호01.4.11	아이쓰리샵	김성희	대구중구봉산동37-35삼영빌딩6층	(053)420-1000		4억1천2백
대구29호01.4.20	청화	김월선	대구북구침산동156-50	(053)426-2482		3억8백
대구31호01.5.29	유진셀링	최종문	대구중구남산동375대구계산타워8층	(053)255-1017		3억1천1백
대구32호01.6.12	게르마늄코리아	이형우	대구수성구범어동776-7한국게르마늄빌딩	(053)744-7779		3억1천
경북3호00.1.11	랑프베르제	김기준	경북경산시옥산동879-7	(054)746-5511	(054)742-0996	3억

지점	상호	대표	주소	전화	팩스	금액
강원1호99.11.8	옥산가제이엠	이태훈	강원춘천시동면월곡리235-2	(033)242-6240	(033)241-0110	3억5천
인천1호00.6.9	마하나임	황석연	인천시계양구효성동191-10	(032)213-5500		3억
인천4호00.10.11	씨엔씨텔레콤	윤광순	인천시남동구구월동201-32아름빌딩5층	(032)439-9200	(032)441-8500	9억6백
인천7호01.5.18	리치라이프	윤중식	인천시남동구구월1동1126-7기한빌딩602호	(032)439-8886	(032)439-8887	3억5백
인천8호01.8.22	골드라인코퍼레이션	이상현	남구주안1동170-8소운빌딩3층	(032)425-0484		
인천9호01.9.01	라이프파트너스	임중석	남구주안6동953-22층	(032)438-2830		
충북1호00.11.9	동양메이트인터내셔널	신용헌	충북청주시흥덕구송정동75-4	(043)263-6100	(043)263-5333	4억7천4백
전남2호00.10.30	석화	강석원	전남목포시용해동323-22	(061)279-1433	(061)279-1435	3억2천
광주2000-2호00.6.27	코스콤닷컴	안성주	광주시남구월산동10-9남경빌딩4층	(062)366-8820	(062)366-8886	3억5백
광주2000-1호01.8.2	아이탑	임종순	광주시북구임동94-178	(062)528-0286	(062)528-0160	3억1천
대전2호98.2.12	네띠아미	한일남	대전시중구용두동99-36	(042)221-7662		3억3천
대전7호00.3.15	신원라인	최두병	대전시중구선화동136-17	(042)222-1680		
대전8호00.12.17	다인샵	남궁결	대전중구대흥동452-107	(042)222-5770		
대전9호00.12.20	코리아월드	김명철	대전동구용전동145-7	(042)635-7462		
대전10호	챔프클럽	김성철	대전서구갈마동274-7	(042)369-0011		
대전11호	왕성	김정혜	대전유성구봉명동537-5	(042)823-3663	(042)823-5833	3억
대전12호	씨지비	김대환	대전중구대흥동499-1	(042)223-2473		
341호01.08.13	하나리빙월드넷	송은희	강남구삼성동141-4임성빌딩2층	558-1185		
342호01.8.18	브레인그룹	김태환	동작구신대방동342-39대도빌딩4층	822-2168		
343호01.8.23	주현씨오엠	강옥판	종로구숭인동1419-2금호빌딩6층	2231-0073		
344호01.8.23	바이테크노스	강춘암	강남구역삼동837-26삼일프라자618호	561-8744		
345호01.8.23	조이커뮤니케이션	전경노	강남구역삼동832-7황화빌딩401호	501-9884		
346호01.8.23	트리플마켓월드	강명권	관악구봉천동1659-2청동빌딩601호	5887-3713		
347호01.9.3	씨에넨네트워크	이성재	강서구가양동1453-2이천이프라자4층	2063-1114		
348호01.9.5	넷파아월드	김동실	성동구성수동2가301-28번지	499-3233		
349호01.9.13	에이치에스씨피	윤석철	서초구방배동851-4한세빌딩	596-0257		

부 록

최우수 등급 최다선정,
역시 대한민국 이동통신입니다.

Aa (최우수)	180	179	133

· 접수 성공률 및 단절률 조사지역 : 서울, 수도권, 광역시, 중도시, 시군, 고속도로, 국도, 지하철(서울/부산), 지하도
(2001년 정보통신서비스 품질평가협의회 주관 통화품질 평가 결과)

훨씬 경제적인 통화요금,
역시 대한민국 이동통신입니다.

표준요금		기본요금 15,000원 10초 18원	기본요금 15,000원 10초 21원	KTF가 14% 저렴
장기 사용시 할인	1년 이상	5%할인	할인혜택 없음	
	2년이상	10%할인	5%할인	
	3년이상	15%할인	7%할인	
가입기간 통화시		최고 11%할인	할인혜택 없음	

228 ❋ 21세기 성공신화를 창조하는 시스템

중산층과 서민 그리고 소외계층의 대변지

시사 포커스
TOPICS FOCUS

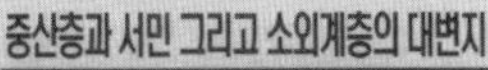

이슈포커스 (주)나라콤 이세형 전무·전국사업자발전협의회 허종희 회장

'KTF선불요금제' 유통으로 이동통신시장의 새 패러다임 구축

베일속의 3김연대 후보, 이인제 선택 가능성 있다
정몽준, '투톱 팀플레이 정치에 적용해야 한다'

경선 출마 선언한 한나라당 박근혜 부총재 속미음은?
이회창 대권 비상, 경남지사 김혁규를 견제하라!

특집 "테러방지법 제2의 국가보안법인가"
군병력 사법경찰관 직무수행, 자의적 법해석에 따른 인권침해 우려

수원새벽교회 윤상형 목사 21세기 민족복음화와 세계선교를 위한다

기획 고령화사회 노후문제, 스님도 예외될 수 없다

2002 대권분석 / 예측과 전망
3김연대 구도, 정계 개편 시나리오

www.sisafocus.co.kr

나라콤 이글스 파일 ✳ 229

계간「시사포커스」/ 2002년 1월 31일 / 특허경영부 등록번호 문화0806) (96년 10월 16일) / 통권56호 61년

ISSN 1228-4327 정가 6,000원

무점포, 무자본, 무경험의

특수 마케팅의 한 분야로 학문적 연구 필요할 때

정리 : 장석진 기자 jsj@sisafocus.co.kr

최근 코엑스에서 있었던 네트워크마케팅 세미나에서 건국대학교 경영대학원 이윤보 원장은 '네트워크 비즈니스의 정당성'이란 주제문 발표했다. 그는 "네트워크 비즈니스의 정당성은 세부적으로 인지적 정당성, 도덕적 정당성, 실리적 정당성으로 비즈니스방식의 기본을 명확히 하여야 한다"고 강조 했다.

이윤보 원장은 "기업가 정신이 투철하고 창의력이 있으며 경쟁력 있는 소비자용 제품을 제조 또는 유통하는 기업은 네트워크마케팅 업체로 적합하다."라고 말하며 더불어 "구매력을 증대시키고, 다양한 가치를 제공하며, PR 활동을 강화시키고, 기업 활동의 프로세스 표준화를 통하여 글로벌 사업기회를 갖게 하는 기업이 최고의 조건을 갖춘 최고의 네트워크 기업"이라고 말한다.

이 주제문에 의하면 세부적으로 인지적 정당성, 도덕적 정당성, 실리적 정당성으로 비즈니스방식의 기본을 명확히 하여 그 원리를 매스콤, 홍보, 평판을 통하여 보급 시켜야 하는 것과 도덕적으로 비난받는 행위를 조직의 멤버에게 허락하지 않는다는게 네트워크 비즈니스의 정당성의 핵심이라는 것이다. 그래서 네트워크 기업의 정당성에 대서 존재·행동·목표가 사회적인 규범·가치·상식의 범위내에서 적정한 사회적 평가라며 목표와 수단이 소비자들에게 뿌리깊이 자리잡은 기존 기업이념에 부합하는 것이어야 한다는 것이다. 특히, 이원장이 가장 강조하는 것은 '상식'이란 단어이다. 이러한 상식을 바탕으로 한 정당한 비즈니스로 자본과 인재를 모으고 고객과 관청으로부터 지속적 지지를 얻어 새로운 가치를 창조하여야 한다

▲ 건국대 경영대학원 이윤보 교수

고 밝혔다.

또한 시대와 국가에 따라서 달라지는 사회적 윤리적 규범에 대하여 그것이 합법적인가? 아닌가?에 따라 규정하는 것이 '비즈니스 룰'이라고 역설한다. 또한 '비즈니스 룰'은 시대에 따라서 진화하는 것으로 오늘날의 비상식이 미래에서는 상식이 될지도 모르며 그것이 미래엔 역으로 바뀔수도 있다고 말한다. 일본에서는 합법이지만 독일에서는 불법인 '경쟁 수단의 예'를 들어가며 강의 하는 이 원장은 네트워크마케팅이 이시대의 신마케팅기법으로 자리 잡을 것이라고 21세기 유통의 비전을 제시했다.

피라미드와 네트워크 마케팅의 차이점

이원장은 피라미드와 네트워크 마케팅의 차이점을 제품의 특징측면에서 살펴보면, "네트워크 마케팅의 지속적 유지 및 성장은 사용자 확대와 반복 구매에 의존한다. 따라서 네트워크 마케팅을 위한 제품 속성은 사용기간이 짧고 구매 빈도가 높아야 한다는 것이다. 이에 반해 피라미드는 그 방식은 같더라도 실제로는 상품을 거래하지 않고 권유한 업 라인(up line)에게 가입금을 지불하여 조직회원이 되고 각각의 회원이 또한 복수의 다운라인

(down line)을 조직으로 권유하여 권유한 사람의 수에 따른 배당(백마진)을 받는다며 피라미드 판매는 먼저 가입한 상위의 회원만이 백 마진을 가로 채어 그를 이외의 후순위 가입자는 조직에 참가하는 사람이 무한으로 증가하지 않는 한 투하된 자금은 회수가 불가능하다는 것이다. 네트워크 비즈니스와 위법으로 판정되는 다단계 상술을 구별하는 법률이 다단계 판매법이다. 이 원장은 네트워크 비즈니스는 방문판매법으로 정해진 행위규제를 충실히 지키고 있는 한 정당한 상행위로서 인정 받는 것이라고 한다. 이 원장에 따르면 소비자가 네트워크 비즈니스에 참가하려고 할 때에 좋은 네트워크 비즈니스를 구별하는 방법으로 '상품의 질, 회사의 경영상황, 소송기록, 신문기사검색 및 인터넷 검색을 활용할수 있는 기업'이어야 한다는 것이다.

이 원장은 마지막으로 비전을 가진 기업만이 우후죽순으로 늘어나는 네트워크 마케팅 시장에서 존속할 수 있다며 가장 중요한 것은 네트워크 마케팅 기업이 계속 발전하고 존속할수 있다고 말했다.

그러기 위해서는 소비자의 필요에 응하는 상품을 제공하며, 비즈니스의 존재 이유와 조직 멤버의 행동지침의 원천이 되는 '기본이념' 내지 '경영이념'을 가질 것과 그것이 일상적 행동으로 계속 구체화 되도록 노력하는 기업이어야 한다고 말했다. 사회 교육과정이나 세미나, 석·박사의 논문 등을 통해 특수 마케팅의 한 분야로 소개 되기도 했던 네트 워크 마케팅을 국내 최초로 대학 강단에 전공 과목으로 채택한 이윤보 원장은 마지막으로 네트워크 마케팅에 대한 학문적 접근만이 우리나라 산업의 수준이 한 단계 높아진다며 앞으로 네트워크 마케팅에 대한 학문적 해석과 연구를 통해 네트워크 마케팅을 체계화 할 것이라는 포부를 밝혔다.

21세기 신개념 마케팅

건국대 경영대학원 이윤보 교수
정보 전략 연구소 윤은기 소장

글로벌 세일즈로 국가경제 발전에 기여하는 유통기법

남기웅 기자 nkw112@sisafocus.co.kr

지난해말 기준으로 우리나라 네트워크마케팅 시장의 총매출액은 2조 12억 원을 기록했고, 올해는 연말까지 예상되는 매출이 3조 5천억 원을 넘어설 것으로 보고 있다.

이렇게 네트워크마케팅 사업이 경이적인 성장을 하고 있을 때 사회적으로 불건전하게 형성된 다단계나 불법피라미드에 대한 이미지로 선뜻 시장에 참여하지 못하는 사람들이 대부분이었으며, 네트워크마케팅에 대한 연구와 이해보다는 무조건적인 배타적인 태도만 보여왔던 것이 사실이다.

뒤늦게 방문·판매법을 제정했으나 깊이 있는 연구와 이해하는 마인드가 부족한 나머지 방판법이 기업활동을 과도하게 제한하고 있다는 불만의 목소리와 함께 소비자의 피해를 예방하거나 그 피해를 신속히 구제하지 못하고 있다는 지적도 함께 받아왔다.

21세기 네트워크마케팅은 국가 경제 발전에 기여하는 역군

정보전략연구소의 윤운기 소장은 미래에 대처하는 마케팅 기법으로 네트워크마케팅 기법을 과감히 제안한다.

"이제는 만드는 시대에서 파는 시대로 변화했다고 볼 수 있습니다. 20세기 산업사회가 무조건 잘 만드는 시대였다면 21세기는 국경을 초월한 글로벌 세일즈로 '누가 더 잘 파는가'에 따라 기업과 운명이 바뀔 것입니다."

세일즈의 중요성을 강조하는 윤소장은 "파는 기술이 최고의 기술로 인정받게 될 것이며 터부시되었던 세일즈맨이 고소득과 사회적 위상을 보장받는 전문직으로 떠오를 것"이라고 말했다.

▲ 정보전략연구소 윤은기 소장

하지만 이러한 세계적 추세에도 불구하고 네트워크마케팅에 대한 국내의 인식은 아직도 '피라미드'를 떠올리는 진부한 수준이라는 것이 윤 소장의 생각이다.

그는 "우선 네트워크마케팅에 관한 일반인들의 개념이 확립되어야 한다"며 네트워크 마케팅 개념 확립의 중요성을 강조했다.

"우선 네트워크마케팅 개념은 무 점포이며, 판매원 개개인이 개인사업가의 의미를 갖습니다. 현재 인기를 얻는 SOHO 비지니스의 하나라 할 수 있죠.

전통적 마케팅은 상품을 가게에 진열하고 고객을 기다리지만 네트워크마케팅은 판매원이 직접소비자를 찾아가 일대일 상담이 이루어지고, 소비자가 회원이 되며 또 다른 소비자를 회원으로 연결해 판매를 증대시키는 방법이라 할 수 있습니다.

피라미드 역시 판매방식은 유사하나 결정적 차이는 네트워크마케팅이 상품의 판매가 주 소득원이라면 피라미드는 회원가입이 주 소득원이라는 것입니다. 또 네트워크마케팅이 가입비를 받지 못하게 되어 있다면 피라미드는 고액의 상품과 가입비를 요구한다는 것입니다."

윤 소장은 네트워크마케팅과 피라미드의 가장 쉬운 판별법으로 유통되는 상품의 종류를 들었다.

네트워크 마케팅이 대부분 일상 생활에서 쉽게 쓰이는 소모품을 취급한다면 피라미드는 상품의 개당 가격이 높은 고가 제품을 취급한다는 것이다.

또한 윤 소장은 무 점포와 무 광고에서 오는 남은 비용을 제조업자와 판매자, 소

> **정보전략연구소 윤소장은 무 점포와 무 광고에서 오는 남은 비용을 제조업자와 판매자, 소비자에게 골고루 돌아가는 네트워크마케팅이야말로 경쟁이 치열해지는 마케팅 시장에서 영원히 살아 남을 수 있는 '최고의 유통기법'이라고 꼽았다.**

비자에게 골고루 돌아가는 네트워크마케팅이야말로 경쟁이 치열해지는 마케팅 시장에서 영원히 살아 남을 수 있는 '최고의 유통기법'이라고 꼽았다.

"국가의 경계가 허물어지는 21세기에 네트워크마케팅은 국가 경제발전에 기여하는 가장 큰 역군이 될 것이다"라고 말하는 윤 소장은 "국내에 축적된 네트워크마케팅의 노하우를 활용하면 세계시장을 놓고 경쟁이 가능해 질 것"이라고 말했다.

(주)나라콤, 'KTF선불요금제' 유통으로 이동통신시장의 새 패러다임 구축

대우정보통신과 KTF의 전략적 제휴, 통신시장 지각변동 일으켜

▲ 창립2주년 기념 컨벤션에 참석하고 있는 김규홍 대표이사(우)와 이세형 영업기획전무이사(좌)

오양진 · 남기웅 기자 nkw112@sisafocus.co.kr

KTF선불요금제란

KTF선불요금제란 전화 이용 시 기존의 후불요금 부과방식과 달리 본인이 일정금액을 정하여 선 결제 후 그 금액만큼을 통화하는 방식을 말한다.

국제적으로 세계통신 시장을 주도하고 있는 미국의 경우 90년부터 시작된 무선선불요금제 시장이 현재 이동통신시장의 70%를 차지하고 있다. 특히 호주, 이태리, 스웨덴의 경우 선불요금제가 대중화되어 있으며, 유럽 이동통신시장의 점유율도 높

정보통신부 통계에 의하면 2001년 말 우리나라 이동통신시장은 약 2,900만 명의 가입자를 확보함으로써 포화상태에 접어들게 되었으며, 최근 단말기보조금제도의 폐지 및 각 이동통신사간의 인수합병 등으로 새로운 국면을 맞고 있는 것으로 분석되고 있다.

이로 인하여, 각 이동통신사는 대리점을 통한 신규 가입자 유치 및 기존 가입자의 이탈방지를 위해 많은 경비를 지출하고 있고, 이들 업체간의 과다출혈경쟁은 한층 더 과열 될 것으로 보여진다. 또한 IMT-2000의 상용화와 통신시장 개방으로 글로벌 통신시대에 각 나라와 이동통신사들이 경쟁력을 확보하려는 노력이 계속되고 있다.

이러한 상황에서 KTF(016)가 고객서비스의 새로운 가치를 더하기 위해 대우정보시스템과 전략적 제휴를 맺고 KTF 선불요금제시스템 개발 및 모바일 인터넷콘텐츠 사업에 심혈을 기울이고 있다. 특히 네트워크마케팅 전문회사인 (주)나라콤이 대우정보시스템과 전략적 제휴를 맺어 최고의 품질, 최저의 요금, 최상의 서비스시스템을 구축하여 국내 최초로 선진국형 이동전화 서비스인 선불요금제 상품을 유통함으로써 이동통신과 네트워크마케팅 시장에 새로운 바람을 일으키고 있다.

이에 본지에서는 최근 선풍적 인기를 끌고있는 KTF선불요금제와 (주)나라콤의 신 개념적인 마케팅기법에 대해 알아보기로 한다.

편집자 주

창립2주년 기념 컨벤션 개최

'역동하는 나라콤, 우리는 하나' 슬로건 아래…

(주)나라콤 창립 2주년 기념 컨벤션이 '역동하는 나라콤, 우리는 하나' 라는 슬로건 아래 지난해 12월 17일 올림픽 펜싱경기장에서 개최되었다. 이날 행사는 회사 임원진과 다이아몬드 디렉터, 그리고 협력업체 관계자를 비롯한 7,000여 명의 사업자들이 참석해 대성황을 이루었다.

행사장 내에 빈자리가 없을 정도로 열기가 뜨거웠던 이번 컨벤션은 창립 2주년을 알리는 레이저 이미지 쇼와 나라콤 홍보영상물 상영, 그리고 4명의 모듬북 연주를 시작으로 막이 올랐다.

김규홍 대표이사는 축사를 통해 "나라콤은 회원 여러분의 열정과 제휴사들의 적극적인 지원으로 안정되고 점진적인 성장기반을 확고히 구축하고 제2의 도약을 펴나가고 있다"면서 "IT와 BIO상품유통의 선구자가 되어 모두 성공의 대열에

서서 간직했던 꿈을 실현하자" 라고 말했다. 이어서 KTF강남사업본부장(문종대 팀장 대독)과 대우정보시스템 김자현 상무 및 한국바이오벤처협회 한문회 회장(정명준 부회장 대독)의 축사가 계속됐다. 축사에 이어, 나라콤과 산업자원부가 지원하는 바이오벤처사업단(주)와의 전략적 제휴 조인식이 거행되었다.

이 조인식은 산자부 내 한국바이오벤처협회의 소속 회원사들 중 기능성 의약식품의 원료와 완제품 등을 개발하는 이십여 개의 업체와 나라콤이 공동으로 설립한 마케팅 전담회사인 바이오벤처사업단(주)와 공동판매전략을 전개해 외국수입제품이 독점하고 있는 국내 1조원대의 기능성 의약식품시장에 출사표를 던졌다는 점에서 참석자들로부터 큰 호응을 얻었다.

아지고 있는 추세다. 또한 아시아는 홍콩, 싱가폴 등 도시국가 중심으로 선불요금제 이용자가 늘어나고 있으며, 일본의 경우 우리나라 보다 약간 앞서 있는 것이 사실이다. 얼마 전 WTO에 가입한 21세기 세계경제의 신흥 경제중심국가로 부상하고 있는 중국도 통신시장의 개방에 대비하여 현 후불요금체계를 점차 선불요금체계로 전환 중에 있다. 하지만 국내 통신시장의 무선 선불요금제 운영은 미 개척분야인 상태였다.

이러한 상황에서, 기존 후불요금제의 많은 폐해가 발생하고 신규 이동통신 가입자의 폭이 줄면서 선불요금의 필요성을 인식한 KTF(016)가 새로운 시장을 개척하고 있는 선도자적 역할을 하고있다. 국내 유통 중인 선불카드는 대부분 유선 선불카드이다. KT(한국통신)에서 발행한 월드 폰 플러스카드, 데이콤의 선불카드, 별정통신 선불카드 등이 있으나 국내외여행자, 유학생, 해외출장자, 여행자용 등으로 그 제한을 두고 있으며 사용시 마다 접속번호와 카드번호를 입력해야 하는 번거로움이 있어 대중 접근이 불가능 했다.

또한 무선 선불카드의 경우 019 Yes카드나 011 Speed Pass 카드는 외국인 관광객, 바이어, 단기 체류외국인, 미성년자, 신용불량자 등 단기간 사용자가 주로 사용하지만 요금이 비싼(65원/10초) 것과 이 고객이 한정되어 있다는 것이 단점이다. 이에 반해 KTF선불요금제는 모든 일반고객을 대상으로 하며 사용방법도 후불요금과 동일할뿐만 아니라 기존의 선불카드이용방식인 접속번호와 카드번호를 누를 필요가 없다. 또한 ARS(016-1510)를 이용, 선불빌링시스템에 최초 요금입력이 가능하며, 각종 서비스 검색을 할 수 있다. 또한, 후불요금제와 똑같은 방식으로 접속사용(접속시간 동일)이 가능하고 후불요금제 요금과 동일한 특징이 있다.

특히 통신요금을 미리 정해 놓고 쓰는 계획적인 통신 생활인 「선불요금」의 feed-back 효과와 ARS(016-1520)를 통해 24시간 언제 어디서든지 편리한 리필(Refill)이 가능하다는 것이 KTF선불요금제의 가장 큰 장점이다.

▲ 지난해 10월 15일 (주)나라콤 김규홍 대표이사와 나라콤전국사업자발전협의회 허종회 회장이 도고토비스콘도 대회의실에서 본사 이세형 전무와 700여명의 나라콤 리더사업자들이 참석한 가운데 사업 발전을 위한 협약서 조인식을 가졌다.

(주)나라콤은 어떤 회사인가

1999년 12월8일에 설립된 (주)나라콤(www.naracom.com)은 '21세기 정보통신산업의 새로운 가치창조를 통하여 삶의 질을 향상시키며, 유통산업의 새 패러다임을 제시하고 유통산업 발전에 기여함으로써 고객만족을 실현한다' 는 경영이념을 가지고 설립된 통신유통 전문회사이다.

(주)나라콤은 국내 네트워크시장에서 최초로 선진국형 이동전화 서비스인 이동전화 선불요금제 상품을 공급하여 통신유통 시장을 선도하고 있으며, KTF와 전략적 제휴를 맺은 대우정보시스템과의 전

바이오벤처사업단(주)와 전략적 제휴 조인식

행사장은 루비, 에메랄드 직급자의 핀수여식과 초대가수의 축하공연이 이어지면서 점점 축제분위기가 되었다. 때때로 직급 승급자들이 눈물 섞인 말로 승급소감을 발표할 때에는 숙연한 분위기가 감돌기도 했다.

각종 공로패 수여식과 센터 인증식 및 우수센터 시상식이 있은 후, 행사의 하일라이트라고 할 수 있는 다이아몬드 핀 수여식이 이어졌다. 이날 행사에서는 회원들의 아낌없는 축하를 받으며 11명(김광국·김미영·김형섭·김영남·오석연·박홍철·양승열·정상옥·이평선·이찬구·김동웅)의 다이아몬드가 새롭게 탄생했다.

▲ 창립2주년 기념 컨벤션 폐막식

▲ 김규홍 대표이사와 이세형 전무가 다이아몬드 직급자에게 핀 수여식을 하고 있다.

략적 제휴로 최고의 품질, 최저의 요금, 최상의 서비스 시스템을 구축하고 있다.

대한민국 네트워크마케팅회사로 유일하게 KTF선불요금제 서비스 유통을 전문으로 담당하는 회사가 탄생한 것이다.

21세기 신 개념 정보통신문화를 선도하는 ㈜나라콤

정통 네트워크마케팅의 선진유통기법을 도입한 (주)나라콤은 KTF선불요금제 서비스를 통해 급신장이 예상되는 선불요금제 이동전화시장의 진출로 과다한 관리비 지출을 최소화하고, 그로 인해 발생되는 수익을 고객에게 환원하여 합리적이고 안정적인 수익을 도모하고 있어 창립 2년 만에 회원 17만을 확보하는 건실한 네트워크마케팅 기업으로 성장하였다.

'정보통신의 새 가치창조'라는 경영이념으로 유통산업의 새 패러다임 창조와 고객만족의 경영실천을 하기 위해 '끊임없이 변화하자, 사람을 중시하자, 최고를 지향하자'를 사훈으로 열심히 뛰고 있는 (주)나라콤의 KTF선불요금제는 기존의 선불카드와는 많은 차이점이 있다.

기존의 선불카드(별정통신)는 통화 발생 시 10초당 일정한 금액(부가세 포함)을 정산하거나, 또는 일반 통화요금에 대해 정산하기 위한 용도로 사용되었으나, KTF선불요금은 기본료, 통화료, 전화세 등이 분리되어 실시간 정산된다. 쉽게 말해서 기존 선불카드는 10

초당 45원에서 65원의 통화료가 발생하는데 반해 KTF선불요금은 부가세가 붙지 않으며, 일 기본료 533원의 기본통화료가 부가된 후에는 10초당 18원의 저렴한 요금(할인 15원, 심야 10원, 전화세 미포함)으로 통화를 할 수 있다는 특징을 가지고 있다.

수천 억 원의 관리비와 광고비를 회원들에게…

또한 KTF선불요금의 특징은 전화주문(무통장송금)과 인터넷 주문(신용카드, 온라인 결재), 그리고 ARS를 이용(신용카드 결재)한 주문, 본사 및 픽업센터를 통한 직접 주문(현금, 신용카드, 온라인 결재가능)등의 다양한 결제방법과 3만원, 5만원, 10만원, 20만원, 30만원 등과 같이 요금을 탄력 있게 충전할 수 있다는 것이다.

일부 소비자 중에는 "그냥 요금을 35% 내리면 되지, 왜 KTF가 네트워크마케팅 회사인 (주)나라콤의 네트워크시스템을 선택했는가?"라고 의문을 제기하는 사람이 있다. 이에 대해 (주)나라콤의 관계자는 "요금을 35% 인하하게 된다면 요금인하 목적 외에는 소비자가 얻는 것이 전혀 없다. 하지만 같은 35%를 환원하여 돌려주는데 네트워크로 이루어진 조직(회원)에게 돌려준다면 KTF 사용자가 바로 사업자가 되는 동시에 다수의 회원을 유치할 수 있으며 그로 인해 수익을 극대화할 수 있기 때문"이라고 말했다.

더불어 "후불대리점 등에 지급되는 매출의 5.5~7.7%에 이르는 관리수수료와 매년 1,000억 원에 이르는 광고료 및 관리비를 줄일 수 있다는 장점과 매년 500억 원에

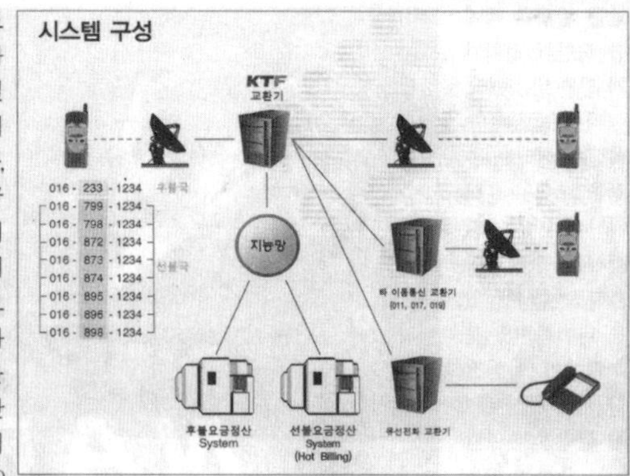

▲ 나라콤 시스템 구성도

…(중략)

첫째, 회사의 경영이념인 유통산업의 새 패러다임 구축을 실현하기 위해 인터넷을 통한 e-비지니스 사업을 강화해 나갈 것입니다.

나라콤과 제휴 관계를 맺고 있는 대우정보시스템에서 국내 최초로 회원 조직 관리서비스에 P2P신기술을 적용하여 회원 전용몰, 회원서비스, 회원간 정보교류가 가능한 시스템을 구축함으로써 인터넷과 네트워크의 만남 속에서 새로운 기능의 연출이 가능하게 되어 우리 사업의 활성화는 물론 회원 여러분들의 수익증대에 많은 역할을 할 것입니다. 이에 발 맞춰 나라콤은 기술개발 및 연구에 대한 투자를 더욱 확대하여 빠르게 변화하는 경영환경에 능동적이고 적극적으로 대처하여 회사가 안정적인 성장 속에서 우수하고 인정받는 우량기업으로 남도록 모든 역량을 쏟아 부을 것입니다.

둘째, 바이오벤처 사업의 진출로 사업 영역을 확대해 나가겠습니다.

나라콤이 통신유통 사업에 중점을 두고 있지만, 날로 증가하는 회원들의 열화와 같은 소망에 점차적으로 회원 전용몰을 통한 우수하고 필요한 양질의 상품을 다양하게 소개함으로써 사업영역을 넓혀갈 것입니다. 우선적으로 21세기 세계시장의 미래산업으로 주류를 이루고 있는 IT산업 외에 정부가 강력하게 육성하고 있는 정책 중의 하나인 BIO 산업에 진출하려 합니다. 나라콤은 국내 최고의 바이오 벤처회사들의 연합회인 한국바이오벤처협회의 지원을 받아 고도의 기술을 보유하고 있는 이십 여 곳의 바이오벤처회사와 나라콤이 공동 출자한 바이오 벤처사업단주식회사와 전략적 제휴를 맺고, 우수한 제품을 개발 공급하여 국내 바이오 유통산업에 기초를 다지겠습니다.

▲ 바이오벤처 사업단과의 조인식

이르는 악성 연체(3개월 이상 연체) 수수료의 피해를 막을 수 있으며, 이 비용 중 일부를 회원(사업자)들에게 돌려주고 있다."고 설명했다.

제품 원가가 공개되는 투명경영

그렇다면 (주)나라콤이 유통 전문회사로서 네트워크 방식을 도입한 타 네트워크마케팅 기업과의 다른 점은 무엇일까?

우선 터무니없는 고가의 상품이거나 정통 네트워크마케팅의 변형된 모습인 과다한 유통마진이 붙은 상품을 구입해야 하는 일부 네트워크 기업과는 달리 (주)나라콤의 상품은 구매원가와 사용원가와 동일한 통신요금이라는 절대적 상품으로 소비자들이 전혀 피해를 받지 않는 투명성이 보장되는 차이점을 갖고 있다. 원가를 산정 할 수 없는 일부 건강보조 식품이나 유형의 제품 등과 같이 기존 유통방식의 유통경로를 거치며 거품이 형성된 제품과는 다르게 유통비용이 전혀 들지 않는 무선통신 서비스란 제품의 특징과 전화로 간단하게 자연 재 구매가 이루어지며 원가가 공개된다는 투명경영이 (주)나라콤만의 장점이다. 특히, 이 회사는 기존 이동통신시장의 불필요한 관리비 및 광고비·유지비의 소비자 부담을 없애 네트워크마케팅을 통해 그 수익을 회원(사업자)들에게 분배해 주는 독특한 수익 구조를 가지고 있다. 문의 : 02-3453-5016

> **"e-비지니스 사업강화와 바이오벤처 사업진출로 사업영역을 확대해 나갈 것이며, 경영의 민주화와 개방화로 깨끗하고 투명한 회원들의 회사로 만들 것입니다."**

셋째, 경영의 민주화와 개방화로 깨끗하고 투명한 회원여러분의 회사로 만들어 가겠습니다.

나라콤은 회원 여러분과 함께 알찬 경영으로 네트워크마케팅 사업의 선두를 달릴 것입니다. 그리하여 날로 변모해 가는 회사에 보다 많은 회원이 회사의 주인이 됨으로써 신 경제 시대에 빠르게 변화하는 유통 시장의 시대적 흐름을 타고 우리의 발전과 위상을 자랑스럽게 내보일 것입니다.

넷째, 100만 명의 회원 목표를 달성하겠습니다.

여러분의 땀과 노력이 힘이 되어 우리의 꿈을 이루어지는 사업의 장으로서 나라콤을 개방하여 하고 싶은 사업, 오고 싶은 회사가 되도록 만들 것을 여러분 앞에 선포합니다. 이제 나라콤은 창도기와 과도기를 지나 성장기에 접어들었습니다. 다시 한번 저는 나라콤 가족에게 원합니다. 지금까지 보여 주었던 사업에 대한 열정과 자신감과 긍지를 갖고 무엇이든 어떠한 일도 잘 해낼 수 있는 성장 잠재력을 보여 주어 더욱 성숙되고 건실한 회사로 만드는데 동참해 주시길 바랍니다.

"사업자와 함께 하며 회사와 유기적인 관계 정립 위해 노력"

17만 전국 사업자들의 대변기구 역할… 각 분과별 위원회 구성으로 본격 활동

회사의 안정적인 성장과 회사와 사업자간의 조화로운 발전을 위해 전국 중앙센터 장과 에메랄드 이상 직급자로 조직을 갖춘 전국사업자발전협의회(회장 허종희·이하 전사협)가 지난해 10월 구성돼 본격적인 활동에 들어갔다. 허종희 회장은 "주인의식을 가지고 회사와 사업자의 상호발전을 위한 차원에서 전사협을 결성하게 됐다"면서 "사업자들의 적극적인 참여와 협조를 당부한다"고 말했다. 다음은 전사협 분과별 위원장과의 일문일답을 요약한 내용.

전사협의 설립배경은.

전사협 회장 =저희 나라콤 사업자들은 주인 의식을 갖고 회사와 상호 보완적이며 동등한 위치에서 서로 협력하기 위해 교육, 홍보, 복지, 윤리, 지역 등의 5개 분과위원회를 갖춘 (주)나라콤 전국사업자발전협의회(전사협)를 지난 10월에 구성하여 운영하게 되었습니다. 전사협은 각 분과위원회 별로 신규 사업자나 기존사업자의 애로사항을 커뮤니티를 통해 사업의 내실을 구하는 한편, (주)나라콤이 회원 확보에 치중한 나머지 회원이나 사업자에게 소홀 할 수 있는 부분을 사업자가 한목소리를 내어 회사와 사업자가 파트너쉽으로 동등하게 발전하자는 취지에서 출발하였습니다. 회장단으로 이뤄진 전사협 분과위원회에서는 위원회간의 긴밀한 협조와 협의로 개인적일 수밖에 없는 (주)나라콤 네트워크 사업자들을 하나로 묶는 동시에 사업자들에게 힘을 실어 주는 방향으로 모든 계획이 추진되고 있습니다.

(주)나라콤의 1번 사업자로 선불요금 사업의 차별화 된 비전을 소개해 주십시오

전사협 회장 = 고객을 찾아가는 (주)나라콤의 네트워크시스템을 도입한 KTF는 앞에서 언급한 바와 같이 광고비와 요금연체의 피해에서 벗어 날수 있습니다. 또한 (주)나라콤의 사업자이자 KTF선불요금 회원(사업자)들은 자본금 없이 선불요금제 회원 가입만으로 무 점포 무 자본의 사업을 할 수 있다는 것입니다. 자본금이 들지 않으니 보다 쉽게 사업을 접할 수 있고, 통신사업의 비전으로 보아 수익이 발생하는 것은 자명한 일입니다. 생활의 필수품으로 자리매김한 통신을 상품으로 하였기에 자연발생적 수익은 (주)나라콤의 회원(사업자)들에게 평생 따라 다닐 것입니다.

또한 IMT-2000의 상용화 및 통신 시장의 글로벌화로 전 세계가 하나의 단일 사

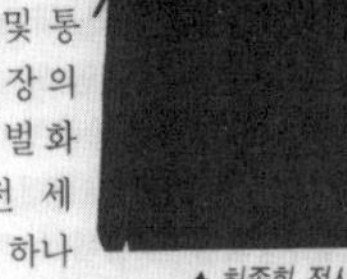
▲ 허종희 전사협 회장

업권에 들어가기 때문에 향후 나라콤 사업 비전은 전 세계를 무대로 확산될 것입니다.

현재 선불요금제가 우리나라 이동통신 시장의 1%에도 미치지 못한 실정이니 지금이 사업의 좋은 위치를 선점하기 위한 최적의 시기인 것입니다. 다시 말해 휴대폰은 절대적, 필수적인 상품으로 자연 재구매가 일어나고 지속적이고 안정적인 수입을 창출하는 사업입니다. 또한 한번 구

▲ 전국사업자발전협의회 사업계획 발표식을 마치고

▲ 나라콤 강사 트레이닝 21기 과정

입에 평생 사용하는 선불요금상품은 현재 KTF외에는 대용품이 없습니다. 아울러 신규 사업자 매출 수당 외에 재 구매 유지 수당이 동시에 발생되므로 평생 수입이 보장된다는 것과 KTF의 완벽한 서비스로 이루어지는 상품이라는 것이 가장 큰 특징입니다.

(주)나라콤은 2001년 사업실적이 2000년 대비 650%의 매출 향상을 이뤄 2001년 1월부터 11월까지 456억 원의 총 매출을 기록하였고 2001년 신규 가입한 회원 수만 14만 명에 이르러 현재 총회원수가 17만 명으로 증가했습니다. 이와 같은 회사의 급성장으로 향후 2002년 말에는 100만 회원이 나라콤 사업에 동참할 것으로 예상되고 있습니다.

상임고문으로서 전사협 발전에 어떠한 소신을 펼치고 있나요.

상임고문 = 저는 회사와 사업자가 동등하게 발전하기 위하여 전사협을 통해 회사와 사업자의 발전 방향을 제시하고 있습니다. (주)나라콤이 타 네트워크 회사와 다른 것은 상품의 차별화와 투명한 수당 구조로 독자적인 시장을 갖고 간다는 것에 힘을 얻어 사업자 스스로 자긍심을 갖는 것이 중요합니다. 어느 사업이던 어떤 직업이던 어려움은 항상 있게 마련입니다. 나라콤 사업자들은 직업인으로서의 자긍심을 갖고 스스로 자기 자신을 이겨나가는 것이 중요합니다. 저는 전사협의 상임고문이기 전에 나라콤의 사업자로서 최선의 노력을 경주하여 2002년 100만 회원의 목표가 달성될 때까지 최 일선에서 고군분투하겠습니다.

네트워크마케팅에서 가장 중요한 것은 교육인데 나라콤은 차별화 된 교육을 어떻게 실시하고 있습니까.

교육분과위원장 = 그동안의 네트워크마케팅 업체들은 주입식 세뇌교육을 많이 하여 왔습니다. 교육분과위원장의 역할은 가르치는 교육이 아니라 사업자들의 동기 유발에 치중하여 잠재 의식을 끄집어 낼 수 있는 마음과 마음이 통하는 교육으로 수도권, 충청권, 제주권, 강원권 등 7개 권역 별로 알찬 교육이 될 수 있도록 노력

하고 있습니다. 특히 폭발적으로 늘어나는 회원들을 감당하고 내실 있는 교육을 위해서 200~300명에 이르는 강사를 배출하기 위한 강사 트레이닝(2001년말 21기 양성)을 활발히 추진하고 있으며, 루비, 에메랄드, 다이아몬드 등의 직급자들이 네트워크마케팅, 보상플랜 등의 전문적인 지식을 갖출 수 있도록 직급자 교육을 실시할 예정입니다. 또한 강사 워크숍을 열어 각 센터 숫자에 맞춰 전국에 정형화된 교육조직을 구축할 계획입니다.

위대한 사람은 태어나는 것이 아니라 선택과 훈련에 의해 만들어지는 것이며, 행동 없는 배움은 배움이 아니라 봅니다. 저는 교육분과위원장으로 모든 사업자가 강사의 자질을 배양할 수 있도록 최선의 노력을 경주하겠습니다.

각종행사와 대외홍보가 많은 것으로 알고있는데 향후 계획은 어떻습니까.

행사·홍보분과위원장 = 네트워크 사업은 약속을 실천하는 신뢰와 이해의 사업입니다. 회사와 사업자는 동등한 위치의 사업 파트너로서 17만 회원을 대표하는 전사협과 회사는 역할 분담에 충실 할 것이며, 실천하려는 의지를 갖고 각종 행사와 이벤트를 펼치고 있습니다. 내년 1월에 열릴 한마음 전진 대회처럼 (주)나라콤의 행사들은 사업자 가족들이 한마음이 되어 최고의 회사와 최고의 네트워커가 되기 위한 화합의 장입니다. 저희 행사·홍보분과위원회는 보다 내실 있는 행사를 저렴한 비용으로 치르기 위해 각 행사 때마다 만전의 준비를 다하고 있습니다. 또한 대외홍보에도 심혈을 기울여 나라콤의 발전하는 모습을 널리 알리고 새로운 도전의식을 갖고 참여하는 예비 사업자들에게 보다 많은 정보를 제공할 것입니다.

네트워크 시장에서는 상품이 회사의 흥망성쇠를 좌지우지합니다 저희 나라콤의 절대적 상품인 선불요금제는 시대적 흐름의 대세로서 향후 국내시장 뿐 아니라 전세계시장의 석권을 목표로 최선의 노력을 경주해 나가겠습니다.

나라콤의 센터는 몇 곳이며, 또한 센터 발전계획이 있다면 설명해주십시오.

지역분과위원장 = 현재 나라콤은 2001년

▲ 현창수 상임고문

▲ 김동웅 교육분과위원장

▲ 박종수 행사·홍보분과위원장

▲윤영수 지역분과위원장

▲정명금 복지분과위원장

▲이찬구 윤리분과위원장

12월 12일 기준으로 230개(픽업 6개소, 중앙 42개소, 일반 188개소)의 센터가 운영

중에 있습니다. 폭발적인 회원 증가로 인해 무분별하고 자격 미달의 지점이 생긴 것이 사실입니다. 매출 등이 미비한 지점이 같은 지역에서 우후죽순처럼 생겨나 과다 경쟁과 각 지점의 내실 있는 발전을 막는 등 다소의 문제점이 야기되어 왔습니다. 우선 지역분과위원회에서는 그러한 분쟁을 해결하고 조율하는 기능을 하며 각 지역 센터의 협력을 통해서 교환강의처럼 비용을 줄이는 방법을 도모하는 한편, 센터장의 정기교육을 년2회 실시토록 함으로써 지역 센터장의 자질강화에 힘을 쏟을 예정입니다. 또한 신설 센터에 사전 협의를 통해 충실하게 개점을 할 수 있도록 방안을 모색 중입니다.

기업의 가장 중요한 부분이 복지대책인데 어떠한 계획을 펼치고 있습니까.

복지분과위원장 = 한마디로 정리하자면 사업자들의 복지와 기업이윤의 사회환원을 하는 일을 병행하고 있습니다. 기업이 이윤을 창출한 후에는 사회에 환원하는 것은 이제는 당연한 일처럼 여겨지고 있습니다. (주)나라콤의 사업자들도 하나의 사업체를 운영하는 사장으로 소명의식을 갖고 푼돈이라고 그 정성을 규합하여 도움의 손길을 필요로 하는 곳에 봉사할 계획입니다. 현재 각 그룹 및 센터에서 계획하고 있는 사회봉사 및 직원들의 권익보호를 일원화된 창구인 복지분과에서 통합,

조율하여 그 결실을 극대화하겠습니다. 또한 유일한 여성인 분과위원장으로서 남성들에게 위축 될 수 있는 여성 사업자들의 권익도모와 선배사업자로서 후배사업자에게 안내자의 역할을 해 나갈 계획입니다. 제가 가정주부에서 성공한 사업자가 된 노하우를 후배사업자 및 신규 여성업자들과 함께 나누고 싶습니다.

분과위원장이기 전에 나라콤의 같은 사업자서 가장 민감한 분과를 맡으셨는데 윤리분과의 기준은 어디에 두고 있나요.

윤리분과위원장 = 네트워크 사업은 신뢰없이는 불가능한 사업입니다. 그러나 사람이 하는 일인만큼 많은 불협화음이 발생하기도 하며, 더구나 네트워크 사업이 개인과 조직이 특성인 사업이므로 조직 이탈과 흡수의 가능성은 언제나 내재돼 있습니다. 물론 교육을 통해 부도덕한 행위를 하지 못 하도록 하지만 분쟁의 해결과 조정을 위해서 윤리분과위원회가 존재하지 않을 수 없습니다. 실제로 사업성이 한 사람을 빼오는 상황이 간혹 벌어져 있는 것이 사실입니다. 라인 이탈시 본인만 탈퇴하는 방법 등 그 감사와 규정에 사업자들의 의견을 수렴하여 만들 계획입니다. 또한 본사의 윤리강령을 엄격히 적용하여 많은 사업자들이 정도를 지킬 수 있도록 선도해 나가겠습니다.

문의 : 016-798-0001

나라콤 사업자를 위한 지침서

'나라콤 비즈니스 ABC' '나라콤 X파일'

외환위기 이후 계속되는 경기침체 속에서도 네트워크마케팅 산업이 초 호황 가도를 달리고 있다.

지난 90년대 초 국내에 등장한 네트워크마케팅 회사들이 IMF경제위기를 거치면서 연

평균 100%가 넘는 고속성장을 하고 있는 것으로 나타나고 있다. 시장규모가 이처럼 급팽창하는 것은 그 동안 피라미드 판매로 인한 네트워크마케팅의 부정적인 인식이 많이 약화된 점도 있지만 회원으로 활동하면 경제적으로 도움이 되기 때문.

또한 미취업자나 실직자가 증가하면서 이들이 네트워크마케팅에 뛰어들고, 고용불안을 겪는 30-50대 화이트칼라 직장인들이 겸업형식으로 회원에 가입하는 것도 하나의 요인이다.

이러한 상황에서, 최근 네트워크마케팅 전문회사이자 KTF선불요금제' 유통으로 이동통신시장의 새로운 패러다임을 구축하고

있는 (주)나라콤의 이세형 전무와 이 회사의 1번 사업자인 전국사업자발전협회 허종희 회장이 펴낸 '나라콤 비즈니스 ABC'와 '나라콤 X파일(개정판)'이 네트워크들간의 베스트 셀러로 인기를 끌고 있다. 저자들은 IMT-2000의 상용화와 통신시장의 글로벌화로 전 세계가 하나로 묶일 경우 'KTF의 선불요금제'의 필요성과 우수성을 강조하고 있으며, 네트워크마케팅과 관련된 전반적인 사항들을 실무자의 입장에서 자세하게 설명하고 있다. 특히, 이 두 권의 책은 그간 제대로 정립되지 못했던 통신네트워크 시장에서의 체계화된 지침서 역할을 할 것으로 보인다.

빌 클린턴 DSA 연설문 전문

편집자주 전(前)미 대통령 클린턴이 재임시절 미국 다이렉트셀링협회(DSA)에서 한 연설 전문의 번역 빌 클린턴은 이 연설에서 직접판매원의 미국 경제에의 기여에 대해 치하했다.

… 직접판매는 여러분들에게 새로운 기회를 제공해 주며, … 여러분들은 직접판매를 통해 새로운 공동체를 만들어가고 있습니다. … 직업과 인종신념을 초월해서 모두들 직접판매 네트워크 마케팅의 기회를 잡으려 하고 있습니다. … 그 중에는 30만명이상이 65세가 넘는 노인입니다. 각종 장애인도 50만명이 넘습니다. 또한 3/4은 여성입니다. … 이들은 모두 가족을 부양하고 자녀를 양육하면서도 역경을 헤치면서 전진하고 있는 것입니다. … 미국 경제 회생의 주역인 여러분들을 자랑스럽게 생각합니다. …

이상이 직접판매 업계에서 활동했으며, 매주 7만명이 신규 판매인으로 새롭게 참가하고 있습니다. 직접판매는 여러분들에게 새로운 기회를 제공해 주며, 여러분들은 직접판매를 통해 새로운 공동체를 만들어가고 있습니다. 직업과 인종신념을 초월해서 모두들 직접판매네트워크 마케팅의 기회를 잡으려 하고 있습니다.

그 중에는 30만명이상이 65세가 넘는 노인입니다. 각종 장애인도 50만명이 넘습니다. 또한 3/4은 여성입니다. 이들은 모두 가족을 부양하고 자녀를 양육하면서도 역경을 헤치면서 전

실업률을 기록했으며, 180만명이 최저 연금 수혜자에서 벗어났습니다. 아동복지 기금은 40% 증대했으며 지난 3년간 '스몰비즈니스'는 계속 성장기록을 갱신중입니다. 저는 특히 많은 자영업자가 생긴다는 사실이 자랑스럽습니다. 정부도 최대한 지원할 것이며 백악관도 모든 스몰비즈니스 지원 방안을 강구중입니다.

직접판매인들에게는 더 많은 기회가 제공되어야 합니다 SBA(중소기업청) 대출절차 간소화는 그 좋은 예입니다. 정부는 여성에 대한 대출을 300% 증대시켰으며 자영업자에 대한

전세계적으로 이미 3천만명 디스트리뷰터 활동
네크워크 마케팅 사업자들, 세계경제운동의 주역

미국 경제 성장의 역군이자 아메리칸 드림을 가능케 하는 판매인 여러분께 말할 기회를 갖게 돼서 기쁩니다. 직접판매원들은 세계경제운동의 주역입니다

미국에서는 규칙을 준수하면서 열심히 일하고 자신과 가족에 대한 의무를 기꺼이 지키는 사람들 모두에게 밝은 미래에 대한 기회가 제공됩니다. 그것은 미국의 근본적인 약속입니다. 저도 그렇게 해서 대통령이 되었으며 그것은 직접판매가 추구하는 목표이기도 합니다.

여러분 개인의 성공은 경제와 나라를 튼튼히 할 뿐 아니라 다른 이들에게 기회를 제공합니다. 여러분은 세계경제운동의 주역들인 것입니다. 직접판매는 이미 전 세계에서 비약적인 성공을 거둔 바 있습니다.

미국에서는 지난해 700만명

진하고 있는 것입니다.

미국 경제 회생의 주역인 여러분들을 자랑스럽게 생각합니다

여러분은 미국의 보편적 가치를 전 세계에 전파했습니다. 현재 50개국에서 3000만명이 디스트리뷰터로 종사하고 있습니다. 업계의 수년간 성장속도를 본 저는 놀랄 수밖에 없었습니다. 개방된 러시아에서는 디스트리뷰터가 10만명, 중국에서는 60만명이나 됩니다. 여러분들은 지난 4년 동안 미국 경제를 회생시켰으며 그런 여러분들을 자랑스럽게 생각합니다.

물론 여러분들의 성공에도 도움이 되었죠. 1000만개가 넘는 새 일자리가 창출되었으며, 재정적자가 60% 삭감되었습니다. 남북전쟁 이후 처음으로 4년 연속 재정적자가 줄었습니다. 또한 7년 밖에에 가장 낮은

세금은 250% 감소시켰습니다. 스몰비즈니스에 투자하는 모든 분은 감세의 대상입니다. 또 퇴직 보험에서 제외함으로써 판매원 확보를 용이하게 했습니다. 최근에는 세금 부담을 더욱 줄이자는 의미에서 건강보험을 이익잉여금에서 충당하도록 조치했습니다. 아무쪼록 이런 조치가 큰 도움이 되길 바랍니다

하지만 아직도 판매인들에게는 더 많은 기회가 제공되어야 합니다. 여러분의 성공도 그런 기회에서 비롯된 것이기 때문입니다. 그것이야말로 아메리칸 드림입니다. 직접판매에 종사하시는 여러분들께서 사람들에게 꿈을 심어 주고 보다 많은 사람들에게 꿈을 갖게 한 것에 감사드립니다. 여러분의 노고를 치하하며 미국과 여러분들에게 축복이 있기를 기원합니다.

미래의 비전을 제시하라!

이제 최고 경영자는 비전제시를 통한 리더십 확보와 시장상황을 기민하게 파악하고
구체적인 실천계획이 뒤따라야 할 줄 믿는다.

최유재 / 두래경영연구원장
(주) 해외 경영정보 연구소 대표이사/소장
(주) 유니버설컨설팅 대표이사/사장
문의 : 011-701-4991

네트워크 마케팅 기업의 성공은 비전에 의한 경영관리에 있다.

지금 지구촌이 실업대란에 허덕이고 있다. 세계경제를 주도해온 미국 산업의 불황과 9.11테러의 여파로 세계경제는 심각한 상황을 맞고 있다. 이러한 경제침체와 국제 경쟁력 저하, 기업이윤의 감소 등 경영이 악화되고 있는 상황에서는 새로운 기업이념과 목표, 전략, 방침 등을 적극적으로 조직 구성원들에게 설명하여 그들에게 비전을 제시하는 것이 무엇보다 중요하다.

네트워크 마케팅 시스템이 제도권 안으로 들어온지도 벌써 6년이 지났으나 아직껏 경영이념이나, 비전, 경영목표, 경영방침 등이 미비하여 조직의 응집력이 떨어지고, 경영전략이 없는 즉흥적인 경영을 할 수 밖에 없어 뛰어난 제품력과 마케팅플랜, 사장님들의 열정에도 불구하고 중견기업으로의 성장이 늦어지고 있는 경우가 많다.

이제 최고 경영자는 비전제시를 통한 리더십 확보와 시장상황을 기민하게 파악하고 구체적인 실천계획이 뒤따라야 한다.

성공적인 기업의 운영조건

기업과 개인은 비전이 있어야 한다. 특히 우리가 살아가야 할 시간은 미래에 있으며 미래는 비전을 만들어 가는 과정이다. 매일 매일의 활동 속에서 비전은 기업이나 개인의 목표를 전향적이며 긍정적으로 달성토록 해준다.

꿈과 비전이 없는 기업의 공통적인 현상은 당해 연도의 사업계획 내용이나 3년전의 것이나 별 차이가 없다는 점이다. 따라서 조직내 활력이 사라지게 되고, 현상 유지의 풍토가 팽배해지는 것은 당연한 모습이다. 급변하는 환경에 제대로 대응하지 못하다가 서서히 사라지거나 뒤쳐지는 네트워크 마케팅 업체들이 우리 주변에 얼마나 많은가? 걱정스러운 것은 많은 네트워크 마케팅 기업들이 비전을 만들지 않고 연차계획 정도로 대응하다가 치열한 국제 경쟁 속에서 제대로 버텨내지 못하고 있다는 점이다. 혹은 기업비전을 갖고 있더라도 기업 구성원이나 디스트리뷰터들이 그내용을 잘 모르고 있는 기업들도 여간 많은게 아니다.

기업이 아무리 규모가 크고 역사가 오래 됐더라도 미래 비전을 구성원들에게 제시해 주지 않으면 무사안일하게 되고 기업인재와 디스트리뷰터들은 하나둘씩 빠져 나갈 것이 자명하다.

따라서 기업에는 반드시 전략적 목표와 비전이 있어야 한다. 비전은 꿈이요 혁신이며 모두 함께 하는 공감대이다.

비전과 목표의 중요성

비전(Vision)이란? 기업이나 개인의 바람직한 미래상을 표현한 것으로 현재보다 더 나은 성공적이고 바람직한 미래의 청사진을 자세하게 그려놓은 목표다.

즉, 비전은 사업을 통해 이루고자 하는 미래상을 표현한 것으로서 지금은 옹색한 규모지만 몇 년후에는 이러이러한 분야에서 어떠한 기업으로 성장하겠다는 포부를 전략으로 정리한 것이다.

문제는 기업이 추구해야 할 신선한 비전을 개발하는 일이다. 그러면 왜 비전이 있어야 하며 중요한가?

1)비전은 개인이나 기업에게 올바른 방향과 질서를 준다.

비전이 없으면 개인은 삶의 초점이 흐려지고, 기업은 방향감각을 상실한다. 비전은 급격한 환경변화 속에서 살아남기 위해 주위환경을 기업에게 유리한 방향으로 재구성해 새롭게 창조해 낸다.

2)비전은 개인이나 기업의 힘을 한 군데에 집중하게 한다.

비전의 힘은 조직구성원들과 외부사람들의

관심을 이끌어 내고 그것을 공통의 비전에
참여시켜 집중시킬 수 있는 능력에 있다.

3) 비전은 현재의 삶에 의미를 준다.

우리에게 참다운 비전이 있으면 소망을 갖
게되고 현재 고통을 당하더라도 그 고통을
극복할 수 있다. 위대한 개인이나 기업 그
리고 국가의 공통된 특징은 올바른 비전을
소유하고 있다는 점이다.

비전의 4가지 속성

1) 미래지향 : 앞을 내다 볼 수 있다.

비전은 목적을 의미하며, 일의 끝을 의미한
다. 따라서 모든 비전은 미래 지향적이다.

2) 이미지 : 미래를 그린다.

비전은 우리가 마음속으로 그린 이미지들
이다. 비전은 구체적 형태로 적용될 때에
비로소 현실화 된다.

3) 이상 : 가능성을 생각한다.

비전은 가능성에 관한 것이며, 바람직한 미
래에 관한 것이다.

4) 독특성 : 비전은 독특하다.

비전으로 차별성을 가지고 비전으로 독특
성을 가진다. 독특하다는 것은 자긍심을 갖
게하며 조직과 연관된 사람들의 자존심을
고양 시킨다.

비전에 구체적으로 포함될 내용

1) 신기술 : 미래의 신기술을 비전 내용으로
2) 성장 : 새로운 시장, 지역에 진출하거나
주도권을 잡으려고 할 때 미래의 크고 웅장
한 회사의 모습이 비전의 핵심
3) 최고의 품질.서비스 : 최초의, 가장 훌륭
한, 최고급의, 가장 친절한 등의 말로 시작
하는 목표
4) 경쟁사와의 우위 : 강한 동기를 유발
5) 직원과 디스트리뷰터의 행복 : 평생직업
임을 강조하고 직원과 디스트리뷰터의 복
지와 능력 개발을 뼈대로 한 비전은 특히
그들의 환영을 받고 사기를 진작
6) 윤리적 가치 : 환경보호, 인류의 건강 등
의 윤리적 가치를 비전의 내용으로

명확한 비전 제시

1) 매력적이고 공감할 수 있는 비전 제시

미래의 비전을 만들어 내는 것은 최고경
영자가 할 일이다. 비전은 회사의 미래모습
뿐만 아니라 조직원, 디스트리뷰터 한사람
한사람의 발전된 모습이 담겨 있어야 한다.

엘라가스코는 고객수가 41만명이 넘는
앨라배마주 최대의 천연가스 공급회사이
다. 마이크 위런이 84년 사장이 됐을 때 그
는 이 회사가「미국 최고 100대 기업」에 끼
지 못하리라는 것을 확실히 알고 있었다.
모든 보고를 종합해 보면 이회사는 분명히
패쇄적 특권제도로 가득차 있었다. 위런은
열심히 노력한다면 세계 100대 기업에 낄
수 있다는 것을 확신했고, 그는 엘라가 스
코의 비전을 "세계 최고 100대 기업안에
드는 것"으로 선포했다. 앨라가스코가 그
나름대로의 사풍을 정착시키기 까지는 수
년이 걸렸다. 취임 초기 위런은 132년의 역
사를 가진 이 회사에 "문화혁명"을 일으킬
필요가 있다고 판단, 1300명의 전직원을
한 사람씩 면담하면서 그의 비전을 설명하
기 시작한다. 85년 봄, 그는 회사의 모든 서
비스 지역을 방문해 그룹 인터뷰를 가졌는
데, 직원들이 사장과 그런 회합을 가진 것
은 창업이래 처음이었다. 또한 위런은 "최
고 100대 기업"에 들려면 '프라이드
(PRIDE)'를 가져야만 된다고 강조했다.
PRIDE란? 목표달성 (Performance), 모험
(Risk-taking), 혁신(Innovation), 결단
(Determination), 열의(Enthusiasm)의 머
리 글자를 따서 지은 말이다. 위런은 조직
원들에게 세계100대 기업이라는 목표를
심어 주었고, 이를 위해 자신들이 지금까지
해온 모든 것들을 바꿀 수 있는 기회와 용
기를 주었다. 이러 한 그의 노력으로 앨라
가스코는 '세계 100대 기업' 안에 당당히
자신들의 이름을 올려 놓게 되었다. 위 사
례에서 보는 바와 같이 구성원들이 공감할

수 있도록 비전이 명확해지면 한 번 해보자
는 분위기가 만들어지고 달성할 수 있는 자
신감이 생기는 것이다. 비전은 디스트리뷰
터 들이 이해할 수 있도록 간단 명료하게
설정하여 여러 사람들의 마음을 하나로, 한
방향으로 모아야 할 것이다.

2) 비전을 구체화하라.

비전이 그림의 떡, 화려한 말 잔치로 끝
나서는 안된다. 제시된 비전을 구체화해서
실질적인 실천으로 옮겨질 수 있는 기반을
만들어야 한다. 그러기 위해서는 비전에 생
명력을 불어 넣어야 한다. 조직원과 디스트
리뷰터들이 보고, 듣고, 느낄 수 있도록 명
문화 해야한다. 즉, 비가시적 비전을 가시
적 비전으로 바꾸어야 영향력을 행사할 수
있고 열정에 불을 붙일 수 있다.

보다 구체적인 비전은 일단족, 단결심,
금지, 그리고 생산성을 나타낸다.

3) 비전의 실천방안을 명확히 하라.

비전을 전파하고 실천하기 위해서는 비
전(미래상)과 이념을 구심점으로 해서 의
식,행동혁신을 비롯하여 전략,정책과 인사,
조직, 교육 그리고 홍보측면 등에서 지속적
인 실천방안이 수립되어야 한다.

조직이 지향해야 할 비전을 명확히 제시
하는 것이야말로 중요하다.

비전은 방향감각을 주는 동시에 디스트
리뷰터들의 강한 동기를 유발하고 에너지
를 분출시키는 힘도 갖고 있다. 디스트리뷰
터들은 그들이 공감하고 그들을 받쳐주는
비전이 있으므로 해서 일에서 보람과 의미
를 찾게되며, 그들의 숨은 잠재력을 발산
시킨다.

이제 신사년의 마지막 달이다. 지금 이
시점에서 비전과 중장기 경영목표를 명확
히 수립하여 2002년 1월 시무식에서는 기
업의 명확한 청사진을 보여주어 크고, 깊
고, 빠르게 변화하는 경영환경에 적응할 수
있는 힘을 임직원과 디스트리뷰터들이 함
께 육성할 수 있도록 하여야 할 것이다.

네트워크 마케팅과 바이오산업

바이오 산업이 주목받고 있는 이유는 무한한 성장 가능성 때문이다. 예를 들어 바이오 기술 하나를 개발하면 식품, 농업, 의약, 해양, 환경 등 다방면으로 활용이 가능하다.
특히 바이오 산업은 인류의 질병과 식량난 등을 해결할 수 있고 환경 친화적 산업이란 점에서 기존 제조업과는 차원이 다르다. 국내 약 400여 네트워크 마케팅 등록 업체 중 70% 이상의 기업이 건강보조식품군을 주력으로 하고 있다. 바이오 산업이 네트워크 마케팅 시장과 밀접한 관련이 있다는 것이 바로 이런 이유 때문이다. 취재/조영근 기자

19세기 산업혁명. 21세기를 '바이오 혁명 시대'라고 학자들은 예견하고 있다. 향후 바이오 산업의 역량에 따라 선진국과 후진국의 기준이 갈라질 것이라는 의견도 있다.

이러한 학자들의 예언을 증명이라도 하듯 세계 바이오 시장은 매년 32% 이상의 성장과 지난해의 경우 5백40억달러에 이르는 거대시장을 형성. 오는 2013년 2,100억 달러라는 천문학적 시장가치를 갖고 있다.

한국 바이오 산업은 아직 '태동기'

미국, 독일 등 선진국들의 경우 바이오 산업을 국가전략사업으로 육성. 이미 개발된 기술의 산업화에 중점을 둘 정도로 앞서가고 있다.

이웃 일본 역시 정부 주도로 바이오 투자를 늘리고 금융 및 규제를 완화하고 있다. 또 개발도상국인 인도조차도 바이오 인력양성에 적극 나서고 있다.

한국의 경우는 어떠한가.

국내 시장규모는 지난 99년 6천3백여억원으로 세계 시장의 1.2% 수준에 지나지 않는 걸음마 단계다. 기술력도 선진국의 약 60% 수준. 생물엔지니어링(35%)이나 제품의 안전성 평가기술(30%) 등 산업화 기술은 더욱 뒤처져 있다.

특히 바이오 산업 발전에 필수적 지식기반인 국내 출원 특허물질의 83%를 외국인이 독식하고 있으며 생물 유전자 확보 등에 취약한 것이 문제다.

정부지원 확대 및 기업투자 활성화 '절실'

바이오 산업의 후진성을 면치 못하고 있는 현재 삼성·LG 등 대기업과 제약회사, 벤처기업들이 앞으로 5년간 약 4조원이상의 투자계획을 잡고 있는 것이 그나마 다행이다.

또 지난 99년 70여개사였던 바이오 벤처기업도 올해말엔 7백여개에 이를 것으로 전망되는 등 창업 열기가 뜨겁다.

정부는 오는 2010년께 한국을 세계 6위권의 바이오 선진국으로 도약시킨다는 목표다.

그러나 그 길은 멀고도 험하다. 특히 바이오 전문가들은 바이오 산업을 주도해야 할 바이오 벤처기업에 대한 투자와 지원이 절실하다는 지적이다.

바이오 업계 한 관계자는 "바이오 산업은 R&B(연구개발)중심이라는 특성상 벤처기업이 주도한다. 미국도 유수의 바이오 기업이 대부분 신생 벤처기업이다. 그런 점에서 국내 바이오 벤처에 대한 투자는 더욱 과감하고도 지속적으로 이뤄져야 한다"

세계 바이오시장 전망   (자료: 산업연구원. 단위:억달러)

연도	1997	2000	2003	2008	2013
매출	313	540	740	1,250	2,100

국내 바이오시장 전망   (자료: 산업연구원. 단위:억달러)

연도	1997	1999	2000	2003	2005	2010
매출	4,246	6,327	11,000	25,000	45,000	121,000

네트워크 마케팅 시장, 바이오산업에 '주목하라

바이오 산업과 네트워크 마케팅 시장은 밀접한 관련이 있다. 국내 약 400여 등록업체 중 70%이상의 네트워크 마케팅 기업이 건강보조식품군을 주력으로 하고 있다.

네트워크 마케팅 시장이 주목할 바이오 산업은 미생물 연구개발을 통한 성인병 예방 및 노화방지 등 건강식품이다.

아직 이 분야는 시장이 본격적으로 열리지 않았으며 경쟁업체가 별로 없기 때문에 선두주자로 올라설 수 있는 기회의 땅이다.

현재 일부 바이오 벤처기업이 추진하고 있는 미생물 관련 사업은 각 네트워크 마케팅 기업에 시사하는 바가 크다. 미생물 연구개발 기업인 엔씨바이오텍은 최근 느타리버섯 추출물(POAHCC)을 활용한 면역증강제를 개발하고 특허를 출원해 놓은 상태다.

엔씨바이오텍 관계자는 "현재 일본 업체가 국내 면역 증강제 시장을 독점하고 있는 상태"라며 "POAHCC가 본격 출시되면 수입 대체 효과가 크다. 특히 자연식품인 버섯에서 추출해 인체에 부작용이 없는데다 임상실험에서도 당뇨병 및 성인병 예방과 면역력 증대에 큰 효과가 있는 것으로 나타났다"고 말했다.

또 다른 벤처기업 엔바이오테크놀로지사는 지난 10월 연체 면역 활성 촉진기능이 강화된 '글루카젠hm'을 개발, 출시했다.

'글루카젠hm'은 지금까지 미국과 일본 등에서 수입해온 면역활성 강화성분 베타클루칸을 국산화한 것이다. 회사측은 "면역 활성 촉진기능이 향상된 특허 균주로 생산되기 때문에 일반 효모의 세포벽에서 추출해 만드는 수입 제품과 비교했을 때 한차원 높은 베타 글루칸"이라고 설명했다.

바이오 시대… 네트워크 마케팅 기업 무엇을 준비해야 하나

바이오 시대… 건강식품군을 주력으로 취급하고 있는 각 네트워크 마케팅 업체가 준비해야할 것은 과연 무엇인가.

전문가들이 꼽는 첫 번째 사항은 현재 네트워크 마케팅 업체의 유통구조를 대대적으로 개편해야 한다는 것이다. 일부 업체를 제외하고 대다수 기업들은 상품개발 연구를 위한 연구시설 및 상품 제조공장이 전무한 상태다. 이러한 이유로 네트워크 마케팅 시장이 외화낭비의 산실이라는 비난을 받고 있다.

특히 바이오 산업뿐만 아니라 진정한 시장 발전을 위해서는 각 네트워크 마케팅 업체의 원스톱 시스템 구축이 절실하다는 공통된 의견이다.

두 번째 사항은 연구개발에 필요한 재원 확보다.

네트워크 마케팅 시장의 가장 큰 문제점으로 지적되고 있는 사항 중의 하나가 업체의 영세성이다. 세계적 다국적기업들이 선진 노하우와 물량공세로 국내 네트워크 마케팅 시장을 독점하다시피 하는 이유가 여기에 있다.

지속적인 연구개발을 통해 상품화하는 데는 상당한 시간과 자금이 필요하다.

아직 과도기 상태인 국내 네트워크 마케팅 업체에게 무리한 요구인지는 모르지만 한국 네트워크 마케팅 시장의 발전을 위해서라도 이러한 부문의 문제들은 해결 돼야만 한다.

"최근 몇몇 네트워크 마케팅 업체가 바이오 산업에 관심을 갖고 있는 것으로 알고 있습니다. 그러나 연구시설 및 제조공장 구축을 위해 해결해야 할 과제가 많아 난항을 겪고 있다고 합니다. 생명공학시장에 대한 발전 가능성과 비전은 분명하지만 운영주체인 경영진 등의 마인드 부족이 아쉬울 따름입니다."

익명을 요구한 네트워크 마케팅 업체 관계자의 말은 국내 네트워크 마케팅 시장의 현주소를 보여줄 뿐 만 아니라 앞으로 시장에서 도태되지 않기 무엇을 준비해야 하는지 보여주고 있다.

정진환, 최성 외 지음 | 268쪽 | 값 11,000원

KTF 선불요금제 가입자 급증

올들어 15만명 확보… 타업체들도 대응상품 준비나서

KTF가 다단계 선불 요금제를 자사 가입고객의 이탈을 방지하거나 경쟁사의 가입고객을 빼앗아오는 천(CHURN) 마케팅 수단으로 활용, 관련 업계가 예의주시 하고 있다. KTF의 이 같은 움직임은 국내 이동통신 시장이 포화 상태에 이르면서 신규 고객 유치가 한계에 직면해 있기 때문이다.

KTF는 지난 99년 말 선보인 다단계 선불제 상품으로 올들어 15만명의 고객을 확보하는 성과를 올렸다. 지난해 말 1만명과 비교하면 폭발적이다. 요금을 10% 할인해주는 데다 가입자를 유치하면 할수록 부가 수입이 생기는 다단계 판매방식을 도입했기 때문이다.

KTF의 선불제 상품은 대우정보통신의 자회사인 나라콤이 담당하고 있

다. KTF가 나라콤에 고액의 선불카드를 액면 금액의 30~40% 할인된 값에 넘기면 나라콤은 이를 이용, 가입자에게 요금의 10%를 할인해준다. 또 가입자가 또 다른 가입자를 유치할 때마다 유치료를 지급한다. 가입자로서는 요금 할인도 매력적이지만 가입자를 유치할수록 꼬리를 물면서 부가 수입을 얻을 수 있는 장점이 있다. 이에 따라 고객이 스스로 영업사원이 되는 방식으로 급격히 번져나가고 있다.

선불제 상품에 가입하는 고객의 대부분은 011이나 019 등 경쟁사의 고객들이다. 특히 011과는 달리 같은 PCS인 019는 휴대전화를 바꾸지 않고도 사용할 수 있어 016으로의 이탈이 큰 것으로 알려졌다.

KTF는 처음에는 이 같은 선불제

를 틈새시장 진출 차원에서 시도했다. 하지만 올들어 가입 기반이 급격히 커지자 중요성을 인식, 기존 브랜드 상품처럼 다양한 할인 혜택을 주는 등 선불제 시장을 활성화하기 위한 방안을 마련 중이다.

SK텔레콤과 LG텔레콤 등 경쟁 업체들은 "시장 점유율면에서 1%도 되지 않는다"며 평가절하하면서도 KTF의 선불제 가입자가 급격히 늘고 있는 점을 주시하고 있다.

경쟁업체의 한 관계자는 "우리와는 환경이 다르지만 미주, 특히 중남미 쪽에서는 나라에 따라 이동전화 시장의 70% 이상을 선불제가 점유하고 있다"며 "가입자 이탈이 계속될 경우 대응 상품을 내놓을 계획"이라고 말했다.

/한기석기자 hanks@sed.co.kr

삼성SDS, 日 기업용 SW시장 진출

에서 중소기업을 대상으로 정보화사업을 추진하기 위해 내년 상반기 중 합작법인을 설립할 방침이다.

21세기는 네트워크 경제시대

'디지털 경제를 지배하는…'

케빈 켈리 著

'전통적인 수요 공급 법칙은 의미없다. 컴퓨터도 잊어버려라. 지금은 컴퓨터가 아니라 통신이 변화를 이끌어간다. 네트워크의 가치를 키우고 모든 것을 무료로 배포하라'

21세기는 네트워크 경제시대다. 모든 것이 연결되어 있는 세계. 정보 네트워크를 이해하는 사람들만이 성공할 수 있다. 아메리카온라인(AOL)과 타임워너의 합병, 포드자동차와 야후의 전략적 제휴가 관심을 모으는 것도 이때문이다. 21세기 경제의 특징은 글로벌화와 디지털화, 네트워크화로 집약된다.

'디지털 경제를 지배하는 10가지 법칙' (원제: New Rules for the New Economy, 케빈 켈리 저, 오재섭 역, 황금가지, 9천5백원)은 이같은 트렌드를 밀도있게 분석한 책이다. 저자는 세계적인 인터넷 문화잡지 '와이어드'의 수석편집장. 네트워크 사회·문화에 대한 글을 잇달아 발표해 뉴욕타임스로부터 '위대한 사상가'라는 칭호를 얻은 인물이다.

그는 이 책에서 새로운 경제 질서의 10가지 기본 동력을 얘기한다. 이 법칙은 세계경제에 대한 거시적 총론에 해당한다. 트렌드에 관한 미시적 분석과 각론도 함께 제시한다.

이 법칙들은 하이테크 기술뿐만 아니라 모든 산업과 비즈니스에 적용된다. 네트워크는 컴퓨터와 통신 기기만을 연결하는 게 아니다. 사람과 사람을 연결시킨다.

그는 네트워크의 총 가치는 참여자 숫자의 제곱에 비례한다는 'n'법칙'을 상기시킨다. 인터넷의 특성상 참여하는 사람이나 수요가 하나씩 늘어나면 이보다 훨씬 많은 이기반이 생성된다.

전통적 수요공급 법칙·컴퓨터 무의미
하이테크·비즈니스등 새 트렌드 제시

핵 입자가 입자가속기 안에서 서로 충돌할 때 엄청난 에너지를 내듯 실리콘 칩과 광섬유의 결합이 전에는 볼 수 없던 가공할 힘을 만들어내고 있다.

그가 제시한 법칙들은 미국 기업들의 세계지배 전략일 수도 있다. 인터넷을 신무기로 '디지털 팍스 아메리카나'를 꿈꾸는 미국. 그러나 뒤집어 보면 그 속에 우리의 생존방법과 경쟁력 강화 방안이 들어 있다. 급변하는 시장 환경에 민첩하게 대응하려면 무엇보다 그들의 속내를 알고 우리의 시나리오를 다듬어야 한다. 저자가 제시하는 10가지 법칙을 요약하면 다음과 같다.

△네트워크로 연결된 무리의 힘을 이용하라=중앙의 통제에서 벗어난 탈집중화 지점을 껴안는 사람이 경쟁우위를 갖는다.

△대규모 단일 네트워크를 구축하라=개체들 사이의 연결이 산술적으로 증가할 때 그 결과는 기하급수적으로 증폭된다. 자기증식적 성공의 흐름을 타라.

△희소성보다는 풍요의 법칙에 따라 움직여라=기술집적이 풍요로운 복제를 가능하게 하는 세상이다. 가치는 희소성보다 풍요에 따라 결정된다.

△모든 것을 무료로 배포하라=무료배포는 필연적으로 가격을 하락시킨다. 가능한 모든 것을 공짜로 제공하고 인간의 관심을 이용하라.

△먼저 네트워크의 가치를 키워라=기업의 가치보다 네트워크의 가치를 극대화하라. 그래야 부가가치가 높아지고 경쟁력도 커진다.

△현재의 성공은 잊고 새롭게 다시 시작하라=혁신이 가속화될수록 성공을 포기하는 것(장애가 되지 않도록)은 어떤면에서 필수적인 일이다.

△지구 전체를 무대로 사유하고 활동하라=물리적 인접성(장소)은 모든 시공의 다중작용으로 대체되므로 매개체, 개인, 틈새시장의 기회가 늘어난다.

△조화가 아니라 흐름에 투자하라=동요와 불안정성이 경영의 새 규범으로 오르기 때문에 선택적인 파괴야말로 가장 효율적인 생존법이다.

△기술로 시작해서 신뢰로 끝내라=소프트웨어가 하드웨어를 앞선다. 소프트한 관계들을 확장, 증폭시키는 것이 가장 효과적인 기술이다.

△효율성보다는 기회를 택하라=비효율적인 발견과 새로운 기회들을 무한대로 풀어놓음으로써 더 큰 부의 축적을 이룰 수 있다.

고두현 기자 kdh@ked.co.kr

나라콤 이글스 파일

●

지은이/김영기
펴낸이/김재엽
펴낸곳/**한누리미디어**

●

100-192, 서울시 중구 을지로 2가 148-73
신화빌딩 401호
전화/(02) 2278-4513, 2268-4514
팩스/(02) 2268-4524

●

등록/제16-467호(1993. 11. 4)

●

초판발행일/2002년 3월 11일

●

●

값 10,000원

●

E-mail/hannury2001@yahoo.co.kr

●

※잘못 된 책은 바꿔 드립니다.

●

ISBN 89-7969-207-2   13320